U0574654

中原智库丛书·青年系列

洛采最后的沉思

价值的形而上学基础

LOTZE'S LAST CONTEMPLATION
The Metaphysical Foundation of Value

张艺媛 著

社会科学文献出版社
SOCIAL SCIENCES ACADEMIC PRESS (CHINA)

目　录

绪　论

一　不能遗忘的价值哲学之父：鲁道夫·赫尔曼·洛采

价值哲学作为哲学的分支逐渐成为学界追踪的热点，在各种纷繁的思想交织中，学界就价值哲学的基本观点达成以下思想共识：事实与价值属不同领域，价值不是存在的而是有效的；价值以规范导向的形式介入现实世界中，或者说是一种实践原则；价值规范的有效性的现实呈现，形成了价值秩序。在社会固定机制的运行下，人们也越来越倾向于认为有必要深入研究价值哲学，试图为不同的价值冲突寻求解释根源，但这种做法会把价值哲学当作不可置疑的元理论，实际上，形成价值哲学的过程应当成为值得被探讨的议题。价值哲学研究者王玉樑在《当代中国价值哲学》中指出："价值哲学作为分支哲学，它以元哲学为指导。以不同的元哲学、不同的哲学原理为指导，就有不同的价值哲学。"① 这就让我们有充分的理由重新审视价值哲学，以求真的态度寻得价值哲学的关联要素。这种深切的理论诉求便把思想视角重新带到鲁道夫·赫尔曼·洛采（Rudolf Hermann Lotze）的价值思想中。

---

① 王玉樑：《当代中国价值哲学》，人民出版社，2004，第 1 页。

在这个时代谈论要复兴洛采哲学还为时尚早，但近年来，越来越多
的学者开始关注洛采思想。于洛采而言，这一趋势既超越于 20 世纪后半
叶遗忘洛采的状况，又不及在 19 世纪中后期洛采思想被不同国家的思想
家所广泛认可的态势。尽管洛采逝世后德国学界将洛采思想视为旧观念
论的残余而迅速忘记，但在英美地区，洛采似乎因其有一股强大的力量
而声名大噪。昆茨（Kuntz）称 1880～1920 年这几十年为"洛采时期"；
1879 年，威廉·詹姆士（William James）写信给 G. S. 霍尔（G. S. Hall）
说道："他（洛采）无疑是所有德国作家中最令人感到愉快的——他是
一位纯粹的天才。"① 更具影响力的是，2009 年，斯科拉斯卡波伦巴实验
哲学和实用主义国际中心（The International Szklarska Poreba Center for
Experimental Philosophy & Pragmasemantics）颁发了第一枚洛采奖章，该
奖章是为了纪念鲁道夫·赫尔曼·洛采，每年颁发给在实验哲学和实用
主义领域有突出贡献的学者。这位天才的思想在国际学界无处不在，19
世纪，从未有任何一位人物的著作如洛采著作般丰富多样，从诗歌、数
学、形而上学、美学、宗教学、自然科学、心理学、教育学、医学、生
理学、医学到逻辑学领域，无不见其踪影。洛采思想的研究者亨利·琼
斯（Henry Jones）中肯地评价道，尽管洛采"既没有创造新的思想，也
没有产生出通过揭示真理带来变革以及用新的真理预示新时代到来的积
极的影响力，然而他却理应获得我们这个时代的敬意。近些年来，是否
有任何一位哲学作家会像洛采一样受到如此多的关注，这确实值得怀疑。
现代哲学和宗教在这片土地和德国获得发展，在很大程度上都受到洛采
的影响，以至于我们不能轻易地或自以为是地将理解洛采重要性的这项

---

① Otto F. Kraushaar, "What James's Philosophical Orientation Owed to Lotze," *Philosophical Review*, Vol. 47, No. 5, 1938, pp. 517-526.

任务搁置起来"①。我们这个时代需要我们重新正视洛采思想，原因在于洛采所面临的问题也引发了现代思想家及哲学家的深刻思考，他们共同担负起挽救被自然科学浸淫的价值空间的历史使命。洛采率先为此作出的开创性贡献是，"逐渐形成了一系列极具影响力的概念，并对有效性和存在之间、规范性和自然之间、解释和理解之间、真理和历史之间、行为和内容之间作了区分"②。这些概念尚未在洛采著作中得到明确的界定，洛采却赋予它们特殊的含义，这一行为对其后的学者产生了重要影响。布伦塔诺、狄尔泰、文德尔班、李凯尔特、施通普夫、拉斯克、詹姆士、胡塞尔、海德格尔、弗雷格、罗素都不可避免地要回到洛采思想，当洛采思想越来越成为他们进行哲学思考的指导原则时，其作为先前观念论的接续开启了 19 世纪末 20 世纪初哲学思想的几大脉络：新康德主义、新黑格尔主义、早期分析哲学、大陆哲学和现象学。

斯宾诺莎梦想着的自然主义，终于在洛采时代到来，这种自然主义产生于 19 世纪初兴起的经验科学，并在德国古典哲学走向终结之时达到顶峰。但洛采不仅具备这个时代所赐予他的深厚的科学素养，同时他还吸收了浪漫主义和传统观念论的养分，他仰慕歌德，追随德国古典哲学，深刻地认识到"价值"在宇宙世界中的重要性。"他在拒绝走黑格尔道路的同时，着意确立一个价值世界，认为在感情上表现出来的价值领域同事实世界并存这一信念，有助于把价值放在显著的地位。"③ 在洛采彻底思考"价值"问题之前，"意义""伦理道德"等非所予是"休谟问

---

① Henry Jones, *The Philosophy of Lotze*, Glasgow, 1894, p. 2.

② Frederick C. Beiser, *Late German Idealism, Trendelenburg and Lotze*, Oxford University Press, 2013, p. 129.

③ 王克千：《现代西方价值哲学述要》，《辽宁大学学报》（哲学社会科学版）1989 年第 1 期，第 34~38 页。

题"出现后一批德国哲学家共同面对的世界之问。弗里茨·班贝格（Fritz Bamberger）在回答 18 世纪末 19 世纪初价值为何缘起这一问题时认为，康德旨在建构各个精神领域的方法基础，在康德之后则出现了更明确的世界观及文化哲学，这促使形成了两种不同的研究路向：形而上学—宗教以及伦理—教育。"它们使价值观点更系统地接近哲学问题，从而更加凸显价值问题，使其更加居于中心地位。世界与现实具有意义是形而上学和宗教的假设与前提。甚至，人类是有意义的存在，人类在世界意义中有着自己的一席之地。'人类有使命'，以及对我们处在世界整体这一问题的合理回答，将是一切'实践'的前提。"① 这种立场毫无保留地出现在洛采思想中，但洛采并没有接受康德最终设定的任何推演都无法超越的界限，相反，他拒斥并试图摆脱抽象概念的片面性发展，为特有的规定性存在保留更多思维无法推演的意义。但在费希特知识学中，所有的推演都带有康德设定的界限，在此基础上，费希特思想提供的最大可能性是，我们能够从自我中系统地发展出直观方式、范畴等。而洛采之所以愿意接受并遵循费希特思想，关键在于费希特依照莱布尼茨的创造者意志和康德的目的论，运用"意义"来理解特殊的整体世界。在费希特思想中，便出现了不同于现实的超现实、意义，这是另一个存在领域。不过，仍然令洛采感到遗憾的是，尽管意义与现实之间存在直接关联，但意义并不产生于现实，二者的因果关系只是智性的，现实存在永远无法摆脱逻辑思维的仲裁。这条理性路线在黑格尔思想中达至顶峰。

黑格尔思想是 19 世纪上半叶的理论焦点，克里斯丁·赫尔曼·魏塞

---

① Fritz Bamberger, *Untersuchungen zur Entstehung des Wertproblems in der Philosophie des 19. Jahrhunderts*, Verlag von Max Niemeyer, 1924, S. 13.

（Christian Hermann Weiße）因研究黑格尔批判的第一哲学而闻名，并快速成为洛采批判地吸收与脱离黑格尔思想的决定性人物。魏塞具备相当的科学知识，也仍与观念论传统保持密切的关系。他的《论哲学科学的现状》（*Ueber den gegenwärtigen Standpunkt der philosophischen Wissenschaften*）先于费尔巴哈《黑格尔哲学批判》（*Zur Kritik der Hegelschen Philosophie*）出版，他认为黑格尔的思辨逻辑无法公平地对待现实具体，黑格尔体系的根本错误在于混淆了"本质的基础，内容的形式，观念和事物本身的概念"①。但是魏塞仍然坚信并践行黑格尔的辩证法，他曾坦言，辩证法将是一切自然科学的形式的基础，这一基础成就了辩证法作为一种科学的方法论。相反，洛采认为，德国古典哲学一脉相承下来的对具体特殊性的思考的阻碍无法证明辩证法作为科学的方法是有效的。在洛采眼中，传统观念论的形而上学与具体经验始终是分离的，脱离逻辑理性对意义与现实之间的关系的仲裁，是意义真正能在现实中呈现的最佳路径。为此，洛采将黑格尔的二分法改造为三分法，即存在、生成与有效，认为现实不再通过某种不可理解的任意行为的表现而自我产生或自我消灭，而在个体的形而上学经验中拯救自身。在辩证逻辑中追寻同一，只是为了在经验中强调概念，最终达到的也不过是概念的同一，其结果的无价值性令人感到绝望，同样也令洛采无法接受。因此，洛采坚持"折中主义"，结合了赫尔巴特的实在论与黑格尔的观念论，以明确哲学的任务是要确定世界进程中的生命原则。他重新审视了黑格尔运用的"复归型研究"，"将黑格尔的方法与谢林关于整体精神的理论结合起来，创造新的方法"②。显然，谢林所说的整体精神就是具有决定性的某些真理

---

① Hermann Weiße, *Ueber den gegenwärtigen Standpunkt*, Leipzig: Barth, 1829, S. 209.
② Fritz Bamberger, *Untersuchungen zur Entstehung des Wertproblems in der Philosophie des 19. Jahrhunderts*, Verlag von Max Niemeyer, 1924, S. 48.

的规则与标准；同时，早年洛采借用了魏塞《形而上学纲要》（*Grundzüge der Metaphysik*）中的"规范"一词，采用非同一性方法，只为使居于观念世界之核心的"价值"具有永恒有效性，使被阐明的那残缺的、不完整的甚至矛盾的特定精神变得清晰。

班贝格准确地总结了从莱布尼茨到黑格尔的哲学如此吸引洛采的原因，即洛采看到了他们在哲学领域赋予现实以全然意义所付出的努力。先前的观念论教导洛采，世界不是被解释和计算的，而是被理解的。这种观念信仰指引洛采走上了一条真正的哲学道路，即精神将通往自身，在它以观念的形式发挥作用时，洛采发现了柏拉图的形式世界的重要意义。然而，在洛采看来，"柏拉图并不真的认为这些形式有它们自己的存在，他也没有将它们本质化；他唯一的观点是，它们的有效性独立于不断变化的生存领域。正是这种柏拉图式的有效性领域——正如洛采所说的'世界上最美妙的事实'——为新一代证明了一个如此令人陶醉的发现。这是年轻的布伦塔诺、柯亨、胡塞尔、文德尔班、李凯尔特、拉斯克和弗雷格畅饮的源泉。一个全新的且更加复杂的柏拉图主义诞生了"①。

洛采提出了不同于先前观念论者解释现实时的思想理路：事实世界中的万物联系是不可量化的价值整体的表征，机械事实发生的可能性将永远受意义、目的、价值，归根结底是"善"的终极指引。机械事实作为可知的所予是因超越性的非所予才得以可能，这种超越性的内在性的实现消融了赫尔巴特提出的哲学的划分：存在世界与价值世界。在洛采时代，在哲学就是价值哲学的时代，自然科学只是存在世界的知识表征，

① Frederick C. Beiser, *Late German Idealism, Trendelenburg and Lotze*, Oxford University Press, 2013, p. 130.

而对价值世界一无所知，真正的哲学是关于存在世界与价值世界的科学。"现在，哲学的任务就是要把不确定的意见内容转变为知识，使我们精神生命的真理内容免遭我们个体状态的偶然性的毁灭，并用真正存在的存在方式和类型明确真正存在，即世界的价值内容。"① 洛采始终怀有"价值"信念，从最早的《诗集》（Gedicht）到生前最后一部著作《形而上学》（Metaphysik），几十部著作凝聚了19世纪价值思想，而这些理论精华将被新一批的开拓者吸收、发展。

秉持这样的哲学信念，洛采遵循魏塞的认识论，以"价值"作为认知真理，把主体以相互作用体认事物联系的认知方式视为相互作用事实的一项例证。布勃纳（Bubner）写道："洛采，现在被遗忘，但在他的时代极具影响力，他是第一个提出具体的、可理解的价值概念的学者之一……现在，'价值'意味着我们超越事实经验认知来观察一个事物的观念性时刻。"② 洛采为新康德主义开辟了自然科学与文化科学相区分的研究路径。赫伯特·施内德尔巴赫（Herbert Schnädelbach）将新康德主义"是"与"应当"的对立归因于洛采。日本学者西田几多郎也认为："今天李凯尔特所力倡的'真理不是存在的摹写而是统一'的反摹写说的观点，洛采也曾表达过。作为当今现代哲学重镇之一的新康德学派中的一派——西南学派，文德尔班从其老师洛采的思想中所得甚多。西南学派也可以被看作康德和洛采的结合。"③ 1889年，文德尔班依据康德提出的世界二重性，严格区分了科学世界和价值世界。而早在19世纪60

① Fritz Bamberger, *Untersuchungen zur Entstehung des Wertproblems in der Philosophie des 19. Jahrhunderts*, Verlag von Max Niemeyer, 1924, S. 59.

② 转引自 William R. Woodward, *Hermann Lotze: An Intellectual Biography*, Cambridge University Press, 2015, p. 116。

③ 〔日〕西田几多郎：《洛采的形而上学》，胡嘉明、张文译，《当代中国价值观研究》2022年第3期，第121~128页。

年代，他便师从洛采，并于 1870 年在洛采的指导下完成了《机会理论》（*Die Lehren vom Zufall*）一文。这一时期，文德尔班更多地接触到洛采关于心理学、逻辑学、形而上学和实践哲学的讲座。此时的文德尔班还未完全关注到从康德到尼采开辟出来的一条新道路，即将价值置于哲学的中心，但也着手对比哲学的研究路径。在洛采的影响下，文德尔班似乎有意识地将"免遭偶然性毁灭，明确价值内容"这一先前的哲学任务，转变为"价值发挥规范效用"的当下的哲学任务。即，他借助洛采的心理学和历史思想，将二者视为哲学助产士，通过判断事物或行为活动与某种目的的对应程度，为美学、逻辑学、科学等制定价值规范。此时，文德尔班的研究方法仍具有洛采思想的影子："就像弗里斯、阿佩特和洛采一样，他对客观知识的辩护最终是心理学上的。"[1] 弗雷格、文德尔班和卡尔·施通普夫（Carl Stumpf）在洛采的逻辑学中找到了共同起点，并围绕新心理学和逻辑学的发展所引发的认识论问题，即早期心理主义争论的核心展开思考，这些思考又推动了当时众多问题的改革。他认同洛采思想为"价值"奠定的哲学史地位的贡献，当他真正从哲学史的角度考察"价值"时，洛采的灵魂心理学作为一种不同于使哲学归附于某种经验科学尤其是实验心理学的学科而被允许。在区分了两个世界后，"文德尔班从对唯物主义的辩护转向对通过直觉发现价值本体论的攻击，从而引发了关于灵魂的争议。这一历史主义的举动对自然科学和文化科学学科的关系产生了显著的影响"[2]。他选择了从康德到尼采开辟的价值之路，并为解决历史文化上出现的重大价值问题，重估一切价值。文德

---

[1] 转引自 William R. Woodward, *Hermann Lotze: An Intellectual Biography*, Cambridge University Press, 2015, p. 316。

[2] William R. Woodward, *Hermann Lotze: An Intellectual Biography*, Cambridge University Press, 2015, p. 316.

尔班不认同传统形而上学家以无所不知的事实研究方式操纵历史，并以非自主的历史假象代替历史活动本身，也不愿采用马克思提出的科学的经济学解释方法，而更愿意同洛采一样为历史的自主性作辩护。在文德尔班看来，哲学理应用不同于经验科学的科学方法解决历史文化中的一般问题，也"理应把作为评判一切文化价值的标准的价值学说当作自己的主要课题。只要抓住了这个课题，哲学就不再会因各专门科学的独立而悲观丧气了"①。

"价值"问题是洛采到新康德主义的理论关注的焦点，李凯尔特则将价值哲学推至顶峰，他接受却也改造了文德尔班提出的以价值而非世界为对象的思想，要求在对世界的重新解释中再次确立价值在哲学中的核心地位。此外，在 20 世纪的现代哲学中，哲学家们试图从体现洛采价值思想的各个领域中引流出不同的哲学思考，其中就包括了胡塞尔的现象学。

从根本上来讲，文德尔班对历史文化的研究方法仍有别于洛采。他与李凯尔特对心理学的立场能够从具体的特殊的科学（idiographic）和自然科学的区分中清晰地体现出来。二者的主要论点是，在方法论上，新心理学更接近于自然科学而非道德科学，因而不能被视为一门具体的科学。但这种局面迅速地被同一时期的心理学家所扭转。在 1890～1891 年举办的关于描述心理学的讲座中，布伦塔诺对自己先前的研究结果作了实质性的修改。在这方面，布伦塔诺可能受到了洛采的影响，洛采在其著作和讲座中经常使用描述心理学和现象学的概念。而在 19 世纪 80 年代，胡塞尔在跟随布伦塔诺学习期间，已经表现出对洛采心理学研究

① 赵修义、童世骏：《马克思恩格斯同时代的西方哲学——以问题为中心的断代哲学史》，华东师范大学出版社，2008，第 577 页。

的兴趣。1883 年，胡塞尔在柏林学习数学时，即在与布伦塔诺进行哲学研究之前就购买了洛采的《小宇宙》（*Mikrokosmus*），后来几乎买下了洛采已出版的各部著作；1887 年，胡塞尔在哈雷大学为获得哲学博士教育资历认证（ "Nostrifikation" 指外国学位或资格证书获得本国认可的过程）进行的口试，讨论的就是洛采的部位记号说——这是洛采价值思想的重要组成部分。胡塞尔几名学生的论文也围绕洛采思想展开。尽管胡塞尔并未像詹姆士一样给予洛采慷慨的评价，但上述事实与他的作品和笔记中借鉴了大量的洛采思想表明，直到《形式逻辑和先验逻辑》（*Formale und Transcendentale Logik*）出版，胡塞尔都非常重视洛采的思想。凯·豪瑟（Kai Hauser）指出："最重要的是（洛采——引者注）1874 年的《逻辑学》（*Logik*）第三篇的第二章对柏拉图主义的解释，这在胡塞尔现象学的发展中起着至关重要的作用。"① 彼得·安德拉斯·瓦尔加（Peter Andras Varga）也表明："他（胡塞尔）一再宣称，他对洛采的研究对他的《逻辑研究》（*Logical Investigations*）产生了关键影响。"② 在其大部分著作中，胡塞尔往往大量借鉴洛采的观点，尤其是洛采的心理学观点。

1852 年，洛采出版《医学心理学或灵魂生理学》（*Medicinische Psychologie oder Physiologie der Seele*），其中提出的部位记号说使他成为当时最伟大的心理学家之一。1879 年，洛采重提这一重要的学说，并将其纳入形而上学体系中。作为洛采的门生，施通普夫曾在其心理学讲座中提及洛采，并将洛采作为讨论空间表象主题时无法绕开的人物，并在《论空间表象的心理学起源》（*Über den Psychologischen Ursprung der Raumvorstellung*）

---

① Kai Hauser, "Lotze and Husserl," *Archiv für Geschichte der Philosophie*, Vol. 85, No. 2, 2003, pp. 152-178.

② Peter Andras Varga, "The Missing Chapter from the Logical Investigations: Husserl on Lotze's Formal and Real Significance of Logical Laws," *Husserl Studies*, Vol. 29, No. 3, 2013, pp. 181-209.

中着重论述洛采的部位记号说。而有直接的证据表明，胡塞尔参加了施通普夫的讲座，并熟知部位记号说。洛采提出这一思想的旨归是有意将其区别于逻辑学思想，其工作的重要成果是对逻辑学与心理学进行划界。实际上，19世纪上半叶，心理学已经获得了自己独特的研究领域和方法论，以摆脱作为哲学分支的形象。在这一点上，凯伦·格林（Karen Green）指出，洛采"对广义现象学传统的影响比对分析传统的影响要深刻得多"[1]。随着自然科学的兴起，冯特、布伦塔诺、施通普夫等思想家"希望将心理学从灵魂的形而上学转变为能够用实验方法研究心灵的经验科学"[2]。但胡塞尔批判实验心理学只专注于各种心理事实之间的联系、放弃纯粹且直接的意识分析。在《逻辑研究》出版后，胡塞尔也证实了他先前的论断，即意向性理论的缺失导致了洛采认识论的失败。尽管他的意识领域的"本体论"研究源于洛采的"感觉、声音、颜色等所予属观念领域"的认知，但按照丹尼斯·费斯特（Denis Fisette）的说法，说到底，洛采的心理学只是满足了胡塞尔在《逻辑研究》中所说的"原初关系"（primary relations），即只表示了原初内容或特殊内容的特征关系，因未解释心理学现象中的意向性关系而从未成功地阐述过真正的现象学。实际上，洛采出版的唯一一部心理学著作《心理学纲要》（*Gründzuge der Psychologie*）（洛采逝世后出版的），其中的部分讲稿经由他人整理而成，带有大量的医学或生理学因素。而1879年《形而上学》的"心理学"篇章从先前的发生心理学探究转向具体现象出现与否的深层思考，洛采在其中提出对"关系表象"的意识，当此意识意向性投射

① Karen Green, " Hermann Lotze's Influence on Twentieth Century Philosophy, written by Nikolay Milkov," *History of Philosophy & Logical Analysis*, Vol. 27, No. 1, 2023, pp. 151-159.

② Kai Hauser, "Lotze and Husserl," *Archiv für Geschichte der Philosophie*, Vol. 85, No. 2, 2003, pp. 152-178.

于外部事物时，事物才具有相应的秩序和意义。在此，洛采试图用"意向性"（洛采并未使用这一术语）所指向的意识活动统一认识论中的主体与客体，开拓了意向心理学的发生领域。"在 1927 年的演讲《自然与精神》（Natur und Geist）中，胡塞尔从一种基于'价值批判科学'的文化哲学的角度，批判了他们（文德尔班和李凯尔特）对洛采价值理论的解释，并指责他们排除了意向心理学，胡塞尔在他的弗莱堡现象学中赋予了意向心理学中心位置。"① 然而，令人略感遗憾的是，诸多研究者将洛采晚年《形而上学》视为早年《形而上学》的差别性重复而未给予它过多的关注，也正因如此，我们更有理由重回 1879 年《形而上学》，这不仅是为了挖掘确立"价值"核心地位的形而上学基础，也意图表明洛采形而上学思想中隐含的现代哲学的思考。

伍德沃德（William R. Wooduard）认为，随着洛采思想研究的开展，我们会发现洛采思想是哲学史中的重要环节，甚至是某一阶段思想的丰富源泉。此外，"保罗·格里姆雷·昆茨（Paul Grimley Kuntz）把他作为怀特海的过程哲学的先驱。赫伯特·施内德尔巴赫对洛采的解读借鉴了黑格尔的观点，并导致了威廉·文德尔班与弗里德里希·李凯尔特之间普遍的表意性区别，而斯特凡诺·波吉（Stefano Poggi）则将洛采与赫尔巴特的传统联系在一起。罗宾·罗林格（Robin Rollinger）和菲利普·斯坦博夫斯基（Phillip Stambovsky）在胡塞尔现象学中发现了复杂的反应论思想，而恩斯特·沃夫冈·奥特（Ernst Wolfgang Orth）则将洛采的思想追溯到狄尔泰的人文科学那里。尼古拉·米尔科夫（Nikolay Milkov）在剑桥分析哲学中追溯了洛采思想中被抑制的内容。亚历杭德罗·维戈

---

① Denis Fisette, "*Hermann Lotze and the Genesis of Husserl's Early Philosophy* (1886 – 1901)," https://philpapers.org/archive/FISHLA.pdf.

（Alejandro Vigo）指出了他与海德格尔的潜在联系。莱因哈特·佩斯特（Reinhardt Pester）将洛采的思想置于后古典主义科学中，这最接近于洛采文本中的整体图景"①。在关于弗雷格、洛采以及早期分析哲学的大陆根源的讨论中，戈特弗里德·加布里埃尔（Gottfried Gabriel）曾称鲍桑魁（Bosanquet）是"新黑格尔主义者"，而"新黑格尔主义者"主要认同洛采的本体论整体论。无论众多研究者如何从洛采思想中寻章摘句以求证自己的观点，都不应忘记洛采哲学思想的核心始终是"价值"。

在此，笔者认为有必要简要阐明价值与有效性的关系。

洛采确实从未撰写过以"价值"命名的著作，在目前可考证的洛采著作中，他至少在1841年《形而上学》导言中指出，"价值"是哲学表达自身、滋养心灵的一种独特方式。人类的心灵是被无限美丽和有价值的知识内容充斥着的存在，"在青春幻想的伟大内心世界里，人们意识到，在普通的思维过程之外，还有另一个根本的存在，它被用心灵的全部力量把握为唯一有价值和真正实在的东西。它既不是一种单一的现象，也不屈服于有限的局限性和短暂性"②。"价值"作为一个关于真正本质性存在的普遍观念，将试图整合并调整人类经验中通过理智观察形成的反映结果：呈现于个体的生活材料是碎片化的偶然性存在，封闭在某些必然的命运和有限的视野中。人类在获得培养（Bildung）过程中，要努力摒弃掉被教化形成的偶然观点：从诸如水、空气之类的具象化存在到"唯一""必要""绝对"这样更抽象的概念，从而使心灵受到指引，领会它对所有存在的本质和条件所作出的预设，即"无论在哪里进行研究，心灵都会在现象中抓住机会，超越它的不完备性，并在这些前提的

---

① William R. Woodward, *Hermann Lotze: An Intellectual Biography*, Cambridge University Press, 2015, pp. 16-17.

② Hermann Lotze, *Metaphysik*, Leipzig: Weidmann's Buchhandlung, 1841, S. 6.

基础上寻求对所予的补充。哲学的首要任务是收集和整理在外部现象出现时被逐一地、零碎地提出来的这些预设，以便清楚地认识到在我们看来，存在出现时的条件，并表明是否存在一个存在形式同时与自我存在的价值主张相吻合的点"①。从这时起，洛采思想中——至少在形而上学领域中——就已经确定了两个层面的"价值"：一个是作为真正实在，即存在于一切显现事物中的东西，它既非精神的虚幻思想，更是任何有限思想规定所无法把握的；另一个是因其特有的存在样式或所在方式，而被确定为与"无关紧要者"相对立的有价值的东西，其中隐含的背景是一个有着道德力量的至高无上的尊重优势。由此可以直接引发价值思想中的"有效性"：前者是"在最高程度上拥有这种总体有效性（Giltigkeit），即存在于思想精神之外的自为的存在"；后者是可以满足一种存在形式与自我存在的价值主张相结合的有效性。在这两个重要方面上，1879 年《形而上学》延续了 1841 年《形而上学》的根本主张。

弗朗茨·切乌利斯（Franz Chelius）阐释了洛采价值思想中的绝对价值和最高价值，"绝对价值是上帝之爱，首先在人格化精神的永恒中实现其目的……作为最高价值，某类善好之物与善之行为显露于我们可观察的感情中"②。班贝格认为，不存在以客观标准区别为不同价值者的最高价值，最高价值是唯一的，是"能够实现以及最为清楚地证明绝对价值内容的那部分"③。绝对价值的满足需要从自身这种先前的全体性达到拯救个体的特殊性，并在所有个体与最高价值的价值关联中被充分领会，他们的感受、行为等一切实践都是上帝之爱的普遍赐予。在此，洛

① Hermann Lotze, *Metaphysik*, Leipzig: Weidmann'sche Buchandlung, 1841, S. 6.
② Franz Chelius, *Lotzes Wertlehre*, lnaugural-Dissertaiaion zur Erlangung der Doktorwürde der hohen philosophischen Fakultät der Friedrich-Alexanders-Universität, 1904, SS. 64, 71.
③ Fritz Bamberger, *Untersuchungen zur Entstehung des Wertproblems in der Philosophie des 19. Jahrhunderts*, Verlag von Max Niemeyer, 1924, S. 65.

采通过两种途径通往人格化的上帝：其一，万物的相互作用；其二，分析价值感觉达到绝对价值。现实存在的一切个体是绝对价值的有效显现，当主体心灵受到自我存在的价值指引后，既分辨出有价值的东西与无关紧要者，同时内心又获得了价值的充斥。

> 价值……就是，客体在与自我的关联中所带来的是愉悦还是痛苦，这取决于他们是更倾向于让灵魂与自我的本质相和谐还是相抵触，从而就决定了是促进还是阻碍它的发展。知识的目标是发现真理，而感觉的目标是发现最崇高的价值，或者是善……对于洛采来说，善是一个比实在更高的范畴；他的哲学的主要目的是为生活的审美、道德和宗教目的辩护，使之处于一种不仅与知识相协调，而且高于知识的地位。善可以领会并穷尽实在的意义。这是它最高的目的，然而真理只有借助善才能获得价值。理性的工作是在灵魂的镜像中预演现实世界的内容，离开了知识所服务的实际目的，将是徒劳和毫无价值的。因此，感觉只有作为价值判断的唯一来源，或者作为唯一能够领会什么是善或什么是善的对立面的反映，才会优于认知。首先，想要获得认识，其动力来源于感觉；因为，我们渴望真理并不是因为它是真的，而是因为它是善的。[①]

"价值"成了进行逻辑判断的另一种普遍预设。"真"不在于纯粹的逻辑推论，而是因"善"才能为"真"，命题也因善而真，其即是作为实在的命题之有效，同时也是价值有效的呈现。当洛采提出"有效性"一词时，也提及了关于事物、事件和关系的存在："洛采对'实存'区

① Henry Jones, *The Philosophy of Lotze*, Glasgow, 1894, pp. 54-55.

分为存在事物的实在、发生着的事件的实在、关系的实在和有效命题和观念的实在。"① 根据 A. 伊斯特伍德（A. Eastwood）的观点，洛采严格区分了逻辑学与形而上学，前者关于思维，后者涉及物，且思维对万物有绝对的不可复刻性。人类思维及认知能力有自身特定的功用，它是先天的，但有局限性，它只能明确行为模式，但无法为主体指引未来方向，它可以被现实所证实，但不能保证让我们坚信它的绝对普遍性。因此，命题有效性作为实在性仍需通过形而上学在价值领域中得到证实。关于洛采的有效性思想，目前国内外有两篇具有代表性的文章，一篇是 A. 马克萨恩（A. Maxsein）博士的《洛采的有效性概念》（*Der Begriff der Geltung bei Lotze*），另一篇是周凡的《论洛采的有效性概念》。周凡梳理了洛采在其重要著作中关于有效性论述的脉络，使读者能够总体把握有效性概念的发展历程，其中提到了洛采关于命题之有效的经典论述：

> 如果我们称某一事物是真实的（wirklich），就是说这个事物存在，与之相反则是非存在；如果称某一事件是真实的，就是说这个事件正在发生或已经发生，与之相反则是没有发生；如果称某种关系是真实的，就是说这种关系是适用的，与之相反则是不适用的；最后如果我们确定称某一命题是真实的，就是说这个命题是有效的（gilt），与之相反则其有效性（Giltung）是成问题的。这样使用语言是可以理解的：它无非是表明，我们以"真实"的名义在进行某种"肯定"思考。尽管肯定的含义随着它采取的形式的不同而不同，但是，它必须采取某一种形式，并且，其中一种形式不能还原

---

① 刘放桐主编《西方近现代过渡时期哲学——哲学上的革命变更与现代转型》，人民出版社，2009，第217页。

为其他的形式或者包含在其他形式中。因为某一事件的发生绝不可能来自某一事物的存在；而事物具有的真实性——存在——也绝不符合于事件，事件从来都不是存在着，而只是发生着；而一个命题既不像事物那样存在，也不像事件那样发生，并且也只有当它表述了存在的事物之间的某种关系时，我们才能说它的内容像某种关系那样是适用的，但撇开它可能有的一切实际应用不谈，仅就其自身而言，它的真实性在于它有效（gilt），它的对立面则无效（noch gilt）。①

马克萨恩博士关联起了有效性与最高价值即善，他指出："有效性与思维有关，但不是思维……善本质上相当于先验的根据。它体现于绝对真理的特征中，体现于有效性中……善使有机体、有效者成为有效……善必然以有效性为导向。因此有效性作为绝对真理而永恒存在。"② 洛采的逻辑学和形而上学在一种道德力量的基础上使思维与存在都归因于善。根据前文论述，命题若为"真"，可以因"善"而永恒有效，无论事物是否存在；但是命题之为有效，则需经由主体之感觉、感受才能证明其有效的实在性。对于作为"实在性"的第四重理解，有效性的必然实现在于善的先验根据。以"有效性"回溯价值规范以及命题之"真"，使"有效性"成了洛采在《形而上学》中另一论证核心，即"洛采思想的核心术语是'有效性'（die Geltung），而不是像西南学派那样仅仅将其落实为价值"③。

---

① Rudolf Hermann Lotze, *System der Philosophie. Erster Teil*：*Drei Bücher von Logik*，Leipzig：Hirzel，1874，SS. 499-500. 转引自周凡《论洛采的有效性概念》，《山东社会科学》2019年第9期，第6~13页。

② A. Maxsein, "Der Begriff der Geltung bei Lotze," *Philosophisches Jahrbuch*，1938，SS. 457-470.

③ 张柯：《洛采：二十世纪德国哲学的关键因素》，《中国社会科学报》2014年12月15日。

　　洛采明确区分了存在领域和有效性领域。"在存在领域中，人们研究事实的知识的条件问题（Questio facti）。在有效性的领域中，即价值领域中，研究的是知识的有效性条件（Questio iuris）。而对于洛采来说，事实的知识的条件问题（Questio facti）是最基本的，有效理论是以本体论上的实在论为基础的，事实的存在优先于一切认知，所以是一切认识的基础。"① 思维永远无法实现、认识万物杂多的实在性，但在善的范导下，形而上学并不仅停留于本体论层面，甚至一旦涉及本体论势必有认识论的介入，并且"从本质上用认识论的术语来定义哲学的目的，即哲学目的是对探索的基本前提的考察……洛采认为，认识论和形而上学是不可分离的。因为关于知识的理论涉及的就是存在的理论"②。然而，洛采的认识论是观念论者的认识论。"意识与自我意识在它们的顺序中产生出更高的理性能力，这种能力理解作为意识对象的本质，以及理解心灵是自我意识对象作为一种单纯无限精神的显现。在这一点上，认识论转变为形而上学。"③ 1879 年《形而上学》在对实在论问题的探讨中不断注入了主体对客体的认识作用，但这种作用已经是不同于 18 世纪经验论和唯理论所争论的认识论视角下的那种作用。毋庸置疑的是，洛采明显诉诸灵魂心理学以及自由意志和意识统一性对灵魂存在的证明，这都表明在经验自身动力不足的情况下，形而上学是如何体现自身的。无论我们如何表述经验实在，无论我们如何界定命题的存在形式，在洛采哲学中，这一切都将"归因于'善'（价值，真存在）"。在我们谈到这一

---

① 靳希平、吴增定：《十九世纪德国非主流哲学——现象学史前史札记》，北京大学出版社，2004，第 218 页。

② Frederick C. Beiser, *Late German Idealism, Trendelenburg and Lotze*, Oxford University Press, 2013, pp. 156-156.

③ 〔英〕安东尼·肯尼：《牛津西方哲学史》（第 3 卷），杨平译，吉林出版集团有限责任公司，2010，第 176 页。

点时，价值哲学思想已经凸显，并且是带有形而上学意味的价值哲学思想。

二 主要内容

19 世纪中叶，随着德国古典哲学的终结，传统形而上学也逐渐式微，而这个时代快速发展的自然科学和日益兴盛的科学主义更是加快了形而上学的崩溃。这种局面导致了两种哲学路向，其一是经验主义、实证主义的兴起，其二是为形而上学恢复名誉，以便在科学时代为形而上学保留一块自己的领地。鲁道夫·赫尔曼·洛采（Rudolf Hermann Lotze，1817~1881）就是后一种路向的杰出代表。洛采本人是一名医生，具有相当广泛的自然科学知识，又是德国观念论的崇尚者，同时，在哲学上力图在尊重科学的前提下保留传统形而上学中"活的东西"。他试图建立一个调和一元论与多元论、机械论与目的论、实在论与观念论的哲学体系，正是在构建这种体系的过程中，洛采把"价值"作为一个基本概念引入了哲学领域。就像文德尔班正确指出的那样，"在近代哲学语言中，选用'价值'一词，是由洛采首先开始的"①。

洛采对价值问题的思考广泛出现在他关于美学、宗教、逻辑学、伦理学与形而上学等的作品中。在洛采整个的哲学体系中，形而上学居于基础性、奠基性地位。在 1841 年的《形而上学》中，洛采初步构建了一个由"存有论"、"现象论"与"范畴论"构成的形而上学。洛采晚年试图建立一个由三大部分即"逻辑学"、"形而上学"和"实践哲学"构成的哲学体系。就在着手准备写作"实践哲学"时，洛采因感冒患肺炎去

---

① 转引自杜任之主编《现代西方著名哲学家述评（续集）》，生活·读书·新知三联书店，1983，第 35 页。

世，因此，1879 年的《形而上学》成了洛采最后的沉思。相较于 1841
年的《形而上学》，1879 年的《形而上学》在结构上作出了重大调整：
由"本体论"、"宇宙论"与"心理学"三大部分构成。这三大部分从总
体上看都是在为价值奠定形而上学基础，即本体论基础、宇宙论基础和
心理学基础。在价值的本体论基础的设置上，洛采抛弃了自古希腊哲学
以来一直处于支配地位的存在概念，认为价值的实质在于它的有效性，
而有效性的基础不是存在而是观念。在价值的宇宙论基础的设置上，洛
采着力解决的是价值有效的实在性问题，即有效性在现象世界的表现形
式问题，由此洛采卓有成效地区分了纯粹观念层面的有效性和现实层面
的有效性。在价值的心理学基础的设置上，洛采重申了他早年在"灵魂
心理学"中提出的关于物理现象和心理现象的二分法以及与之相应的机
械主义方法与心理主义方法的区分与对立。质言之，洛采在形而上学上
为价值哲学奠定了三大基础——观念基础、概念基础和方法基础。观念
基础开启了对存在概念的批判，概念基础确立了有效性概念在价值哲学
中的核心地位，方法基础确立了自然科学和文化科学研究方法的区别。

　　洛采在本体论意义上确立"真存在"或"实在"为"价值"定性，
"真存在"居于观念世界中，本身不具有任何的现实性，但它也绝非与
事实世界中的现实实在毫无关联，我们甚至可以通过"真存在"寻求万
物的实在性，并且能够确证"真存在"与现实实在共同构成实在的一体
两面。正是因为后者作为一种自我设定的关系性存在，价值的有效性才
得以显现。价值绝不是无法实现的最高观念，它在事实世界中的实现就
是"有效性"的体现，并且展开为时间、空间、运动等一系列的宇宙论
形式。在 1879 年《形而上学》中，"有效性"一词出现 84 次，其中三
分之二出现在"宇宙论"篇章中。洛采明确指出，事实世界中的各种实

在必须在无限空间直观中为其现象的表现形式、运动和处所找到空间位置，它们有了确切的现象性形式，才能体现出"价值有效"。至此，价值在形而上学的本体论与宇宙论中达到了永恒统一的自我设定与流变形式的有效实现，如果要再次彻底地完成统一，价值必须依托于心理学方法论回归到灵魂的小宇宙中，这也是价值思想的最终旨归，在价值的现实呈现中，以普遍性拯救个体性，实现人格化的上帝。在价值整体的规范下，灵魂发挥意识功能，达到万物与精神的真正统一，否则灵魂在与外物发生联系时价值便无所依附。从本体论、宇宙论到心理学，价值经历了从自我设定、有效实现到内在回归的完整路径，并在整个形而上学体系的奠基下确立起自己的核心地位。

探讨洛采最后的沉思，有利于清楚地展示洛采为价值哲学奠定的形而上学基础，有利于清晰地彰显洛采为价值哲学所作出的开创性贡献，有利于人们更清晰地看到洛采对整个新康德主义价值哲学的深远影响，以及他对现象学关于存在概念批判有重要的启发，同时，为中国学术界深化当代中国价值哲学研究提供诸多方法论的借鉴。

本书将从以下五个章节展开论述。

第一章概述了 19 世纪中叶形而上学的没落及对形而上学的拯救。当时的形而上学面临理论体系与科学实验的双重夹击，尤其是实证科学的崛起冲击了形而上学。此外，资本主义制度及其内在矛盾致使价值存在空场。流行的科学唯物主义主张以科学实验成果改造形而上学，不过这种无立场原则终将倒向马克思极力批判的唯心主义。19 世纪中期，洛采深陷于在德国科学界掀起的"唯物主义之争"，他反对科学唯物论的种种说法，他先前出版的心理学、医学等方面的著作，较为明确地确立了他的目的论唯心主义立场，在挽救形而上学的过程中，"价值"

顺势而出。

　　洛采于晚期构建了包含本体论、宇宙论与心理学的形而上学体系，本书的第二章至第四章将重点论述形而上学对价值的三大奠基。

　　第二章阐明价值的本体论基础，即填补形而上学真空的真存在。真存在不同于纯存在，作为目的性秩序与现实实在存在即存有产生关联。在批判赫尔巴特的"绝对设定"后，洛采提出"万物存在是在关系中成立的"论断，表明这是一种自我设定的关系性存在。也正是基于这一观点，洛采以关系秩序瓦解了传统形而上学的存在概念。

　　第三章阐明价值的宇宙论基础。价值是有效的而非存在的，实现有效则依托于宇宙论要素，居于观念世界中的价值与事实世界中的存有发生重合，是现象形式的表征。"现象形式"类似于康德的先验感性论，主要用于讨论时空问题。但先前的理论要么缺乏对价值的理论关注，要么这些现象形式并不能直接满足"价值有效"，在对此进行批判的基础上，洛采要证明价值在宇宙论的时空现实中重新确立现象形式而实现有效。

　　第四章阐明价值的心理学基础。1879年《形而上学》着重强调相互作用，其中包括心物作用。洛采启用心理学方法，进一步表明价值有效的主体功用。价值对主体个体的依赖体现在：价值之有效并非与现实世界直接关联，势必是有主体的情感因素才能构成"有效"的闭环。灵魂是逻辑主体与心理主体的统一，由此才能发挥意识协调作用。洛采强调感觉是万物可被证实为实在的首要要素，感觉由物理刺激和生理刺激产生，但洛采在反对了缪勒的生理学形而上学后，借用魏塞"规范"一词，使价值有效在主体表象客体对象时得到了说明。这一立场反对了实验心理学。第四章的关键是阐明部位记号说，这是洛采的重要思想之一，他反对赫尔巴特的思维空间，进而提出通过神经末梢的独特情感可以表象出带有几何特征的空间图像，达到"心""物"的价值统一。

第五章探讨超越机械论的价值统一。洛采并不否认机械活动，反而认为机械活动是实现终极目的的现实手段。事件世界往往表现为机械活动，其中生成与变化是最常见的现象性活动方式。洛采承认物理过程及生命现象都遵循着普遍法则，但认为生成与变化并非完全是事件的自发状态，而是包含四种因素：生成者的生成、心理表象作用、观念世界中的内在关联以及事件世界中的内在效用。不可否认，事件世界中的机械活动是现实活动，包括生命现象过程，传统的物质论只关注物质形态研究，忽略了事件形态的可能。对此，洛采否决了神秘的"生命力"这一形而上学因素用来解释生命现象的可能，一方面坚持机械活动于生命现象之必然，另一方面认为灵魂生命将发挥统一功能超越机械活动。而这种功能的关键在于价值整体所赋予的统一，并终将达到意识统一下的万物与精神的统一。

第一章
形而上学的没落及拯救形而上学

　　1859 年，英国作家狄更斯在《双城记》的开篇写道："那是最美好的时代，那是最糟糕的时代；那是个睿智的年月，那是个蒙昧的年月；那是信心百倍的时期，那是疑虑重重的时期；那是阳光普照的季节，那是黑暗笼罩的季节；那是充满希望的春天，那是让人绝望的冬天；我们面前无所不有，我们面前一无所有；我们大家都在直升天堂，我们大家都在直下地狱……"① 这既是关于 19 世纪英国资本主义社会发生阵痛、动荡与茫然的真实写照，同时也适用于描述整个 19 世纪的世界历史：自然科学的迅猛发展重组了社会结构，生活于其中的人们享受着资本利润带来的空虚的欢愉。同年，马克思公开发表第一部政治经济学著作《政治经济学批判》，恩格斯为此作书评《卡尔·马克思的〈政治经济学批判〉》，清楚地描写了自然科学的崛起以及传统形而上学的终结，"在黑格尔学派的狄亚多希们的统治下空谈成风，在此之后，自然就出现一个科学的实证内容重新胜过其形式方面的时代。同时，德国以异乎寻常的精力致力于自然科学，这是与 1848 年以来资产阶级的强大发展相适应

---

　　① 〔英〕查尔斯·狄更斯：《双城记》，宋兆霖译，中央编译出版社，2015，第 43 页。

的……黑格尔被遗忘了，新的自然科学唯物主义发展了，这种唯物主义在理论上同十八世纪的唯物主义几乎完全没有差别，它胜于后者的地方主要只是拥有较丰富的自然科学的材料，特别是化学和生理学的材料……平庸的资产阶级理性这匹驾车的笨马，在划分本质和现象、原因和结果的鸿沟面前就一筹莫展了；可是，在抽象思维这个十分崎岖险阻的地域行猎的时候，恰好是不能骑驾车的马的"①。传统形而上学就这样在自然科学的高歌猛进中堕入无尽的深渊。然而，在传统形而上学受到自然科学冲击、经济社会结构发生重大转变等挑战的同时，在占统治地位的资产阶级意识形态内部出现了对形而上学及传统价值观念的深刻反省，即新兴的社会历史观和价值哲学的兴起是对历史虚无与价值存在空场的理论拯救。文德尔班对 19 世纪的中肯评价是，17 世纪的形而上学和 18 世纪的启蒙运动都受到了自然科学的支配，19 世纪绝不再是哲学的世纪，但在 19 世纪行将结束之时，"欧洲人已经着手清扫本世纪经历的生活条件中深信不疑的东西，近代文明开始对自身进行反省。这是一个符合实际的判断"②。

第一节　放逐形而上学体系的诸路径

1831 年，黑格尔的离世敲响了德国古典哲学的丧钟，预示着传统形而上学即将被抬进自己亲手搭建的灵柩中，密涅瓦的猫头鹰于黄昏归巢，盛极一时的理性时代即将终结，形而上学的认同危机逐渐产生。首先是传统形而上学自身面临的困境。仍追随形而上学并效仿黑格尔哲学的各

---

① 《马克思恩格斯全集》（第 13 卷），人民出版社，1962，第 529~530 页。
② 赵修义、童世骏：《马克思恩格斯同时代的西方哲学——以问题为中心的断代哲学史》，华东师范大学出版社，2008，第 523 页。

派，他们自称其思想是绝对真理的化身，相互攻讦，争执不休，这种自毁式行为使传统形而上学更加支离破碎。马克思的哲学革命，以及孔德的实证主义等思想理论展开了对整个形而上学体系的外部攻击。其次是势不可挡的自然科学发展的现实冲击。这种祛魅的视角让人们能够重新审视与自然世界相联系的科学图景，"经验自然科学获得了巨大的发展和极其辉煌的成果，从而不仅有可能完全克服 18 世纪机械论的片面性，而且自然科学本身，也由于证实了自然界本身中所存在的各个研究领域（力学、物理学、化学、生物学等等）之间的联系，而从经验科学变成了理论科学，并且由于把所得到的成果加以概括，又转化成唯物主义的自然认识体系"[①]。于是，传统形而上学必将陷入岌岌可危的境地。

一 理论之争：形而上学的"内忧外患"

在传统形而上学内部产生矛盾与崩溃的阶段，形而上学已然失去了本身的影响力，处于一种"无政府主义"状态，各学派尽管各立门户，但都力求建立一套仿黑格尔思想体系的绝对标准，并形成关于世界历史发展原则的学说。狄尔泰在 19 世纪末考察当时的哲学状况时，把这些学派的争执称为"空洞的噪声"与"形而上的争吵"。这一体系的崩溃是黑格尔主义自掘坟墓后理应承担的后果，其实在黑格尔逝世前，黑格尔学派已经凝结成反对其他哲学思潮的统一战线。此做法得到了普鲁士当局的文教部长冯·阿尔滕斯坦（Fvon Altenstein）的大力支持，威廉·冯·洪堡（Wilhelm von Humboldt）也注意到了这一点。但这一切就在黑格尔逝世后瞬间崩塌。黑格尔学派的分裂是在黑格尔的宗教理论及其介入人类社会生活时对本质和意义的不同解释的背景下发生的，说到底是

---

① 《马克思恩格斯选集》（第 4 卷），人民出版社，1995，第 304 页。

由平庸的资产阶级理性内在矛盾所致，即封建的政治统治已经从理性中概念的辩证运动发展到绝对精神的现实外化。这种内部分裂便是传统形而上学被遗弃的开端。

D. F. 施特劳斯（D. F. Strauss）引发了这场内在矛盾，他公开主张黑格尔的思维方式，但在宗教形成过程上的立场却不为这一哲学流派的支持者所接受。传统形而上学的内部分裂就是一场宗教与理性的隐形博弈。在黑格尔的思想领域中，逻辑规定决定了一切，任何事物若具有真理，便只有在理念中。他指出，理念是实现自身的概念，而宗教不过是概念中所包含的内容规定的发展，它代表着人类意识对上帝的态度，或者说是上帝在有限理性自我意识框架内的自我感知。上帝乃绝对精神的自我构造，黑格尔要实现的是回归到现实自身的上帝，而这一切都发生在有限理性的意识领域中，辩证地呈现在意识的各个阶段中，整个过程表现为上帝对自我的认知与构想。基督教以前的宗教是局部的、特殊的实现，而基督教是在概念发展中的普遍完成，理性意识的每一阶段都是在向"真"的靠近，达到绝对精神，便是全部真理，这是启示的过程，它没有奥秘与隐藏，只有真理。于是在上帝中可以直观到理性要素，如果有限理性无法认识上帝，便只剩下妒忌。"理性是世界的灵魂，理性居住在世界中，理性构成世界的内在的、固有的、深邃的本性，或者说，理性是世界的共性。"① 黑格尔将斯宾诺莎的实体在理性中绝对普遍化，使传统形而上学有了最不可摧毁的必然性支撑。信仰的领域与理性的领域融合在一起，宗教服务于哲学，哲学成了最高且终极的智慧。这种宗教捆绑式的传统形而上学是同一性意识合理化的理论背景，即"同一性意识的过程并没有随着耶稣的出现而结束，而是在基督教共同体的框架

———

① 〔德〕黑格尔：《小逻辑》，贺麟译，商务印书馆，1980，第80页。

内达到其发展的高度，在那里，基督教弥赛亚的个人自我意识与对上帝的认同让位于对上帝的普遍意识的认同"①。传统形而上学的分裂表现为老年黑格尔派与青年黑格尔派对哲学与宗教捆绑关系的新解读，前者往往倾向于基督教与黑格尔哲学的和解，并维护后者的体系框架，尽管有像马克思的老师甘斯（Gans，柏林大学著名法学家）这样的老年黑格尔派代表传播进步思想，但他在整体上仍然反对青年黑格尔派提出的自由主义的进步要求。如果在黑格尔体系中，哲学高于宗教在于哲学能认识世界并且能构想与解释宗教，对于老年黑格尔派来说，他们希望的是不要站在任何特殊的偶然的东西上，而是站在绝对存在着的东西上；宗教无法构想哲学，但这一缺憾反而使他们从"绝对"的角度来辨明思辨世界的救赎。青年黑格尔派是对自我意识的理论拯救，传统形而上学应当摆脱绝对实体对自我意识的宗教钳制，"无论如何，对施特劳斯来说，福音书的核心在所有历史观察和调查之前都被评估为是虚构的"②。他们将《精神现象学》的序言当作他们的思想旗帜，除了认同运用黑格尔的辩证法解释人类历史现象所产生的历史哲学方法外，施特劳斯和其他青年黑格尔派成员还对宗教进行批判以及对人类生活的其他表现尤其是政治表现进行批判：对耶稣作为救世主这等宗教信仰的破坏，对宗教末世论的否定，取而代之的是在现实世界中实现救赎的新愿景。用马克思的话来说，是从对"天国的批判转变成对尘世的批判"，"青年黑格尔运动似乎证实了加缪的理论，即人类精神只存在两个世界：神圣和反抗。一个期待着神圣仁慈的人是无法反抗世俗秩序的。神圣世界的消失带来了

① 转引自 Zvi Rosen, *Bruno Bauer and Karl Marx: The Influence of Bruno Bauer on Marx's Thought*, The Hague: M. Nijhoff, 1977, p. 23。
② John T. Noonan, "Hegel and Strauss: The Dialectic and the Gospels," *The Catholic Biblical Quarterly*, Vol. 12, No. 2, 1950, pp. 136–152.

反叛世界的诞生"。① 如果上帝是精神，在理性中获得了对自身普遍意识的认同，那么神性与人性相同一的论断便是正确的，既然如此，弥赛亚带领其子民摆脱罪恶得永生的历史便是人类自我救赎的历史，真正的基督不是耶稣，而是人性，这是自由主义的号角与理性信仰的希望。由此，传统形而上学在老年黑格尔派与青年黑格尔派各执"实体"与"自我意识"一端下自行解体。"老年黑格尔派认为，任何东西只要归入某种黑格尔的逻辑范围，就明白易懂了。青年黑格尔派则批判一切，到处用宗教的观念来代替一切，或者宣布一切都是神学上的东西。青年黑格尔派同意老年黑格尔派的这样一个信念，即认为宗教、观念、普遍的东西统治着现存世界。不过一派认为这种统治是篡夺而加以反对，而另一派则认为它是合法的而加以赞扬。"②

传统形而上学的崩溃是"内忧外患"双重夹击下的自然结果，马克思逐渐脱离于"内忧"的一方即青年黑格尔派，其创立的历史唯物主义成了传统形而上学最重要且最致命的"外患"因素。19世纪30年代，马克思已经认识到，黑格尔思想体系的内部裂痕明显且普遍，这意味着其内在矛盾要比他同时代的其他青年黑格尔派成员所理解的更为深刻。马克思批判性地吸收了费尔巴哈思想后，对黑格尔体系内部问题的解决成了创立历史唯物主义的关键。老年黑格尔派坚持对自我意识的彻底放逐，基督教文化是黑格尔理性的绝对符合，这种老套的范畴体系在马克思与青年黑格尔派决裂后完全不具有任何合理的理论因素。同时马克思也认清了逻辑理性的狡计：法国大革命的启蒙、自由的革命冲动幻化成

---

① 转引自 Zvi Rosen, *Bruno Bauer and Karl Marx: The Influence of Bruno Bauer on Marx's Thought*, The Hague: M. Nijhoff, 1977, p. 33。

② 《马克思恩格斯全集》（第3卷），人民出版社，1960，第22页。

白色恐怖，但黑格尔并未将纯粹主观意志的绝对自由奉若神明，因为他主张的精神革命是内在生成于历史发展中的，其终极历史目标潜藏于时代浪潮下，在伦理共同体的客观框架中不断地被历史自我意识所唤醒，这就是理性在历史中的自我胜利。但历史的批判需要彻底地砸碎形而上学的沉重锁链，向理性的任何一次回溯与让步都是对实现现实新愿景的自我阉割。古代的亚里士多德和现代的黑格尔都是形而上学思想的缔造者，但一旦达到系统整体，形而上学体系将为其改造者指明新的出发点抑或让他们滞留在原地。如果青年黑格尔派始终坚持"自我意识"的历史构造，他们将绕不开理论与实践的现实关系，以及哲学反思与社会行动的关系问题，而这一切都将他们的知识视野与现实世界向现代乃至后现代的急速转向关联起来。这自然成为马克思最深刻的理论关切，他的思想革命，即"颠覆并终结全部形而上学，以及经由此一革命而获致的全部当代性质，就变得蔽而不明了。不唯如此，由于黑格尔哲学已然作为一般形而上学而臻于完成，所以这一立场真正说来乃不容滞留：或者是由此引导一个全面的突破而开启崭新的路径，或者是在此徘徊踯躅而实际遁入一条衰变退化的轨道"①。前者是实现其思想革命的必然选择，马克思在批判了宗教、理性等通往人类解放的虚幻路径后，明确提出要消灭哲学、消灭形而上学，因为一切纷繁复杂的形而上学理论都是现实世界的解释者，而通往人类解放的关键在于改变世界。

19世纪的世界是可感的、可证实的，理性的范式原则成为现实领域中的隐性要素，其标准叙述特征与实证主义立场发生了不可避免的对冲，这是先前经验论与唯理论之争所埋下的隐患。"17—18世纪的哲学家分

---

① 吴晓明：《形而上学的没落——马克思与费尔巴哈关系的当代解读》，北京师范大学出版社，2006，第6页。

别对感觉经验和理性思维作了相当系统的研究，制定和发展了对西方哲学的认识论转向起了重大作用的经验归纳法和理性演绎法。然而他们在取得这些重大成就的同时却往往忽视了各种认识活动之间的联系，把本来相互渗透、不可分割的感觉经验和理性思维等分割开来，各执一端，由此走向了都有很大片面性的经验论或唯理论。"① 然而理性主义在德国古典哲学的发展下并没有令人失望，库诺·费舍尔（Kuno Fischer）等曾对理性的标准叙述特征做过全面的考察，"理性主义认为，通过感官知觉，我们只能按照事物在我们的感觉器官中所表现出来的样子去感知事物，而不能按照事物在现实中所存在的样子或者事物本身独立于感觉器官之外的样子去感知事物。清晰、明白的，即不证自明的思维，以数学为例，是在不断进行的一系列证明和演绎中构成的，因此，它必须建立在直接的、确定的公理或原则的基础上，其余的一切都是从这些公理或原则出发的。这种教导原则的方法叫作形而上学"②。于是理性便在形而上学中发展起来，当近代哲学在经验论与唯理论之间摇摆踟蹰时，康德的《纯粹理性批判》充当了调解矛盾的先验法官。不过这一切显然与19世纪思潮格格不入。

拒斥形而上学本体论，否定理性主义，割断哲学作为人文科学与科学知识之间的思想关联，拒绝任何虚幻的形而上学概念，这是19世纪反理性主义者在理性废墟之上的理论呐喊，其中包括实证主义者、社会达尔文主义者、马赫主义者等。奥古斯特·孔德（Isidore Marie Auguste François Xavier Comte）是公认的实证主义的代表，在其代表作《实证哲

---

① 刘放桐主编《西方近现代过渡时期哲学——哲学上的革命变更与现代转型》，人民出版社，2009，第74页。

② Kuno Fischer and Benjamin Rand, "The Centennial of the 'Critique of Reason'," *The Journal of Speculative Philosophy*, Vol. 17, No. 3, 1883, pp. 225–245.

学教程》(*Cours de Philosophie Positive*)中，以发现人类智力发展的三大阶段规律将形而上学的方法视为神学方法向实证方法的过渡，甚至认为形而上学的方法不过是神学方法的改头换面。他承认这两种方法都有各自的历史存在意义，但在 19 世纪，"以虚构和空洞的思辨来臆测和幻想的神学和形而上学已经变成不合理的、荒谬的、虚伪的思潮。应当用与科学精神相一致的实证哲学取而代之……他不仅否定用虚构的方法臆造一个超自然的主体，把各种现象看成这个超自然主体的活动的产物，而且反对对事物的内在本性的探求。他不仅否定用空洞抽象的思辨来取代对事实的观察的思辨形而上学的思想方法，而且反对作为本体论学说的形而上学本身"①。孔德对传统形而上学权威的挑战在于他对形而上学探究其终极本源的无能与无意义的责难，在接受了孔狄亚克的感觉主义和休谟的现象主义的论证后，他认为，除了以可观察到的事实为依据而形成的知识外，其余一切皆为虚幻。因此，他主张人们放弃理性主义向本源的探索，力倡在实证阶段通过理性与观察的结合发现现象间的规律，人们应当满足于现象，寻求它们之间连续性与相似性的不变关系，追寻"本源性存在"的"实体"以及"人格化"的终极之物的行为都将危及一切科学知识的普遍基础。这种立场必然使他抛弃形而上学提出的各色理性的思辨方法，但任何思想向来不是世间孤立的存在。虽然孔德是实证主义的代表，其论著的主要目的却是要完善人类社会、改善人的性格，因而晚期的孔德转向永恒的爱的宗教。他并不认为这会导致向神学阶段的无限回溯，宗教信仰"没有必要被限制在神学和形而上学的阶段，因为一个实证科学家可以相信上帝总是用固定的法则来统治，这就符合了

---

① 赵修义、童世骏：《马克思恩格斯同时代的西方哲学——以问题为中心的断代哲学史》，华东师范大学出版社，2008，第 68 页。

实证主义阶段的主要特征，即相信每一个事件，作为一个'恒定秩序'的一部分，都是'某种前提条件的不变结果'"①。人类的智力只有经过用神学阶段自发展出来的原始解决办法，在形而上学阶段中改进，才不会在实证阶段被封闭在恶性循环中而无法逃脱。

被称为"社会达尔文主义者"的赫伯特·斯宾塞（Herbert Spencer）拒斥形而上学是受到了孔德的影响，他认为形而上学总是渴求实在的绝对知识，但任何一次行为都是或将是失败的，如果说形而上学是一种知识，那么获得的知识就是不可知的，哲学必须抛弃传统形而上学本体论以及对实在的绝对知识的追求。不过他比孔德更大胆地承认宗教与科学的包容关系，科学的认识对象是现象，但这并不意味着宗教与现象背后的实体不兼容。科学知识是隐性自在实体的不可思议的力量的现实呈现。他与达尔文一致认同"适者生存"的社会事实，二者的差异化基础是达尔文不认同任何一种形而上学，而斯宾塞的系统既是科学的形而上学，也是宗教的形而上学。斯宾塞一边摧毁着传统形而上学，一边建立起社会学形而上学，他将斯宾诺莎与莱布尼茨思想中忽略的时间实在性分割在了日常生活与末世论之间，这是一种将宗教与科学关联起来的巧妙方式。由于日常生活与末世论都否认历史性，斯宾塞给予了多元性存在以形而上学支撑。"黑格尔的体系冒着试图明确霸占历史性的风险，这使得他的意识形态观点很容易受到马克思更激进的历史观的攻击。在斯宾塞的社会理论中，历史的东西可能只被认为是由因果关系决定的进化模式的实例。时间被征用了，而且出于强烈的政治动机。"② 因此，社会有

① C. L. Ten, *Routledge History of Philosophy Volume VII: The Nineteenth Century*, Tylor & Francis Group, 1994, p. 128.

② Iain Stewart, "Commandeering Time: The Ideological Status of Time in the Social Darwinism of Herbert Spencer," *Australian Journal of Politics & History*, Vol. 57, No. 3, 2011, pp. 389-402.

机体因不同的政治动机附着在不同的社会等级成员中而维持着自身的秩序与平衡。

　　恩斯特·马赫（Ernst Mach）是 19 世纪反形而上学思潮的另一位代表人物，其著作《感觉的分析》（*Die Analyse Der Empfidungen*）是以心理学为依据的经验主义的哲学著作，不仅影响了当时盛行的实在论，而且与当时萌发的价值哲学之间存在心理学意义上的关联。他与赫尔巴特一样，强调科学和哲学所属的经验所予，现象是他们的研究对象，只不过马赫将现象分解为要素。拒斥形而上学便是否定康德形而上学意义下的"物自体"以及另一种意义下的"心灵"或"自我"的实体，否定物自体是由于现象分解为要素后而无须存在，否定心灵或自我的实体则是要避免陷入唯我论境地。于是，这一立场的三大影响分别是，模糊了现象与实在的区别，消解了主客的二元对立关系，解构了完备的体系哲学。由于马赫将解构完备的体系哲学运用到了自然科学领域中，科学的顺利进展必然斩断一切形而上学的乱麻，清洗传统形而上学之迷信。这就使他的科学思想成为摆脱理性主义基础的存在，其中不存在对哲学反思与社会行动之间的关系的思考，这种绝对的反形而上学行为反而获得了欧美学者的青睐。"事实证明，他的教义往往是通过马赫精神——而不是通过直接传播原始的实证主义声明——为欧洲和美国许多渴望现代主义的人所接受或改编，而这些人曾受到不可抑制的少数人观点的影响，即后者公然拒绝形而上学和等级制度，支持统一的、基于经验的世界概念。"[①] 19 世纪中后期，马赫主义遍布各个学科领域，如物理学、生理学、数学、逻辑学、生物学、科学哲学、法理学、社会学、人类学、文

---

① Gerald Holton, "Ernst Mach and the Fortunes of Positivism in America," *ISIS*, Vol. 83, 1992, pp. 27−60.

学、建筑学等；同时有大批思想家深受马赫主义影响，包括赫尔曼·冯·赫尔姆霍兹、G. R. 基尔霍夫、威廉·奥斯特瓦尔德、卡尔·皮尔逊、亨利·庞加莱等。

传统形而上学的批判性遭遇是历史的选择，在全新的理论视域与价值背景下，它将再次被推到更广阔的视域中，置于被重新审视的思想高地。

二 科学实验：认知事实的经验实证

传统形而上学像自然科学理论那样，在某种程度上其如经典艺术作品般的持久性与相对有效性被抛弃，依赖于我们对事实的渐进认识而被对待，先前所谓的先验真理在规律性矩阵中成为实验行为的考察对象。的确，人们往往认为哲学作为"物理学之后"是一切自然科学的思想基础，同时也难以否认科学会对形而上学产生不可估量的影响，且更应着重阐明这种影响。威廉·胡威立（William Whewell）曾指出，若要进行科学真理方法的哲学探究，则先要对科学家们已知的真理展开调查。因此，传统形而上学在直接的逻辑研究法、科学唯物主义的类比简化法（包括生物学、生理学、医学领域等）与数学计算法中被肢解，按照恩格斯的观点，体系学在黑格尔之后就变得不可能了。

（一）直接的逻辑研究法

特伦德伦堡是反对黑格尔哲学体系、提出以具体研究代之的尖锐批评者。他并不主张完全取消哲学，而是希望建立科学的哲学，即以科学研究为导向。在 1865 年出版的《逻辑研究》（*Logical Investigations*）中，他反对康德的立场，认为后者提出的科学知识是我们自己的、主观的，而非对真实事物自身的知识，"所有知识的核心是了解事物（真实的）

本来面目：我们想要的是事物，而不是我们自己；（根据康德的观点）我们寻找事物，但只能成功地抓住自己。这是一种使科学沦为乞丐的谦虚"①。这种知识不过是对主体观念的内在刻画，这种超越真实事物真正知识的虚幻形式是观念论的基本版本，随之而来的是对外在于主体的事物的真正怀疑。之所以如此，是因为哲学本身的体系化研究与自然科学研究相比，它不以思维客体的结构化显现为对象，它的任务是研究并提出潜藏于各部分中的整体概念，即特殊中的一般理念，由此自然科学便能从普遍存在中得以衍生并获得毋庸置疑的先验规定。这种把握整体的行为看似能为自然科学奠定不可动摇的基础，却使对无限整体本身的探究始终带有更多的不确定性，因此，特伦德伦堡批判德国哲学家的研究风格，转而以自然科学研究为榜样，以有限经验为出发点，以期能够对个别特殊进行精确深入的研究，把握普遍概念所忽略的结构显现。这一思想立场使特伦德伦堡走向思辨哲学的反面，尤为反对黑格尔的辩证逻辑，准确地说，是反对其概念内在运动整体性中的直接性。不过首先应明确，特伦德伦堡采纳了黑格尔逻辑的一般观点和形式，即"他拒绝形式逻辑，承认黑格尔的逻辑学，认为逻辑理念并不是简单的思想的主观规定，而是同时存在于思想和事物中的客观规定。不仅如此，他还承认辩证法形式或思辨形式是逻辑观念的绝对形式，但同时他又修改黑格尔的逻辑，或改变规定的顺序和关系，或引入新的规定"②。他要寻求的不是在逻辑思维中思辨的直接性，而是思维与存在本身通达的直接性。特伦德伦堡承认非存在的存在，但认为非存在不是存在的对立面，而是另

---

① 转引自 Graham Bird, "The Neglected Alternative: Trendelenburg, Fischer, and Kant," in Graham Bird ed., *A Companion to Kant*, Blackwell Publishing, 2006, p. 489。

② A. Vera and Anna C. Brackett, "Trendelenburg as Opponent of Hegel," *The Journal of Speculative Philosophy*, Vol. 7, No. 1, 1873, pp. 26–32.

一种可能的存在。若果真如此，这将是对辩证法，乃至哲学与科学的研究方法的颠覆。但问题在于，我们是否需要提供论证，证明存在的反面是思想而不是非存在。特伦德伦堡的做法是，因无法忍受辩证法给人带来的延迟感，抽去了辩证法的中间运动过程，进而援引亚里士多德的观点，提出直接性不是一种推演结果，即无需设定非存在的存在，思想是纯有或纯存在的最直接的对立面。

直接的逻辑研究法是对形而上学体系的质疑与颠覆。"辩证法是逻辑确保其过渡的方法，是逻辑建立其概念链条的纽带的方法。这些转变是纯粹逻辑的，是纯粹概念发展的结果，一个概念或意识阶段必然地跟随着另一个概念或意识阶段。因此，特伦德伦堡为辩证法提出的核心问题是，辩证法是否仅凭严格的推理就有能力进行过渡。"① 或者说辩证法本身只符合自身发展出来的逻辑体系，其合法性完全取决于思维，所谓外部经验对象不过是辩证法过程中的偶然环节。通过这种推演方法获得的知识仍然是整体体系的自我发展，不包含经验客体对象的真实知识。在此，特伦德伦堡看到了经验科学与辩证法之间的不兼容性，他提倡充分尊重自然科学的自主性，不前设任何的先验原则，同时提出如果辩证法依赖于自然科学，那么对于它所预设的逻辑体系而言，将是不充分的逻辑手段。当提出一种亚里士多德式的直接性方法时，他便将推动具体事物研究的进步空间留给了自然科学。

（二）科学唯物主义的类比简化法

如果我们以黑格尔为榜样，放弃先验泛神论而赞成内在性，就会产生唯物主义这种表现所谓绝对的非哲学方式，它既能在历史中满足于把我

———————————

① Frederick C. Beiser, *Late German Idealism, Trendelenburg and Lotze*, Oxford University Press, 2013, p. 61.

们从无端的罪恶感和被束缚的责任感中解放出来，使我们从对未来苦难的恐惧中摆脱出来，使心灵回归人性化，把内在性中自觉的辩证法转变为唯物主义的自然观和历史观，又能在科学行为中满足于显现出被观察到的不可推翻的联系的连续性及其表现出的恒久规律的框架体系，并敢于直接把科学成果哲学化，以自然科学改造、标定哲学走向。后者以科学唯物主义为代表，往往主张自然科学家在科学实验过程中形成的唯物主义观点，这是一种不同于先验设定某个"真值"的反映论，它强调以严肃严谨的科学态度尽可能准确地反映客体对象，承认外在于主体的客观世界的独立存在。朗格（Lange）把唯物主义描述为科学中的保守力量一点也不为过，他是着眼于事实而非设定的不可证实的观念、假设或理念。不可忽视的是，这一时期的科学唯物主义兴盛于德国和英国，表现出的典型特征是非理性主体下的感官世界。科学家们的研究对象也从物理学中的外在相互作用规律转变为化学、生理学、生物学及心理学中的内在作用活动。它表现出的典型特征是非理性主体下的感官世界。马里奥·本格（Mario Bunge）将科学的唯物主义界定为精确的、科学的、唯物主义的、系统的、物理论的、系统论的以及进化论的。其中唯物主义的这一属性表明，"每一实体都是物质的（具体的），而且每一观念的客体最终都是某个大脑中的一个过程或是大脑过程中的一个类别"[①]。本格混淆了缺乏认识功能的唯物主义与以观念反映客体的实在论，把后者视为可以规定物质为实在的方法之一，即客体当且仅当影响另一客体或受另一客体影响时是实在的：物质领域中相互作用的物质只有经由大脑过程处理为某一类别才被判定为实在的。实际上，"实在"并不定义为不

---

① 〔加〕马里奥·本格：《科学的唯物主义》，张相轮、郑毓信译，上海译文出版社，1989，第 30~31 页。

依赖于主体而存在，因为这些物质是人类创造的，因而不脱离于主体而存在，并且这样的主体也被认为是实在的。这是一种很明显的类比，非理性主体下的感官世界是通过类物理或化学规律得到理解的。按照朗格的观点，唯物主义相信感官，相信据此描绘的世界。然而，在此基础上产生的科学研究也破坏了哲学实在论。朗格对知觉的处理与赫尔曼·冯·赫尔姆霍兹（Hermann von Helmholtz）的处理类似："当我们理解感官接收的信息是如何被我们的感官器官转化时，我们必须得出这样的结论：我们所感知的世界实际上是我们组织的产物。这包括我们自己的感觉器官，因为它们作为知觉对象所处的状况与其他事物没有什么不同。"① 这是纯粹的经验状况类比，主体作为实在是自然科学意义上的。

卡尔·福格特（Karl Vogt）被视为科学唯物主义或者是庸俗唯物主义的代表之一。他出版的《生理学通讯》（*Physiologische Briefe*）是德国科学唯物主义的开山之作，他得出了比朗格更为夸张的结论，即所有的心理和精神过程都可以简化为物理和化学过程，并且他经典的"大脑分泌思想的过程类似于膀胱和肾脏分泌尿液和胆汁的过程"的论述在毕希纳（Büchner）思想中得到了延续。毕希纳接受了心理现象的基本还原方法，将宇宙中的存在归为两大因素即力（Kraft）与物质（Stoff），同物质一样，与物质相结合的力也是不朽的，甚至思维规律也服从于力的规律。他"把质量守恒和能量（力）的守恒当作包罗万象的基本自然规律，断定其他一切已知的自然规律都从属于它"②，于是所有的二元论都在毕希纳的思想中遭到了拒绝。他认为所谓的精神、思想以及理性心理

① C. L. Ten, *Routledge History of Philosophy Volume Ⅶ: The Nineteenth Century*, Tylor & Francis Group, 1994, p. 151.
② 赵修义、童世骏：《马克思恩格斯同时代的西方哲学——以问题为中心的断代哲学史》，华东师范大学出版社，2008，第 164 页。

学中的灵魂都不是实体，而是各种相互作用共同凝结而成的类似于蒸汽机中的一种"力"。这种庸俗的唯物主义对传统形而上学体系来说是致命的，其中不存在任何超验根据以及非经验的推演过程，在这类唯物主义看来，结果是其自身的原因，是各种因素相互作用而成的，而根据与推演过程超出了原因—结果的作用范围。正因为如此，也就不存在任何先验设定，规定着该体系在理性过程中实现自身，即外化，因为科学唯物主义将这复杂的形而上学体系通通简化为物理结构和腺体功能。

抛弃了辩证法的这类唯物主义势必会露出伪科学的嘴脸，马克思将福格特和毕希纳之流的立场称为"庸俗的巡回传教士的唯物主义……（它）是由已经过时的哲学的残渣杂凑而成，而且全都同样是形而上学的"①。不过这是一种折衷主义的形而上学，而不再是体系学的形而上学。

（三）数学计算法

与上述两种方法不同，数学计算法是普遍可行的广义方法，但数学是否也可以作为先验性知识而存在还存在争议。由此带来的熟悉感在康德思想中得到了证明。到了 19 世纪，数学计算法又在卡尔·欧根·杜林（Karl Eugen Dühring）那里重复出现，他认为纯数学可以不依赖于外部世界所予便能从头脑中构想出来。恩格斯对杜林的观点大加批判："纯数学具有脱离任何个人的特殊经验而独立的意义，这当然是正确的，而且这也适用于一切科学的一切已经确立的事实，甚至适用于所有的事实……纯数学的对象是现实世界的空间形式和数量关系，所以是非常现实的材料。这些材料以极度抽象的形式出现，这只能在表面上掩盖它起源于外部世界的事实。但是，为了能够从纯粹的状态中研究这些形式和

———————————
① 《马克思恩格斯全集》（第 20 卷），人民出版社，1971，第 384 页。

关系，必须使它们完全脱离自己的内容，把内容作为无关重要的东西放在一边……甚至数学上各种数量的明显的相互导出，也并不证明它们的先验的来源，而只是证明它们的合理的相互关系。"[①] 按照这种说法，数学可以用来解释物理学中运动、变化等机械过程，并且当德勒兹试图倡导一种复杂且普遍的个性化概念时，他使用数学语言也就不足为奇了。但是，如果数学既作为计算内容又作为科学计算方法先于传统形而上学体系并运用于其上，那么便可以避免逻辑推理型或伦理型的形而上学。

运用数学计算法的典型人物是约翰·弗里德里希·赫尔巴特（Johann Friedrich Herbart）。赫尔巴特一方面赞扬康德的伟大之处在于揭露了传统形而上学的中心谬误，即本质与存在的合并；另一方面反对斯宾诺莎提出的伦理基础上的非科学的形而上学，提出要建立科学的形而上学，就必须严格遵循"应当"与"是"的逻辑界限。借用费希特的"设定"术语，赫尔巴特将"存在"视为自我设定的无关系的"实在"，很显然，当试图阐明相应的关系时，赫尔巴特运用数学计算法作为其方法之一。比如，从传统形而上学的角度作出"A（主体）是 B（属性）"的范畴判断，得出的结论是：设定的主体消失，设定属性的时机也随之消失。而赫尔巴特将 A 设定为逻辑的量，并首先涉及内容，则得出了另一个结论。论证过程是，"假如内容为 x，那么，概念内容的范围为 $1/x$；假若 $x=0$，那么 $1/x$ 是无限的。这里，人们偶然注意到：通常的和正确的数学表示 $1/0$ 的前提是：0 是从正在消失的量中产生的"[②]。这意味着，当设定的主体消失时，它的范围将是无限的，属性则成了限制被取消的概

---

① 《马克思恩格斯全集》（第20卷），人民出版社，1971，第41~42页。

② 《赫尔巴特文集 2·哲学卷二》，李其龙、郭官义等译，浙江教育出版社，2002，第78页。

念，而非在范畴判断中拥有与主体同等范围。在范畴判断中，通过统觉统一或辩证逻辑对存在的认知判断不令人怀疑。但这对于存在来说，是非科学的，而且对主体设定实施判断的属性不具有恒在的确定性，按照这种理解，便很容易倒向斯宾诺莎派，即以事物的属性实在性的多少来衡量事物的实在性。反之，在逻辑的量的使用方法中，属性被规定为取消了限制的概念，那么物体的存在便是无条件的（无关联的）绝对肯定。按照赫尔巴特的观点，传统形而上学对存在的论证是对先验框架的论证，而数学计算法作为科学的计算方法是客观真理，不属于主体的构思，通过数学计算法更能科学地建立形而上学。这一方法也运用到了空间中，赫尔巴特通过算术的基本概念以及一系列的乘法运算，提出如同在第一维上添加第二维，在思维空间中也可以再加上第三维，进而引出第四维和第五维。赫尔巴特提出，根本不存在绝对空间，空间无非意味着包含着存在的图像的可能性。他拒斥任何人为结构的介入，更不用说所谓的伦理要素。不仅如此，当康德提出心理学不能成为一门科学而无法运用数学这一论断时，赫尔巴特直接接受了康德的挑战，用速度、阻力等精确计算出心理活动强度，但这一方法却遭到了费希纳与洛采的强烈反对。

如果说传统形而上学是要构造概念，形成合理性的综合判断，那么赫尔巴特应当是分析哲学的始祖，提倡概念分析，以问题为导向，运用数学和自然科学的方法。拜塞尔对赫尔巴特的定位是，"赫尔巴特想要使哲学与科学更紧密地结合的一个方面——也是他思想的一个核心特点——是他对数学的运用。这一点使他与费希特、谢林和黑格尔明显不同。像莱布尼茨和笛卡尔一样，赫尔巴特是把数学视为清晰和严谨的典范的哲学家之一，所以只要有机会，他就把数学的方法和概念应用到哲学中。因此，他在他的心理学中使用了数学方法，在他的形而上学中应用了数学概念"①。

无论是理论之争抑或科学实验，它们的同一诉求始终是反对传统形而上学空洞的思想体系以及抽象的逻辑思辨，也正是由于它们对形而上学的严格审查，形而上学才能在此基础上作出深刻自省。

第二节　探寻形而上学回归的新尝试

生理学、生物学和历史学研究者的共同兴趣之一是将他们研究知识对象的任何学科细节明确地分配到相应的研究领域，并且发现现象多样性已经远远超出任何先入之见。但这并不能完全满足他们，有些研究者会在其中看到统一的维度，也更愿意遵循"合而为一"的格言。历史是否遵循内在自觉性的规律而发生深刻的变化，还是受一项宏伟计划的指引？对有机生命的整体认识，如果不是来自偶然或是自然的理由，是否会背叛经验主义而假定出一个至高无上的智者？这是他们在 19 世纪共同面对的实质性问题，在 17 世纪提出这个世界是由运动的数学定律和力学规律所支配的论断之后，在伽利略有意识提出科学革命的中心特征升级了哥白尼的日心说体系、以新的力学代替经院哲学旧的物理学之后，物质概念使 19 世纪的生物学、生理学哲学活跃起来，后者更愿意相信研究对象的直观性、科学性以及实在性能够充当非物质存在的合理释义。

一　科学唯物论的成果改造——摩莱肖特与毕希纳的思想前奏

科学唯物论当属上文提及的遭马克思反驳的"庸俗唯物主义"之

<hr/>

① Frederick C. Beiser, *Johann Friedrich Herbart: Grandfather of Analytic Philosophy*, Oxford University Press, 2022, p. 5.

流。列宁也认为这类唯物主义对客观实在形成的自发信念，具有不彻底性和不坚定性，极有可能脱离真正的唯物主义、现实的唯物主义，并在唯心主义的蛊惑下彻底放弃唯物主义。客观地讲，列宁的评价一语中的，因为在坚持非理性主体下的感官世界时，他们脱离现实实践，如同费尔巴哈派一样，成为旧唯物主义的走卒。但这反而使他们运用自然科学成果改造形而上学。

科学唯物论的代表人物之一摩莱肖特（Moleschott）意识到事实研究比思辨逻辑更有说服力。他主张，只要作为一个无偏见的观察者，一切知识便源于感官知觉，即通过感官知觉能揭示直接的真理。这种方法同马赫主义（经验批判主义）一样，要求取消事物与物自身的区别，却比马赫主义的经验内外部的区分更为直接，或者说摩莱肖特用感官知觉表达了康德先天综合判断的知识。他曾说道："所有的事实，对一朵花、一只昆虫的每一次观察或对人的特征的探测，除了对象与我们感官的关系之外，还有什么？……但是，在我们所认识的事物和事物本身之间的墙就被打破了。因为一个对象只有通过它与其他对象的关系，例如通过它与观察者的关系，才能被认识，所以我的一切知识都是客观的知识。"[1] 这种唯物主义完全消解了本体论根据，绝没有为思辨留下任何想象的空间，如果在当时黑格尔主义还有些许残余曾被视为科学的，那么摩莱肖特的唯物主义将会再次像被马克思的唯物主义所嘲讽的那样，被指责为不科学。显然，他的哲学立足于认识论与方法论之上，尽管如此，完全经验化的立场并不会使他被视为旧经验论者，甚至被划归贝克莱或是休谟一派，因为他并不诉诸无依据的心理学联想，而是试图用无机化学的方法解释关于"我"对"对象"所形成的一切知识。这就意味着这

---

[1]　J. Moleschott, *Kreislauf des Lebens*, Mainz, 1852, S. 120.

些知识终将会转变为对生命的理解。同样在《生命的循环》（*Kreislauf des Lebens*）这本书中，他表示，"元素的运动，它们的组合、分解、同化、异化，这是地球上一切运动的本质。当一个物体能够保持它的形式和它的一般组织方式，尽管构成它的那些最小的物质组成部分在不断变化中，这种活动就被称为生命"①。类似的观点在《营养生理学》（*Die Physiologie der Nahrungsmittel*）中也有迹可循：食物如同身体的原材料，而氧气类似于建筑师随时准备改造这些材料，当氧气氧化血液中的蛋白质时，这些构造物质就会形成细胞、神经或是毫无形状的间接物质，同时氧气也遭到了破坏。按照摩莱肖特的说法，如此形成的细胞和神经，就是一种更简单的化合物，不再是有机的。在此基础上，摩莱肖特明确了一种经验意义上心物相互作用的立场，其思想构架中不存在超验的范式理论或先验范畴，他认为精神性功能必然需要外在物质在肉体内的营养转换，以生理学事实代替不可证实的思辨空间，指出人作为本质力量的实质所在。

最能体现摩莱肖特思想的著作是《营养学：献给人民》（*Die Lehre der Nahrungsmittel：Für das Volk*），该著作无疑是在他阅读并研究了福格特与费尔巴哈的唯物主义的背景下所完成的。从某种意义上来说，这部著作的根本意义在于通过对人体物质的研究使一切个体都获得平等的价值。"正因为环境的不同改变了我们工具的物质和力量，正因为如此，我们才会不同。我们都同样依赖空气和土壤，依赖人和动物，依赖植物和石头。"② 他的目标是为每一个个体写作，并相信每个人都有能力成为

---

① 转引自靳希平、吴增定《十九世纪德国非主流哲学——现象学史前史札记》，北京大学出版社，2004，第 126 页。

② J. Moleschott, *Die Lehre der Nahrungsmittel: Für das Volk*, Verlage von Ferdinand Enke, 1850, S. 221.

真正的人，在此他阐明了非精神力的重要性：化学等实证方法无法证明力的不同是物质不同的一种表现，但力是物体中不可分割之特性，并受其物质的特殊组成部分所制约。营养物质的直接作用的观点得到了费尔巴哈的回应，且被费尔巴哈推向极端，"'饮食变成血，血变成心与脑，最后变成思想与思维材料'，'人的食品就是人的教育与思维的基础'，'人就是他之所食（人吃什么就是什么）'，'谁只享用蔬菜，他就只能是蔬菜实体，就没有运动力量'，所以他说，谁想提高改善人民的质量，就请让人民吃好。'饮食是智慧与道德的基础'"①。伦理道德作为最高的价值目的，其存在根据简化为无任何理性或知性形式的直观要素，这种非自由性的因果视角本就无法使人格性在彼岸王国自由实现，准确地讲，"普世的"平等价值是生理学、生物学等要素的经验实现："对于摩莱肖特而言，千禧年的平等与自由普遍源于民众充足的营养。未来，科学将消灭地球上的宗教与饥饿，以及暴政……'丰富的血液与肌肉一起产生了高尚的思想和对自由的热烈的勇气。正是这种联想使约翰内斯·冯·缪勒（Johannes von Müller）说道，自由在准备奶酪的地方蓬勃发展'。"②摩莱肖特的成就在于对逻辑思辨发生"批判的脱离"之后，将自然科学知识转化成普遍的个体性价值的实现，在坚持经验事实的基础上，破坏传统形而上学的绝对体系，建立起带有精神寄托的机械因果式的形而上学。

这是福格特思想的承续，马克思当年以实践的唯物主义立场批判福格特则不无道理，福格特想要对社会历史发展进行机械论解释，用自然

---

① 转引自靳希平、吴增定《十九世纪德国非主流哲学——现象学史前史札记》，北京大学出版社，2004，第126页。

② Ian Mitchell, *"Marxism and German Scientific Materialism,"* Annals of Science, Vol. 35, No. 4, 2015, pp. 379-400.

科学研究成果及其概念支持政治革命。1848 年革命失败后，福格特在其出版的《动物国家研究》一书中表示，一切生理学的自然知识将是所有阶级的共同财富，而所谓的大学教授却仍然是教会与上帝的可恶蛆虫，他大加谴责现实关于"普世价值"的理论成果，认为这简直匪夷所思。福格特代表了机械运动式的人道主义精神，其中又透露出伪科学和伪哲学的传统，他的唯物主义并不是真正意义上的唯物主义，甚至不及以霍布斯为代表的机械唯物主义，而只能看作生理学的产物。但是在这种传统中，科学理论被投射到现实社会及其理论中，或被断言为形而上学的真理。例如 19 世纪晚期的社会达尔文主义，将适者生存重新解读为优等统治阶级在生理学模型中的绝对优势，这种理论很可能被视为为在对抗性阶级关系中运用意识形态作为合法手段的阶级予以"科学"辩护，并顺理成章地成为生理学范畴及公式的现实法则。令人熟知的还有将量子的不确定性用作自由意志存在的论据，其类似于伊壁鸠鲁的原子偏斜对自我意识的论证。马克思早年沉浸在青年黑格尔派的自我意识的思想革命中，但很快清醒地意识到范畴公式投射于社会过程中产生的巨大断裂与矛盾。人们不禁会有这样的疑问：科学理论是否能为社会理论（包括形而上学的理论）提供有效的启发，或是否能朴素地作出机械类比？反之，普遍的社会思潮、宗教信仰及形而上学的承诺对科学理论的发展是否有益？当我们提出此类疑问时，任何一个毫无偏见的人都能作出如下反应：在任何时候，自然科学与人文科学总是处在不确定的相互作用中，相得益彰抑或矛盾层出，或是常见的叠加状态，都是其中一种可能性，否则，我们便没有必要以任何严肃的方式提出这样的问题。显然这个问题没有标准答案，但问题在于能否处理好它们之间的关系，因为这也许会让我们在面对强烈的社会变革或革命时，陷入极度的恐慌与不安中。我们可以适当地把其视为拯救 19 世纪形而上学的努力，尽管是失败的。努力拯救形而上学的另一位代表人物是路德维希·毕希纳（Ludwig Büchner）。

　　被誉为"唯物主义的圣经"的《力与物质》（*Kraft und Stoff*）是毕希纳的代表作。1853 年在图宾根参加自然科学家和医生会议时，他接触到了摩莱肖特的著作《生命的循环》，这是他的创作源泉。此时的德意志民族是自由的空壳，自然科学占领并瓜分了形而上学领域，但是在科学浪潮中他看到了阻止复辟胜利的新方法。他秉持着与摩莱肖特同样的主张，认为超验的实体虚幻且不存在，科学注定会取代一切形式的宗教，因此他将自然创造者的宗教信仰寄托于自然科学中。19 世纪 40 年代，毕希纳辗转于各个革命活动中，其间完成了他的医学学位论文，其研究对象是英国生理学家马歇尔·霍尔（Marshall Hall）提出的脊髓兴奋运动活动。毕希纳认为，兴奋运动活动并非脊髓所独有，大脑也可以成为反射作用的中枢器官，这种解释倒向了反射作用的物质基础。于是就有了两种意识源起说：一种是生理结构的反射理论，类似于福格特的"大脑分泌思想的过程类似于膀胱和肾脏分泌尿液和胆汁的过程"这一理论；另一种观点认为意识是意志命令所引起的。但毕希纳认为当前所有关于意识的观点都存在误解。如果存在目的性的反射过程，其势必不同于意志命令的目的指向。前者是必然的生理应激反应，与心灵活动毫无关系，也不可能有关系，因为生理物质基础有自己独立的"力"，即生命，并按照物质法则运作。这一主张延续到《力与物质》一书中，其中也同样不存在任何的思辨空间，而是忠于对事实的强调。那些"古老的哲学尝试的失败也可以最清楚地证明，世界不是某种集中的创造理念的实现，而是事物和事实的综合体……从认识到力和物质之间的固定关系是一个不可摧毁的基础开始，经验哲学的自然观必须得出结论，坚决禁

止任何一种超自然主义和唯心主义来解释自然事件。它的解释必须完全
独立于存在于事物之外的任何外部力量的帮助"①。这是将莱布尼茨提出
的阻力与主动力统合于自身的恰当方式。莱布尼茨提出"原初质料"即
阻力以及"第二质料"即具有主动力的物质。原初质料作为阻力兼具不
可入性和惯性，其作为物体如其所是的存在的极限，即不可分的极限，
所谓的广延是第二质料保持其强度极限而在这一极限处不可数的不可分
辨者的重复。按照莱布尼茨的观点，只存在无纯然被动物质的单子，即
上帝，而不存在绝对的纯然被动物质，即作为抽象的这种被动性或原初
质料必然具有内在的主动的力。原初质料的出现只不过是在不可分辨者
的重复处单子内在主动力界限的外在表象，这就意味着在重复处必定有
"真正的统一体"。

　　毕希纳不主张物质统一这一根据，这会让人再度陷入不可证实的先
验存在中，他需要论证物质实现其功能的内在机制。莱布尼茨提及的原
初质料本就是不必要的设定，这就规定了任何一个物质只有通过主动力
才能引发相应的精神活动。"力"的定位是，凌驾于一切实体之上，尽
管与物质不可分，却被证明是超自然力量的存在；但如果他能利用自然
科学证明力与物质不可分，则必然会否定力的超自然性，那么莱布尼茨
所说的外在表现都是内在力的积极作用。于是毕希纳遇到了最棘手的问
题，即力的超自然性与其存在于物质中是否有密切关联；而这一问题引
发的另一问题是，力与物质是否同一。莱布尼茨认为，不存在绝对纯然
被动的物质，即主动力寓于物质中是必然的，具有精神性。这是莱布尼
茨完成的理性闭环，精神与物质不存在相互作用。但在毕希纳思想中，
力与物质不同，正如思想不是物质，"思想是物质的个别作用或性质的

---

① Ludwig Büchner, *Kraft und Stoff*, Meidinger Sohn, 1855, SS. xiii-xiv, xi.

总和，以类似蒸汽机的方式产生。它是一种被赋予力的物质的特殊组合的作用结果。正如福格特所说，与思想类似的并不是蒸汽，而是机器的整体效果。力是物质不可分割的性质，而不可估量的东西（热、光、电等）也不过是物质聚合状态的变化"①。毕希纳既要区分力与物质，以表明力有超自然性的可能，同时又试图论证力与物质的直接联系，以否定力的超自然性。这是毕希纳在思考精神与物质时，科学方法论的缺失造成的必然结果。毕希纳也意识到唯物主义立场的困难，但他仍然要说服观念论者。他的犹豫不决没有解决二者的关系问题，例如他为观念论者提出的"力可以作为衍生物质的实体"这一论断辩护，力与物质之间相同的可能性不代表二者具有本质一致性；而唯物主义者忽略了后一种情况，断言现象世界根本不存在非物质的力。毕希纳的观点看似拒绝了一切二元论："作为一名科学家，他坚信自己可以避开感官界限之外的诱人领域。他将永远停留在真实和实在中，在那里，人类的所有需求都将得到满足。"② 然而上述矛盾使他不得不在一元论与二元论之间游走，在他忽视了寻求"为什么"这样的根据而转向寻找"如何"的路径时，将不可避免地偏离唯物主义，并重新走向了一条不同的形而上学之路。

19 世纪是形而上学历经批判、阵痛与重生的时代，既惨遭实践唯物主义批判——要摆脱僵硬晦涩的理论态度，终止一切形而上学的知识论路向，瓦解空洞的意识内在性——又在自然科学中重获新生。如果说科学唯物论重新树立了形而上学的界碑，那么科学成果一定是形而上学的思想矩阵，它不曾作出任何令人信服的形而上学承诺，只是力求引起人

① Frederick Gregory, *Scientific Materialism in Nineteenth Century Germany*, D. Reidel Publisching Company, 1977, p. 10.

② Frederick Gregory, *Scientific Materialism in Nineteenth Century Germany*, D. Reidel Publisching Company, 1977, p. 121.

们对其精神改造的关注，填补自然科学的巨大引力造成的价值空场。倘若探寻形而上学出路的新尝试是失败的，那也会是美丽的失败。

二　价值思想的观念论挽救——鲁道夫·赫尔曼·洛采的出场

19 世纪是西方哲学发展史的重要转折点，首先出现的是马克思及诸多马克思主义思想家引发的彻底的哲学革命，其次是各阶级对抗关系中层出不穷且不可调和的价值冲突。基于机械宇宙论的科学理论的强行渗入造成了价值空场，这使人们不得不重新思考价值疑难。在此，应当首先简略谈及资产阶级的虚伪与资本主义制度的矛盾这一宏观背景。早在英国资产阶级革命之前，欧洲早期的资本积累主要出现在交换领域，贱买贵卖和收取利息成了最初的资本积累形式，但这并没有大大提高经济体系的生产能力。商业资本家首先演变成工业资本家，建立起纺织厂，机器生产取代了传统手工业，自此形成了资产阶级与无产阶级彼此异化的价值体系。二者分别是所有者和生产者，后者可以作为非异化的生产者，但前者不可能成为非异化的所有者；或者说，生产者本身可以非异化地存在着，却因为必然异化的所有者的价值体系而被异化。资产阶级必须坚持他的异化存在及异化生活，才能与生产者处于必然对立的状态。这种异化状态会将内嵌于所有者中的诸多矛盾暴露无遗，如反复无休止的周期性经济危机以及残酷的殖民政策与频发的不同规模的国内外战争。在先前坚信的传统形而上学体系濒于崩溃之际，四处寻找"遮羞布"成了资产阶级掩盖罪恶的虚晃行为。但从业已形成的观念体系来说，这是资产阶级撕碎传统理性主义丑恶嘴脸的努力，他们希望人们在能够认清理性的狡计后仍保留对情感价值的信仰。在这一阶段，为了避免不自觉地滑向虚无主义，众多思想家纷纷提出挽救价值理念的主张，形成了不同于传统理性主义的"非理性主义"人本主义学派，人本主义成了与当时流行的科学主义相抗衡的哲学思潮之一，二者相互对峙、共同演进。而人本主义思潮中便包括价值哲学①。

价值哲学的兴起既是哲学—形而上学本身的自救，也是形而上学自省的结果。面对蓬勃兴起的自然科学瓜分哲学—形而上学的粗暴行为，"在十九世纪末叶的德国出现了两种较为流行的倾向；一种是以哲学史代替哲学的倾向；另一种倾向是主张把哲学归并到其他经验科学，特别是心理学、知识学中去。这两种哲学倾向实际上都是要取消哲学"②。这两种解决方式都不合理。哲学史是众多哲学思想汇集而起的整体，并不能单独作为哲学研究对象或形而上学体系中的根据，否则哲学不能称为哲学，而是史学。另一种倾向可以作为 19 世纪到 20 世纪的哲学研究的分支，但为了挽救 19 世纪的哲学，并不能将其纳入哲学本身的领域中，因为难免会造成研究方法的分歧并使得研究领域变得狭窄，最终拘泥于具体的学科当中而缺乏基础性、根本性的研究视野。"如果哲学想要独立存在并能满足一般意识和专门科学所提出的要求，那么哲学就必须放弃一切不切实际的形而上学的要求，从价值着手，对一切价值作重新评价，去解决那些在文化、生活上有重大价值的问题，解决那些在专业教育中占有重要地位的问题。康德已经证明形而上学之路行不通了；'哲学只有作为普遍有效的价值的科学才能继续存在。'"③由此可能会有不同的解读方式：其一是将哲学—形而上学视为普遍有效的价值，即形而上学成为自身的研究领域，这种理解既不符合逻辑，也不能解决现实问题；其二是将价值概念提升为哲学的核心概念，以此形成不同的价值体系。

①　不单指洛采的价值思想，也包括同时代及之后的思想家提出的价值思想，形成的价值哲学。

②　张书琛：《西方价值哲学思想简史》，当代中国出版社，1998，第 134 页。

③　张书琛：《西方价值哲学思想简史》，当代中国出版社，1998，第 134 页。

然而"价值"并非最先出现在哲学领域中，而是马克思在批判性地继承英国古典政治经济学的基础上，为了区分使用价值而提出的经济学范畴。在马克思的非伦理视角下，"价值"绝不是普遍的哲学范畴，更非道德、善的领域范畴，因为盲目且虚幻的道德伦理不过是徒有其表的黑色荣耀。"尽管在日常语言中已经产生了用度量商品的'价值'范畴来度量人生的意义的现象，但马克思和恩格斯并不赞同。"① "价值"始终不能成为马克思思想的核心范畴。

真正将价值提升为哲学核心概念的是德国哲学家鲁道夫·赫尔曼·洛采，他是险些被哲学界遗忘的价值哲学之父，在其散乱的思想文本中始终贯穿着价值思想的主线。在弗里德里克·拜塞尔眼中，洛采与特伦德伦堡可以并称为德国晚期观念论的最后倔强，在继承了观念论以及德国古典哲学的衣钵后，洛采将"价值"引入哲学范畴，提出不同于马克思实践哲学中的为了"改变世界"的"理解世界"之主张，进一步完善解决现实世界问题的哲学构想。他反对赫尔巴特难以达到精确计算的数学方法，也不赞成费希纳提出的物理—心理学的机械类比法，而他之所以选择从莱布尼茨到黑格尔的观念论，是因为在这段哲学中，洛采看到了他们为了赋予现实以全然之意义所付出的努力。当然，洛采与前人之间必然存在差异。"莱布尼茨以上帝意志理解世界，主张用绝对自由创造最好的可能的世界；康德以目的和观念来理解世界，世界进程便是目的的实现；费希特将意义具体化来理解世界；黑格尔则提出一种观念式的解决方式。"② 在洛采看来，哲学是精神通往自身的道路，但无需为了

---

① 赵修义、童世骏：《马克思恩格斯同时代的西方哲学——以问题为中心的断代哲学史》，华东师范大学出版社，2008，第 562 页。

② Fritz Bamberge, *Untersuchungen zur Entstehung des Wertproblems in der Philosophie des 19. Jahrhunderts*, Verlag von Max Niemeyer, 1924, S. 55.

满足主体的理性需要而选择以范畴为基础，以概念的方式来构建世界，把现实过程当作概念的过程。既然世界是被理解的，是众多可能世界中最好的世界，那么它不是作为善的外化而是善自身的现实实现，这种善之象征乃是一种目的性秩序，其根源不在于真理，而在于价值。于是精神在这条道路上通向自我，而"真"在完成脱离理性的行为后，在价值作为超然于纯粹逻辑原则的实践原则下，在发掘的过程中实现了它的有效，这种有效性是形而上学统一的有效性，独立于知识，超越于知识的单一背景，作为超验意义上的绝对的"善"的行为表述，以秩序化规定遏制了理性本身的膨胀的幻想。理性获得知识所表现出的有效性——有效地表象事物——向具有伦理意义的有效性的转化实现了"价值"范畴向社会、科学领域的规范投射。伦理基础上的价值填充了19世纪被理性主义、科学主义所架空的精神，此时的主体可以在康德以及黑格尔的普遍伦理主义中大胆迈向个人伦理主义。"黑格尔认为，精神是实体，是普遍的自身同一的本质，它应当是一切个人行动的出发点和根据地，按伦理精神生活，就达到了普遍和特殊的统一。康德强调道德命令是适用于一切场合、一切个人的绝对命令，个人应当按普遍的道德命令行动。就此而言，伦理主义者是普遍主义的信奉者。"[①] 但在康德思想中，最高的善只是道德自身的最高状态，有别于德福一致的至善，个体角度下的道德理性不过是认识自由的实践根据，而有德之人也难在今生配享幸福，反之应当在理性中相信灵魂不朽，获得来生的幸福。这种令主体窒息的普遍伦理主义，否定了人类生活的经验社会领域对构成道德规范的实质意义。在洛采看来，"价值"要实现个体特殊性的解救，在个体伦理主

---

① 赵修义、童世骏：《马克思恩格斯同时代的西方哲学——以问题为中心的断代哲学史》，华东师范大学出版社，2008，第554页。

义的主张下，"只要我们的良心乐于接受善的目的——这些目的产生了精神本质的幸福——我们就会在美的现象中产生美的印象"①。对幸福的追求将是其余所有伦理价值表现的根源，但凡大多数人的幸福与喜悦是因意外作用而生，我们便在这种行为中感受不到任何绝对价值的印象。现世的自然之善的承诺将在个体与最高价值的价值关联中揭露德福一致理念的虚伪的可能性。在价值的现实范导下，形而上学以观念的形式重归主体，并重树威信。

不过，包括资本主义社会现实的不堪与对前人思想的批判等这类宏观背景往往是体系最终形成的有机土壤，并不能直接用以说明洛采提出价值思想的理论契机和现实原因。因此有必要对此予以回顾：除上述所列因素外，19 世纪的德国"唯物主义之争"是洛采改造唯物主义与挽救形而上学的直接诱因，或者可以说，洛采所引发的价值哲学的兴起也许就是来自对科学唯物主义一派的批判与矫正。

如果科学唯物论是挽救形而上学时的剧烈阵痛，价值哲学作为新形态便是形而上学的蜕变与重生，洛采的这一重要立场与 19 世纪 50 年代的"唯物主义之争"不无关系。国内外学界往往将洛采于 1856~1864 年发表的三卷本《小宇宙》，尤其是第三册，视为价值思想产生的标志，并认为洛采自此提出了经验事实、普遍规律与价值规范这三个可供观察与研究的领域。从理论上说，这是不可否认的，但洛采开始对"价值"问题的思考或是"价值"思想的萌发应当不晚于他参加 1854 年在哥廷根召开的第 31 届德国自然科学家和医生会议。19 世纪 30 年代是生物学的建立和发展时期，而这场"唯物主义之争"对细胞理论和生物化学表

---

① Franz Chelius, Lotze's Wertlehre, lnaugural-Dissertaiaion zur Erlangung der Doktorwürde der hohen philosophischen Fakultät der Friedrich-Alexanders-Universität, 1904, S. 44.

现出的唯物主义产生质疑。当时一些生物学家，如格梅林、李比希以及缪勒虽然是生物化学界的先驱，但他们仍然坚持古老的活力论传统，捍卫生命力可以直接形成化合物的观点，拒绝将生命过程简化为物理化学机制。德国生理学家杜布瓦-雷蒙（Du Bois-Reymond）通过证明神经冲动伴随神经电位的变化，推翻了活力论，并且排除了意识的非物质本体论成分的存在。而杜布瓦-雷蒙为卡尔·福格特的"大脑分泌思想的过程类似于膀胱和肾脏分泌尿液和胆汁的过程"的比喻进行了辩护，点燃了唯物主义之争的火花。应当肯定，对唯物主义的崇拜是 19 世纪最真实的物质财富，或者是这个世纪总的社会现象。1856 年争论达到高潮，从未产生过任何想要参与这场争论的念头的洛采也不得已陷入实证主义和唯心主义的困境中：实证主义有意无视事实之外的一切，由于坚定的信仰立场，唯心主义则把超越一切可能的论证或反驳视为一种方法。弗里德里克·拜塞尔曾描述洛采是如何费尽心力尽可能地不让自己身陷其中，同时又无法摆脱争执双方对他的挑衅：卡尔·福格特将他与实体灵魂的拥护者鲁道夫·瓦格纳（Rudolf Wagner）（被称作"神秘的信徒"）视作同一类人，而洛采则被戏称为"蓬头彼得"；瓦格纳也试图从辩护中获得支持，他在 1854 年召开的会议中表现得粗俗、无礼，嘲讽洛采为"坐在我们中间'最聪明'的科学家"。

由于洛采先前写了一些关于生命科学、心理学和一般自然科学的认识论著作，他很快被推到聚光灯下，成为此次争论的调停者，争执双方纷纷拉拢洛采，让他作为己方的辩护人。但洛采并未支持其中的任何一方，因为洛采思想中始终存在较强烈的目的论倾向。这一立场早在 1841 年的《形而上学》中就有所体现，而他坚持的经验实证以及所认可的物理作用规律乃是目的论实现的现实手段。洛采运用非实验性的心理学方法论证了灵魂实体（该"实体"并非不变不动者）与肉体之间相互作用的可能，在伦理学基础的加持下，灵魂发挥的意识统一功能可以使精神走上通向自我的道路。于是洛采既保留了自然科学具有实证意义的傲慢（在思想体系允许以及可接受的范围内），又大力维护了形而上学的绝对尊严，"表现在哲学上就是试图把实在论与观念论接合起来从而造就一种类似于沿垂直方向带状分布的'多元一带'式的独特思想格局"[1]。在此次争论中，由于科学唯物主义者结合自然科学与形而上学的失败行为，洛采带着对他们的批判性评价，以带有统一原则的"目的论唯心主义"为哲学—形而上学正名。

这场争论中唯物主义派的主要人物都非常熟悉洛采反唯物主义的观点，洛采在其《医学心理学或灵魂生理学》第一章中批判了"唯物主义"和"同一哲学"的观点，即"肉体与灵魂同一"，尽管唯物主义和同一哲学存有分歧，但都屈服于一种对世界统一的极度渴望中。在基于洛采提出的人格或包含于自己品格和力量的意识的统一来理解世界统一的角度下，唯物主义和同一哲学极度渴望的世界统一寓于不合理的理念中，极具误导性。唯物主义假借世界统一之名完全牺牲了非统一的精神存在。在唯物主义眼中，"关于非物质灵魂的信仰，最新的生理学研究没有提供任何证据证明灵魂是从大脑中分离出来的存在；相反，它显示了心理活动与大脑功能的密切联系。如果大脑受伤，精神活动就会停止；甚至有可能识别出大脑中负责特定心理功能的特定部位。虽然福格特承认很难解释大脑过程是如何产生意识和精神事件的，但他坚持认为，所有的证据都表明意识完全依赖于大脑过程。鉴于这样一个事实，人类不

① 周凡：《在"神秘信徒"与"浑圆天禀"之间——赫尔曼·洛采与19世纪中叶德国的唯物主义之争》，《学术交流》2019年第9期，第31~44、191页。

太可能拥有一个不朽的灵魂，以某种方式在身体死亡后幸存下来"①。这一观点便为洛采攻击其误导性的统一原则留下了把柄。

　　总的来说，科学绝对没有特别的义务去追求［现象原则的］统一，而只是在这样的方向上，即一组现象的最终基础和最近基础的共同性，从更高的和更普遍的根据来看是必要的或可能的……

　　我们有理由假定一切自然事件都是建立在同样的静力学和力学定律的基础上，但没有丝毫理由怀疑，在任何地方都存在着同样的力和物质，它们都按照这些定律起作用……

　　因此，我们必须要求最高法则的统一，因为世界与理性整体的联系是我们精神的一个不可或缺的前提；只有通过一系列特定的类比，我们才能要求这些效果所依赖的更接近的规律或基础的统一；在我们的精神生活中，当一切表象的差异如此迫切地要求我们做出区别时，我们就必须去假定同一基础上的不同。②

真正意义上的统一是自然科学要遵循的原则的统一，唯物主义者渴望的统一则是知识层面的统一，以特殊现象或某一基础为原则，即以经验认知领域之外的某个物体为发射路线，将其强化为认识论或方法论原则。这种简单粗暴的理解方式是还原论的变种，它将某一实体或物体的本源性功能及运行机制投射于世界作为自我存在的统一，并巧妙偷换了其应当所属的统一原则。因为还原论只诉诸物理性的世界本源而常常忽

---

① Frederick C. Beiser, *Late German Idealism, Trendelenburg and Lotze*, Oxford University Press, 2013, p. 243.

② 转引自 Charlotte Morel, "Lotze's Conception of Metaphysics and Science. A Middle Position in the Materialism Controversy," *Philosophical Readings*, Vol. 10, 2018, pp. 87–165。

略整体的目的性秩序，即便能够作为社会阶级优先性的合理解释，那也不过是整体秩序中的偶然阶段罢了。"优秀的"福格特们过于天真，因而无法承担以自然科学的研究方法构建整体形而上学体系的时代重任，只能作为构建形而上学体系的牺牲品而遭到批判。

　　当科学唯物主义者对生理学现象作出全面的解释并试图以其作为构建形而上学体系的出发点时，他们不过是在简单重复一堆不为人知的事实。这种立场非但没有使他们完成任务，反而使自然科学处于一种可疑的处境中，成为理解世界的新的无知的避难所。尽管这些事实本身的不确定性能够在某种程度上向我们保证其内在本源性要素，如毕希纳的著作《力与物质》中谈到的"力"以及海因利希·乔尔贝（Heinrich Czolbe）的《感官主义的新阐释》（ *Neue Darstellung des Sensualismus* ）中的"直觉性"（Anschaulichkeit），即赋予概念以精确的经验性意义的力量，但我们并不能一开始就在经验中找到这些信息。相反，洛采的"目的论唯心主义"建立起的信仰原则是，机械作用与精神现象是不可化约的，正是因为这一点，洛采极力反对物理—心理学类比。他认同观念论提出的意识统一，即使是构成最简单的概念的统一也绝非经验材料所予。当乔尔贝拙劣地重复休谟论证、不遗余力地要求从物质角度解释思维、将思维归结为联想的过程时，洛采基本上回归到了康德对休谟问题的解决方式以提醒这些科学唯物论者：他们所说的意识是散落于自然生理过程各阶段中的片段化存在，由于缺少明确的单一的自我意识指向，而无法指明其整体的内在刻画。这是科学唯物论者在这场论战中重建形而上学的一大败笔，尽管有重走先前观念论的老路的趋势（如从机械物质中假定有某种超自然性存在），但他们提倡一种过于严格的机械主义和自然主义，因而从未为目的、价值留下任何余地。洛采虽害羞地红着脸不情愿地参与这场争论，但他的"目的论唯心主义"倾向已经表明了"观念的价值境界不是与自然境界并列，而是高于自然境界；实践价值并不等同于理论价值，而是高于理论价值，因为只有实践价值才能确定研究的标准、界限和目的，只有实践价值才能防止研究滑向虚无主义的深渊……洛采的立场显示出自己是唯物主义者的彻底逆转，唯物主义者一直主张理论理性优先于实践理性。为了反对他们，洛采故意重新引用唯心主义关于实践理性至上的学说，他认为这是拯救科学本身的唯一手段"①。

1856 年，洛采出版了标志着价值哲学诞生的《小宇宙》第一册，其中夹杂着此前争论中对科学唯物论者的批判性评价，该书在当时被视为与那些唯物主义之流的著作相抗衡的头号热门作品。如果说毕希纳的《力与物质》是让普通人收获自然科学知识的唯物主义著作，那么洛采的《小宇宙》将是安抚他们心灵与灵魂的观念论著作。毫不夸张地说，19 世纪 50 年代席卷德国生理学界、化学界、生物学界、心理学界以及哲学界的"唯物主义之争"是洛采探寻放逐多年的形而上学体系的重要事件。

自此，作为哥廷根大学哲学教授的鲁道夫·赫尔曼·洛采再次声名大噪，成为在 19 世纪中期传统形而上学遭到叔本华等人激烈批判的潮流下公开企图恢复形而上学的德国最具代表性的人物。

① Frederick C. Beiser, *Late German Idealism, Trendelenburg and Lotze*, Oxford University Press, 2013, p. 252.

第二章
价值的本体论基础

资本主义制度的现实背景、与先前观念论的理论差异、解决现实问题的思想冲动以及"唯物主义之争"这一重要事件，都使洛采在思考价值问题时，重新树立起形而上学的界碑。洛采一生笔耕不辍，生前出版的最后一本重要著作——《形而上学》（1879 年），是其对价值不同层面的再思考。如前文所述，学界普遍认同洛采的这一观点：经验事实、普遍规律与价值规范是三种可供观察与研究的领域，但这三者并非毫无关联。"价值才是一切的目的，而经验事实和普遍规律只是达到价值目的的手段。"① 价值并非一种偶然的观念臆想。不过，同样为学界公认的是，洛采从未在任何一部著作中明确提出"价值"概念，也未就其有过直接系统的论述，其对"价值"概念的探讨往往只是以一种归纳的形式散落于其著作中，即大致可以在其宗教学、认识论、形而上学、美学、逻辑学等著作中挖掘出潜藏的价值特征。当洛采的价值思想体现于形而上学层面时，击破各个形而上学问题、归纳出价值意谓便成为凸显该思想意义的理论途径之一。

---

① 张书琛：《西方价值哲学思想简史》，当代中国出版社，1998，第 138 页。

第一节　填补形而上学真空的真存在

洛采曾明确将实在分为事物存在的实在、事件发生的实在、关系的实在以及有效命题和观念的实在，同时提出逻辑学主要探讨有效命题和观念的实在，而形而上学则讨论其余三种实在。但形而上学所讨论的这三种实在并非理解价值的根本，于是洛采为解决先前观念论者遗留下的事实世界与道德世界的关系问题提出真存在。真存在是理解价值的核心，是善，是绝对目的，也是"有价值的东西"的伦理性根据。真存在是可感知的——不是通过无意义的思维活动推理而成的——并与现实实在存在构成实在性的一体两面，也正是因为后者作为一种自我设定的关系性存在，价值的有效性才得以显现。

一　解决实在之问的真存在

洛采对"实在"的发问源于两大背景：其一，正是存在概念的矛盾不能把活生生的性质直接赋予实在，实在论者在探求现实世界的真实实在时才会主张，"'每一种发生和显现的事物都只是出自其所是的本性的产物，它是绝对的，而且完全不可能从任何他物中产生'。因此'说明现象的唯一前提乃是认识事物之世界的事实的存在。'实在论把'所是'之物当作实在本身，以为依靠科学知识，依靠经验所予，依靠对事实之因果联系和必然规律的认识，就可以达到实在本身"[1]，并且以这样一种方式探寻精神世界。但洛采坚持认为实证的自然科学无法解决真正的形

---

[1]　赵修义、童世骏：《马克思恩格斯同时代的西方哲学——以问题为中心的断代哲学史》，华东师范大学出版社，2008，第563页。

而上学问题，也无法取代形而上学：当实际影响感官的真实实在的事物的存在在主体思想中，以自身的假象实在引导主体将其从研究的对象转变为研究的基础时，任何天真地捍卫这种假设的意图都不能得到令人满意的结果。满足于思想精神的旨趣并不仅仅在于计算的科学性以及在推理过程中顺理成章地形成的某种预言或预设，而在于确定所有可能现象及其必然联系的可感知的实在基础。这种兴趣显然超出了自然科学努力的范围，它必然与任何自然科学相似的观点相分离，并且引导我们得出的最终观点也与我们熟悉的自然科学观点相异。在任何一个时代，朝向真理的每一步都要求必须放弃人们心中狂妄自大的梦想，对于洛采来说，需要用非所予的真正实在对宇宙框架的实在表象作出明确的指引和判决。其二，洛采所处的时代出现了不同于先前形而上学体系中的"实在"构想。洛采曾师从于基督教有神论思辨者赫尔曼·魏塞。魏塞具有医学研究背景，其哲学思想类似于黑格尔右派，同时又极为认同莱布尼茨和费希特哲学的合理性。他复活了莱布尼茨思想中推理真理与事实真理的区分，强调可能的东西不同于现实的东西，思维是对可能之物的观念的内在活动，而现实之物是不可能从可能之物中经由辩证逻辑推演而成，因此，他否定了黑格尔的重要立场：理性与现实相一致。他的思想既表现出对观念论传统的继承，又不失自然科学的实证性。受魏塞影响，洛采试图公正对待传统观念论与自然科学之间的关系，正如他在"唯物主义之争"中所持的立场一样，在合理调和二者的矛盾关系时建立起"目的论唯心主义"，价值便在其中寻得了本体论基础。

洛采并不满意先前观念论者对事实世界与道德世界之关系问题的解决方式。同他们一样，洛采也在追寻一种观念论式的实在存在。事实领域固然重要，对万物实在的思考及对因果规律的发掘都是自然科学领域的必然环节，它们不过是现实世界的经验所予。若切断作为感知世界的现实世界与作为存在世界的观念世界的联系，现实世界在自然科学的研究领域中终将是无意义的存在，同时应当成为根据的存在世界，因得不到任何意义解释而留下一片"形而上学真空"。因此，寻求这样的"实在"成了洛采确立形而上学根基的重要任务，而如此的"实在"并非万物存在，抑或纯存在及现实实在存在，而是作为一种"真存在"（das wahre Sein，true being）[①]，它是可能世界中实现了的最好世界的实在基础。莱布尼茨最有权回答这一问题，他区分了推理的真理和事实的真理，指出前者是对众多可能世界的解释，后者则直接告诉我们存在一个现实世界。神的意志指认了可能世界中最好的世界，并按其意志创造了现实世界。这是一种以多元化方式解释非矛盾性原则的体现，"这一原则是事物的本质或可能性的条件。但是，他认为事物的实在性是由事物与其他事物的关系所决定的，这种关系是一切可能世界中最好的世界所特有的系统统一体"[②]。这是由充分理由原则所决定的。不过这一解释并不令

[①] 洛采在 1841 年《形而上学》序言中明确提到了"真存在"（das wahre Sein），不过他也会用"真正的实在"来表达。"作为真正的实在，即存在于一切显现事物中的东西，它不是精神的虚幻思想，而是在最高程度上拥有这种总体有效性，即存在于思想精神之外的自为的存在。但正因为它是涵括一切的实在，所以这个有价值且唯一真正存在的东西是任何有限的思想规定都无法把握的。"（参见 Hermann Lotze, *Metaphysik*, Leipzig: Weidmann'sche Buchandlung, 1841, S.6）接下来，洛采指出"真存在"的概念基础，"这个概念基础（是）道德力量，它的内容肯定不同于它的其他规定。谁谈起真正的存在，谁就会要求知道本身有价值的东西，而非无关紧要的东西"（参见 Hermann Lotze, *Metaphysik*, Leipzig: Weidmann'sche Buchandlung, 1841, S.13）。这是把"真存在"理解为价值、理解为一种道德力量的关键。而洛采在晚年《形而上学》中已经把"真存在"或"真正的实在"的存在视为既定的存在，因此在晚年他重点关注真存在在事实世界中规范的各种实在存在。国内研究中关于洛采"真存在"的翻译略有不同。《马克思恩格斯同时代的西方哲学——以问题为中心的断代哲学史》认为洛采形而上学所追求的是"真存有""实在"（参见赵修义、童世骏《马克思恩格斯同时代的西方哲学——以问题为中心的断代哲学史》，华东师范大学出版社，2008，第 563 页）。

[②] Evan Edward Thomas, *Lotze's Theory of Reality*, London, New York: Longmans, Green, and Co., 1921, p. xxvii.

人满意，至少在洛采看来，它忽略了有限主体作为伦理存在者的基本限定。康德也意识到了这一问题，认为直观到的现实世界有着不可知的物自身，它是由主体理性认识局限性的条件所设定的客观存在，这些条件服从于包含一切经验的先验自我或自我意识这一单一原则。这一单一原则能够使被直观对象是确定的，且是现象性的，却不是真正实在的。在此框架下，真存在往往被视为唯一的实在。然而此实在具有非伦理性限定，只是使事实作用过程能够现象性发生的先验保证，只能满足理论理性，而对现实世界整体这一目的性存在无法作出任何解释，也无法填补最初在两个世界处设置的沟壑，即实现二者的形而上学连接。因此，必须假设作为伦理存在的人即实践理性的主体所处的世界有一个目的，这就是信仰的领域。康德从另一个角度解释了莱布尼茨遗留下的问题，但他很清楚仅凭事实世界仍然填补不了形而上学的真空。

无需像康德那样刻意限制两个领域本身，为彼此留下空间，只要能够承认事实世界的最终归属，并以经验为中介构建它与观念世界的价值关联，理性认识的事实世界便自觉指向高于自身且具有最高价值的真存在。这种解决方式在很大程度上受费希特思想的影响。洛采认为，哲学是通往自身的精神之路，本质在于对超然于经验所予的精神的探求，其本身是无法由自然科学限定的精神之知，即我们无法按照科学规律对它作出一劳永逸的科学解释，并获得一般性的把握。在常识中，自然科学基于经验所予能够获得未知的、未被给予之物，但它总是处于游离于先验自我的一种现实状态中。要想彻底解决莱布尼茨对最好世界的理论关切以及休谟之问，则需要设定类似于绝对自我的主动性存在。这样的自我存在可以把事实世界呈现出的现象的规律性活动假定为在其自身中的活动范围，由此自然的现象世界在主动性的自我存在中能够获得认识论上的自觉，且得以实现。这是费希特的伦理唯心主义之路；不同的是，费希特设定的绝对自我是一切知识和实在性的根据和先验的源泉，但知识和实在性通过绝对自我的设定活动所形成的始终不是发生在时间中的创造性活动。当费希特将道德视为终极目的同时又视为存在基础时，其本体论的任务就是要解决事实世界同伦理道德之间的关系问题，并对事实世界作出合理解释。对此，费希特提出"意义"表征伦理和道德事实之间的关系，从本体论的角度就已经超越了事实世界的现象性实存的存在，而成为目的世界中的"真存在"，"要去发现'意义的世界'（the world of sense），去寻求'这是某物'的判断的根据和前提，而这个前提本身却'不再实存也不再具有一个存在。'费希特认为，意义世界'这个新世界升华并扩展自身于某种超越存有的东西（something beyond being）'"①。洛采认同费希特的解决方法，只是这样的自我无法设定现象世界与有限自我在时间中的创造性活动，只能以"意义"来取代，且这样的自我必然是隐含于所有意识与所有存在中的逻辑主线，并通过内容与形式的有无条件将二者统一起来。"意义"又如何能够在一切经验中将自己显现为这样的逻辑预设？其解决方法是，用"意义"来表征行为，当然这也无法满足在时间中的创造性活动，因为它虽然具有"真存在"的伦理本体意义，但本质上是思维的，即思维和逻辑仍然是存在的仲裁者。

这种方法自然是不足取的，洛采向来严格区分思维与现实实在，在这一点上，他像极了魏塞。确立真存在的逻辑主线是情感、感性等要素，而非逻辑思维，它既不能归属于洛采划定的实在范围，成为价值视域下的考察对象，也对超越自身局限性、解释真存在的僭越行为感到无能为

①　赵修义、童世骏：《马克思恩格斯同时代的西方哲学——以问题为中心的断代哲学史》，华东师范大学出版社，2008，第564页。

力。顺着这条思路，洛采进而否定了黑格尔的解释路向。在思维运动的历史性特征的前提下，黑格尔把作为经验内容的概念的单独构成转变为概念间的对立联系，完善了思维运动的逻辑结构，创造出以逻辑改变事实的逻辑变体，所予与非所予通通被纳入"绝对精神"中，所有的现实实在都分解为思维运动的各个环节和时刻。这种逻辑变体作为黑格尔哲学体系的基础科学，是一种可以被识别、被推理的形而上学。一方面，以这种形式的形而上学为基础，往往只能获得关于本体的有局限性的符号表达（在黑格尔哲学体系中，"概念论"才是真正的"本体论"），以思维活动之"真"描述包含"真"的更高的价值，囿于单纯的思维则难掩其狭隘性、片面性与空洞性，越具体也就越无意义。另一方面，思维不能洞察现实实在中的一切并穷尽它的本性。经验所予内在的规定性和偶然性具有思维不可把握的某种自我存在形式，具体同一的概念阶段是客观实在的不充分的现实性确证。因为客观实在有权要求独立于思维之存在，确切地说，思维无法全然参透客观实在，对客观实在的真理、意义及目的的把握恰恰表现出思维能力的不足，而问题的本质在于黑格尔的辩证逻辑原则最终消解了一切矛盾，严格的逻辑推理解构了康德的不可知的自在物，达到了思维与存在的统一。但在任何的概念演绎中，客体的实在性与存在都已经枯竭，在此洛采选择回到康德：我们的道德意识比思维更能深入实在性之本质，因为实在性就是道德机制的有机组成部分。

在否认了绝对自我的逻辑设定后，洛采保留了经验自我这一主动性存在，其中也包含了对思辨逻辑的脱离，当洛采将逻辑主体与心理主体等同起来时，充足理由原则便发挥到极致而证明了"真存在"的存在。心理主体本身当然不会达到绝对的逻辑自觉，"我们之中有一条内心的标准，一种真理，同它相比，我们的知觉之不充分便昭然若揭"，"心灵中的这种真理会迫使我们超越所予，它的呈现是使哲学成为可能并且在有利的情况下成为现实的条件"。① 洛采放弃莱布尼茨的矛盾原则，是对其先辈们的理论继承。这些思想家的目标是要摆脱事实世界的偶然性，而不是道德世界的偶然性；或者说，但凡道德世界在充足理由原则之下是现实存在的，就一定不可避免地存在偶然性，因为这是道德世界得以可能的存在根据。康德对人格的坚持至少要求在事实世界中有创造的自由，这就回到了最初的问题：道德世界中道德理性这一最高的善与事实世界中的理论理性应当存在怎样的联系，抑或如何将康德割裂开来的实然世界与应然世界重新缝合，在现实所予中寻得超然性的非所予。面对这一问题，洛采一方面认同莱布尼茨的主张，即矛盾原则与充足理由原则不可简化为同一原则，一旦承认事实世界中有创造性活动的可能，这便不是思维之一贯性的矛盾原则所能规定的，而是道德原则的任务。另一方面，在此基础上，洛采吸收了黑格尔反思性判断的做法，从感性确定性出发，抛弃了曾经作为现实世界的逻辑原则，由此形成的感觉不再被逻辑式地向前推进，而是作为心灵本身的构造和所有，它是比道德意识更原初且更能把握现实实在的一种心灵活动。非思维性的经验主体的出场预示着更普遍的"真存在"的隐性存在，因为"人类认识所产生的第一部分，即我们的感官感觉是因主体的价值感觉才获得声音、颜色及规定性的。这样的感觉从来不是将干瘪的认识材料黏合在一起，而是所有的一切都蒙上了一层温暖的气息"②。伴随着价值感觉，主体才能享有生命、美以及最高的善，这就是为何洛采急于在形而上学中确立"真存在"的现实意义与最终目的：最高存在的有生命的、爱的个体呈现，以

---

① Hermann Lotze, *Metaphysik*, Leipzig: Weidmann'sche Buchandlung, 1841, S. 5.
② Franz Chelius, Lotze's Wertlehre, Inaugural-Dissertaiaion zur Erlangung der Doktorwürde der hohen philosophischen Fakultät der Friedrich-Alexanders-Universität, 1904, S. 66.

及与上帝同一的善这一绝对必然的尊贵。

　　真正的实在作为形而上学的真存在不需要逻辑推演表明自己的"真"，反之，它提供的价值指引使各自然科学门类获得应有的尊重与满足，同时还确定了超然的非所予，解决了费希特的事实世界与道德世界的关系问题，以此说明自然科学所研究的所予是不完满的、匮乏的存在，只有非经验所予且能使所予必然地作为现象性存在的非所予才是真正的存在。真存在并不因其更大程度上的普遍性而成为一种空洞性存在，其基本内容是有价值的东西，关键在于如此自为存在着的真存在如何能与有价值实质的存在形式之存在相重合，或者说它以何种方式被确定为真存在。当逻辑主体不再介入真存在的认识论场域，让真存在按其本性呈现免受理性认识的考察时，洛采采用了实在论者的证明方式，把真存在的基本内容之"有价值的东西"视为真存在这一价值本身，以满足内容质料与现实存有之形式的完满重合。这是洛采在整个形而上学中要解决的问题。按照当时流行的做法，洛采在1841年《形而上学》一书中将形而上学分为"存有论"、"现象论"与"范畴论"，从体系编排上看，显然受到了黑格尔右派的影响，形式的保守性也让布伦塔诺、弗雷格以及文德尔班等人无法接受，但在具体内容上与德国古典哲学存在很大不同。在黑格尔构建的存在论—本质论—概念论的框架中，概念是真正的自由王国，万物的存在都将以概念为基础，因为在存在论中，范畴之间的关联是外在力量的结果，在本质论中，一对对范畴也仍需要理性才会发生过渡，而概念论才是真正的存在、本质的存在。但洛采的形而上学不再是范畴演绎的形式规律，他也从未指望在形而上学体系下构建出整个现实世界，而是要求我们在其中"被迫指向作为实存和实存范畴之必要前提的一个客观的'应当'（objective 'ought'）。洛采在这里强调形而上学的范畴确实不是作为应当所是的世界的真实内容。'世界之真实内容乃是应当所是，它拥有依据所是的那个实存的必然真理性。'因此关于实在诸范畴是从'作为应当所是的世界内容'本身中演绎出来的。这样，作为存有的形式的关于实在的知性范畴本身就不是占首位的东西了"[①]。于是洛采将"应当所是"提升为观念论的核心范畴，使之成为形而上学存有论的根据与前提。"应当所是"就是善，是带有目的性的秩序，正是由于事实世界中的一切现实实在都归因于善，一切事物之实存、事件之发生以及关系的实在和机械规律的规定性存在才有赖于绝对目的。正因如此，才能对"价值"之规定方式作出学术界定，即价值"有效"。当马克思清醒地意识到范畴公式投射于社会过程中所产生的巨大断裂与矛盾时，洛采通过设定绝对目的实现了形而上学理论对自然科学、社会历史作出的伦理性承诺。

在内容与形式达到重合的过程中，洛采同样批判性地吸收了赫尔巴特的思想。在整个古典哲学中，如果任何一个哲学思考忽略了矛盾原则与充足理由原则之表现形式的最高智慧，那么关于知识的原则终将无法成为实在的原则。赫尔巴特也处理过相同的问题，他采用思维的非矛盾原则而不赞同在形而上学领域中引入充足理由原则。他"在康德之后较早地把不同于实在概念的价值概念引入思想领域和知识领域。但他并没有把价值概念看作是思想领域和知识领域的普遍范畴和中心概念，而只是把它限制在美学和伦理学的范围内。他认为，属于实在方面的问题是形而上学（哲学）所探讨的问题，而属于价值方面的问题则是美学（包括研究道德修养的'实用学'伦理学）所探讨的问题。这两种科学所研

---

① 赵修义、童世骏：《马克思恩格斯同时代的西方哲学——以问题为中心的断代哲学史》，华东师范大学出版社，2008，第 567 页。

究的对象是截然不同的：前者研究的是实在本身的内容，后者研究的则是对象中使人愉快或不愉快的东西。他把哲学和美学的任务严格区分开来，反对把二者结合起来"①。赫尔巴特亟须根除斯宾诺莎传统造成的非科学的形而上学的"祸根"，要建立科学的形而上学就必须在头脑中以纯理论作为追求目标，即一个连贯的世界概念，一个能够消除我们形成经验概念时出现矛盾的概念，确立能够形成一切表象的终极实在，排除事物的性质发生变化而事物的表象仍保持不变的矛盾情况。赫尔巴特坚持非矛盾的东西才是实在的，这就导致他驱逐了他设定的终极实在中一切不可知的东西。虽然赫尔巴特提出了现实的经验所予以及超然于此的非所予，但是后者因其自身完满及纯然性特征无法对设出所予的非完满性存在。这种纯然实在无法解释经验事实，却又以经验事实为形而上学的开端，赫尔巴特用以解决这一问题的"偶然因素"显然缺乏说服力：在这种因素作用下，二者犹如方程式中自变量和因变量之间的关系一般，这依然无法解释经验，也无法证明洛采想要论证的真存在之基础内容与现实存在之存在重合。于是洛采改造了回溯性方法，把对经验事实的解释权重新交给充足理由原则，以此全然代替某一基本原理构造整体世界的妄想。班贝格认为："赫尔巴特方法论的影响在于，它规定了哲学工作的出发点，以及由此该如何继续下去。赫尔巴特的哲学是实在论，其出发点是真正强加于我们的东西（das als real sich uns Aufdrängende），是经验，是被给予的……赫尔巴特的思想起源是某种回溯性解释，但是洛采并没有接受这一点，即概念阐明以及关于阐述关系的方法，除非能够使它们发生深刻的变化。"② 在《最近四十年的哲学》（*Philosophie in den*

---

① 张书琛：《西方价值哲学思想简史》，当代中国出版社，1998，第 151~152 页。
② Fritz Bamberger, *Untersuchung zur Entstehung des Wertproblems in der Philosophie des 19. Jahrhunderts*, Verlag von Max Niemeyer, 1924, SS. 46, 48.

letzten 40 Jahren）中，洛采表明了采用回溯性方法的任务，以及带来的价值思考：哲学更加紧迫、更加重要的工作必定带有回溯性研究的形式，这种回溯性研究试图发现并牢固地确定什么样的原理将被认识，且被当作这种构造中和世界进程中的活原理。这是自然世界进程的自我揭示与阐明，这一过程无需任何可以在此基础上构建先天原理的法则，原理本身体现出的连续与共存的规律就是终极目的的实现。真存在不仅是形而上学的基础、核心，同时带有的伦理特征，也成了一切有价值的东西的根据。事实世界是真、善、美的价值的现实呈现，人们对形而上学的追求不是对终极实在的穷尽，而是对绝对的善的渴望；当怀有虔诚之心与真挚情感思考事实世界的真理时，获得的不是彼此符合的确证而是一种有价值的体现。

18世纪末到19世纪初，德国浪漫派的兴起激起了人们对审美知识的向往。席勒曾将美定义为现象表象中的自由，在美之中，我们可以对事物产生创造性的理解。人们开始纷纷将道德、美等领域置于有生命的生活中，"把哲学引入前科学、前认识的本原性维度，从而使哲学及其一切人文科学能够在本原处找到自己由以确立起来的最高原理，而从这一最高原理推演出的科学也才具有最大的包容性和确真性"①。像赫尔巴特这样的实在论者完全将伦理道德、艺术视为一种生活趣味，若科学需要以伦理视角获得释义，便会丧失一切实在本质的智慧。他坚持纯粹的逻辑形式，否认了任何意义的可能。也许与赫尔巴特的思想对峙激发了洛采对唯物主义与唯心主义、机械论与目的论、事实世界与道德世界的思考，"唯心主义者在实在中看到了太多的意义（由观念实体所承载），而唯物主义者根本看不到其中的任何意义。由于担心人类经验中特有的

---

① 郭大为：《费希特伦理学思想研究》，中国社会科学出版社，2003，第257页。

模糊性感性因素会暗中破坏科学的精确性，唯物主义者只允许对机械解释的自然进程进行数学描述，从而试图从现实中萃取所有的人文意义（就像我们在科学公式中所看到的那样，如物理学中的 $F = ma$）。但洛采认为这样的害怕是徒劳的。正如机械论与目的论相容一样，美学（诗歌）和宗教（启示真理）与唯物主义者所偏爱的数学和计算也是相容的。同样，在科学中接受机械论为纯粹的方法论原则并不会否定自由意志的信仰。相反，由于机械论使精神达到超感性这一状态更艰难，因此它只是'增加了世界的诗意吸引力'"[1]。

二 真存在之可感知性特征

根据阿尔布雷希特·本杰明·里奇尔（Albrecht Benjamin Ritschl）思想体系，W. C. 基尔斯特德（W. C. Keirstead）指出："形而上学处理的是一切存在的普遍根基，是从自然量级与精神量级的特殊质性中抽象出来的，以获得二者共有的物的概念。"[2] 由此形而上学便可区分为本体论与宇宙论两部分，本体论旨在解释物，获得的结果是精神与自然中无差异的共有部分，这样一种认识论倾向是洛采为里奇尔提供的形而上学线索。1881 年，里奇尔曾在给哈纳克（Harnack）的信中写道："在与卢特哈特（Luthardt）的认识论基础进行比较时，提到他（里奇尔）纠正了自己曾经建立在康德之上的假设，并指出自己的立场是基于洛采的形而上学的……特别是'本体论问题，即人如何与事物同源（how one

① Nikolay Milkov, "Rudolf Hermann Lotze (1817 - 1881)," *Internet Encyclopedia of Philosophy*, https://iep.utm.edu/lotze/, 1997.

② W. C. Keirstead, "Metaphysical Presuppositions of Ritschl," *The American Journal of Theology*, Vol. 9, No. 4, 1905, pp. 677-718.

would have to cognate a thing）的问题'。"① 这种思想理路并没有获得伦理学加持，在坚持洛采形而上学思想的基础上，在伦理学方面，里奇尔仍然是康德学派。基尔斯特德也认同这一点，在里奇尔的形而上学中，少了些伦理学和心理学中更深刻的精神存在。相反，洛采从一开始便向形而上学中注入了伦理学因素，把它当作形而上学中观念形式的精神存在，自然与精神本没有区别，自然本身就是作为本质的精神。这种纯粹的哲学任务将一切复杂问题简单化：自然不是被建构的神秘世界——否则，这将是一件永无尽头的工作——而是有章可循地被规范的存在，因为任何的建构终将是无形的理性枷锁，而非事物本身和事物之间的原本样貌。如果物如其所是地现世呈现，洛采的思考则"开启了二十世纪哲学的先河：他不断提问，存在是什么意思？当我们说物 Sein（存在）时，我们到底意味着什么？这里洛采提出的问题是布伦塔诺的问题，是胡塞尔的问题，也是海德格尔的问题"②。正视这一问题便是试图达到一个统一的精神世界之基。当问题的焦点逐渐转向主体时，诸问题便都化解为主体对观念世界中价值根据的有序秩序的感觉、感知或感受，唯有此，才能保证真存在的真正实在及其有效性。真存在是可感知的而非被思维的，在主体感觉中，真存在因非纯粹性对现实世界发挥有效性作用，而与现实世界中的现实实在存在共同构成了"实在"的一体两面。

　　真存在的实际确认仍需经验地存在于每个存在中。真存在与非真存在的关系问题是哲学讨论已久的古老话题，将真存在本身宽泛化后，无

---

① Helmut Ernst Wilhelm August Uhe, The Role of Value in Lotze's Relational Philosophy and Its Significance for Ritschl's Systematic Theology, A Dissertation Presented to the Faculty of the Graduate School University of Southern California, 1979, p. 198.

② 靳希平、吴增定：《十九世纪德国非主流哲学——现象学史前史札记》，北京大学出版社，2004，第 218 页。

论发生何种变异，非真存在总是被述说为幻影或假象的现实世界，其背后反映的是它作为普遍化标准的失效。显然，"真"的限定带有个别思维模式的主体判断同时又能满足普遍的渴求，如要判定"真"，那便要求了"作为一门形而上学，它所用的方法是把当下直接的心灵中呈现的知识加以改造，使它超出我们印象之瞬息无常的状态，而达到一些普遍的假定。这些假定不仅由思维的个别模式所形成，而且必须由普遍的心灵所形成"①。这种立场应当能有效避免以下的误解：洛采很有可能会满足于德国古典哲学中类似于客体向主体的符合论或是纯粹的范畴推演。因为至思至上并不被视为世界真实内容的应当所是，或者说这句话本身就包含了"思维"与"应当"之间一致性论证的匮乏。如果经知性范畴推演获得的结果被视为"真"，则在整个过程中它便总是指向自身，但在洛采思想中，这种至思方式已经跳脱出自我设定的"真"的判断领域，它对现实世界中事物运动规律、主体与世界规律的把握，受到了价值根据的促动，只有主体"体验"到"真"才能作出"真"的判断，这是一种价值判断而非事实判断。思维似乎无法借助任何手段，以任何自我确认的思想洞察和穷尽真存在的本质特征，因为在其中，主体发现真存在自身与一切纯粹可思的实存相对立，而我们最多以其他方式体验这种真存在。鉴于这种体验方式，便有可能要阐明某种认知领域——尽管不必为了推出真存在是一种直接当下的体验，而是为了使这种当下体验的真实性不受任何质疑。如此，所谓的"真"无需是对某种先验形式的符合，而是这一存在可以被真实地感受到。洛采要反驳前人并不那么困难，人类判定某一知识为真是因为相信它是真的，这是不可置疑的。但

① 赵修义、童世骏：《马克思恩格斯同时代的西方哲学——以问题为中心的断代哲学史》，华东师范大学出版社，2008，第567页。

"有人会反驳道，我们在这里所说的只是相对真理，也就是相对于我们的真理，而绝对实在的真理可能是完全不同的，对此，我们可以毫不费力地表明这种反驳无效。因为，只有当所有真理从根本上是相对于心灵而存在时，绝对真理与相对真理之间的这般区别才有可能。绝对本身之所以与知识相对是因为知识的相对性是绝对的。而我们必须承认，实在的全部真理来自我们的心灵对它的认知"①。如果真存在是这样的绝对实在，则对它的真理性认知不再是纯粹的逻辑推论，即洛采从对"如何"的复杂探讨转变为对"在"本身之所在的追问，获得的是真实的、真正的感受性认知。对"如何"的探讨之所以复杂在于论证过程，除了要保证逻辑推论的正确性外，还要确立作为源初条件的存在的真理性，而真理性的前提便是对价值的体认。

但真存在绝不单纯是在现实中被感觉领会到的存在，后一种存在显然仅仅是因真存在而被感知到的现实实在存在。洛采很清楚感觉致幻会诱使主体将非实在视为真正的实在，主体甚至会将独立持存的真存在与唯独显现于我们的显相相混淆，把显相视为真存在。生理学可以解释人在眼睛受压后为何会产生闪光感——玻璃体与视网膜内界膜分离后，后者因拉扯而形成闪光，于是现实的物的显相对应的一定是主体感觉过后的表象。霍布斯在《利维坦》中也说道："正好象压、揉或打击眼睛时就会使我们幻觉看到一种亮光、压耳部就会产生鸣声一样，我们所看到或听到的物体通过它们那种虽不可见却很强大的作用，也会产生同样的结果。因为这些颜色和声音如果存在于造成它们的物体或对象之中，它们就不可能象我们通过镜子或者在回声中通过反射那样和原物分离；在

① A. Eastwood, "Lotze's Antithesis Between Thought and Things (Ⅱ)," *Mind,* Vol. 1, No. 4, 1892, pp. 470-488.

这种情况下我们知道自己所见到的东西是在一个地方，其表象却在另一个地方。"① 人们很容易受日常引导将这种主体感觉的自我表达倾向指向于外，但生理学论证了感觉致幻无需相应的外部刺激，即通过神经、经络及薄膜的中介作用，就能继续获得向内的自我指向倾向。这种极端实例甚至不会将显相而是将致幻感觉视为真存在，如果连这一观点都能被认可，那么无需缜密的范畴推演便能判定实在存在之物，形成认识论。但这并不符合价值规定的有序规范序列，因为无需任何的参照标准获得的自我判定，不具有价值整体统一的意义。

于是，感知感觉对真存在的直接把握似乎陷入了不良的循环论证中：对真存在的真实感知打消了它作为实在的疑虑，但是真实感知又不是保证真存在是实在的永恒事因（真实感觉很有可能会造成上述的情况，把感觉致幻作为真存在。也正因此，感觉向来被置于思维因素之下）。在事实世界中，主体只能感知到现实实在存在（个体实在之物），形成不同维度的实在感觉，可是真存在也是被感知到的，那么主体感知到的到底是真存在还是现实实在存在？实际上，一方面，感受到的事实世界中的"当下"只是对真存在的实在保证——而通过感觉感知可以证明这种当下之所在的假象不是虚幻的，而是权威的。另一方面，真存在的"永恒"是一种自为存在，是寓于事实世界中不变的持存存在，在被转述为心理过程事实时，就是永恒有效的内在陈述。我们表达观念时，不是在表达它是其所是，而是在表达"当下"这种感觉时，表明了真存在的永恒有效。这是真存在具有可感知性的确认性体现，它意味着当真存在以永恒有效的方式现实呈现于事实世界中，每个实在存在都享有不同的价值时，主体感觉到的现实实在存在便是作为价值形式的真存在。真存在、

---

① 〔英〕霍布斯：《利维坦》，黎思复、黎廷弼译，商务印书馆，1985，第 5 页。

感知主体与现实实在存在形成价值整体，真存在只有寓于现实实在存在中，被主体感知才能是真正的实在，否则它只能在观念世界中永恒有效，而不具有任何现实的、实在的有效性。这是洛采对柏拉图观点的改造。柏拉图把善作为最高对象与终极目的，在对真理的认识意义上，善赋予知识对象以真理，但真理不完全等同于善，善有着更高的地位。而善不能凭靠感官感觉，只能凭借理性而被认识，这样的善只能是独断的存在，或者说，它只能满足洛采思想中"有效性"的一种含义，即永恒有效，无法满足"对某物有效的有效性"。后一种"有效性"才能证明真存在是真正的实在，若要满足这一点，真存在必然是处在感觉感知中的，而非凭靠理性被认识或是遁入记忆之中。唯有此，享有真存在之价值因素的现实实在存在才具有实在性，实在存在"并不存在于最纯粹的肯定或设定中，并将肯定或设定赋予可感内容，使得每一种感觉内容都是其所是且有别于其他内容；被肯定者只有通过肯定才能作为可思世界中的一种要素而有效，但它并不因此具有实在性……在肯定中红色永远是红色，与黄色属于同一类，与甜度、与温暖没有任何关系；但是，这种与他者相区别但与自身保持一致的同一性既对感觉到的红色有效，也对未感觉到的红色有效，然而只有在前者中，感觉才能证明红色是存在的"[1]。

真存在是可感知的而非可思的，目的在于通过主体感觉感知将观念世界与事实世界关联起来，使事实世界成为有价值、有意义的世界。按照柏拉图的思想，难以完成这样的任务，可思的理念世界是普遍的，善是可认识的，可对于有限理性来说却不是普遍的，更不是必然的。从一个现象的可感世界转向一个不变的、非现象的可思世界，需要主体经过

---

[1]　Hermann Lotze, *Metaphysik*, Felix Meiner, 1879, S. 29.

理性的训练才能把握，这不是任何一个主体都可以达到的。理念世界注定是一种非历史性的普遍存在，即使主体获得了几次理性的迷狂，脱离于可感世界而向理念世界敞开，也无法将二者关联起来。而洛采将道德之善扩展到一切领域中，主体无需经过任何的理性训练，凭靠个体不同程度的感觉感知，便能把握居于观念世界中、寓于事实世界中的真存在的实在。需要注意的是，感官感觉行为仅是把握实在的基础——因为不能仅凭理性或是回忆——更重要的却是简单感觉后形成的一种强烈的伦理情感。在这一意义下，真存在不仅是历史性的普遍存在，在事实世界中更是必然的存在，洛采要将空洞抽象转变为具体的实在。

真存在的可感知性势必与现实实在存在相关联，实在存在在不被主体感知的情况下仍被认为是实在的，潜藏于其中的是真存在给予此现实存在的有序规则。根据洛采的空间理论，这是普遍空间图像与主观空间直观之统一的根据。实在存在不会依赖于有限主体，而且也不会因其变化而变化。这种观点可能会被认为是对贝克莱以及莱布尼茨观点的无效重复，关于是不是对莱布尼茨的前定和谐理论的重复，稍后会谈及。从贝克莱的角度讲，"当我否认心灵之外的可感事物存在时，我并不是指我的心灵，而是一切心灵。现在，这些事物明显地存在于我的心灵之外，因为我根据经验发现它们是独立于心灵的。因此在我感知它们时的时间间隔处，存在着它们存在于其中的另一心灵……因此必然存在一个无所不在的永恒的心灵，它知道和理解一切事物，并按照它自己规定的方式和规则呈现于我们，这些规则被我们称为自然法则"[1]。无论物是否被有限感知者感知，只要有永恒心灵赋予的自然法则作保证，实在存在便不

---

[1] George Berkeley, *Three Dialogues Between Hylas and Philonous*, Reprinted Edition by Chicago, The Open Court Publishing Company, 1906, p. 91.

会出现消失与出现的交替情况，"通过神的叙述，贝克莱的观念论的世界图景与我们未被感知到的物体的存在的常识直觉相一致"①，神的叙述就是一种普遍的语言。洛采将普遍的语言客观化为普遍的秩序，作为观念形式，去神化了的观念形式不是单凭不被有限主体感知存在物这一事实就可以不证自明的，自然法则也不能完全充当真存在的最高论证原则，因为自然法则如不是一种抽象法则必然要有实在的运用。因此，真存在同样作为实在与现实的实在存在便得到以下关联证明。

洛采将事物存在、某事发生视为实在存在，鲍恩也认为，诸如"法律、关系、事件、表象都是实在的，但并不是在万物是实在这个意义上来说的。感觉的实在在于被感知，事件的实在在于它的发生，法律的实在在于它的有效性"②。而每当我们以任何形式询问它们被给定实在存在的整个过程时，就已经存在某种相关的实在性了，即真存在，前者作为被后者给予的实在性与后者并非处于具有刚性时间性的因果关系中，而是因与后者非时间性的逻辑前后关系而同它具有永恒的有效性。一旦发生了这样的有效性，无论万物、事件是如何被给定为实在存在的，这些实在存在将会是真存在的现实前提。于是，便存在两种实在性，一种是永恒真存在的实在性，另一种是被给予的现实实在性，前者可以作为后者的存在条件，反之后者可以作为前者的认识条件。这类似于康德思想中道德与自由的关系；这两种实在性可以在思维中被分解，是同一种实在性的显现与遁入，同时也可以被理解为同一种实在性的本质与起源。感知感觉保证了真存在寓于现实实在存在的有效性，但"感觉并不是某一实在存在的认知基础，因为实在存在不同于感觉并且其特征还有待阐

---

① Joshua Woo, "Two Interpretations of George Berkeley's Idealism, " https://philpapers. org/archive/ WOOTIO-25. pdf.

② Borden P. Bowne, *Metaphysics*, American Book Company, 1910, p. 13.

明，相反我们凭感觉之明证而给予万物的那一存在，绝对存在于万物被感觉到这一事实中"①。

真存在不是被思维的，而是被感知的。作为填补形而上学真空的真存在是解释事实世界与道德世界之关系的关键。由于不满足于前人提出的关于二者关系问题的解决办法，洛采将真存在视为事实世界中一切存在及发生的根据。真存在于观念世界中，是价值、是善、是目的性秩序，洛采赋予它一切非所予的意义，它是主体内在精神的深层探求。相较于所予，非所予是完满的、超越的，在事实世界中是有效的而非存在的。柏拉图提出，理念世界是现实世界的原型、范式，也是唯一真实的存在，现实世界是理念世界的影子，分有着理念世界，而灵魂凭靠理性获得理念。不同于柏拉图的是，洛采认为，真存在作为真正的实在，以超越所予成为理性思维所不可及的盲区。思维活动的必然性逻辑框架不能为真存在包含的伦理道德、审美情感、意志及评价提供有效的启发。洛采降低了思维的位格，以思维最大限度的表征行为代替其与所予对象达至统一的妄想，况且表征行为只有在真存在这一价值根据被主体感知后，受到其中引发的情感价值的促动，才能达成。认知不可能直接与价值发生联系，知识不可能穷尽事物自身。我们的思维只能说明（explain）事物，我们说明事物的全面性随我们思维能力的提高而增强，但关于事物的知识与事物永远不可能完全一致，关于事物的知识永远不可能穷尽事物的本质。② 真存在的有效性因主体的感觉感知而成立，因而灵魂在现实实在存在中体悟到的是真存在所赋予的情感价值。

① Hermann Lotze, *Metaphysik*, Felix Meiner, 1879, S. 30.
② 杨晞帆：《洛采价值哲学中的思维》，《江西社会科学》2014 年第 10 期，第 25~29 页。

三　价值之有效性的初显现

真存在的非纯粹性、可感知性以及与现实实在存在之间的价值关联，使价值之有效性有了最初的显现。以洛采的观点审查赫尔巴特的思想，可以发现赫尔巴特承认实在物是被给定的，但是不具有被给予的实在性。赫尔巴特将实在性分为物质的实在性、运动的实在性和特性的实在性，三者不同却完全可以划归为同一现实实在性中。由于赫尔巴特坚持将费希特的"设定"规定为"不可收回"（unzurücknehmbar）的"肯定"，在他坚持非矛盾原则时，排除了一切任意想象得到的联系，是绝对且纯粹的，无任何关系，根本不存在发生效用的情况。没有给定，实在物便是虚无，因为除了被主体感知到的实在存在外，真正能给予保证的是它们所必须遵循的观念形式。洛采认为，万物之本质不存在于思维中，思维无法领会它，但整个精神会以另一种活动方式和观念存在的方式呈现一切存在和作用的本质意义。这种方式便是对真存在作为最高价值的感知，从而获得其有效性。真存在之实在具有现实实在存在这一现象性标准，当以这样的立场看待运动问题，就可以解决莱布尼茨关于真正运动与表面运动的关系问题。奥里·贝尔金德（Ori Belkind）认为，莱布尼茨提出的等效原理使现象的表面运动无法成为单子内在真正运动的标准。洛采提供的可能性方案是绝对运动势必潜藏于相对运动中，否则表征物体位置变化的运动便无意义。绝对运动的可能，一方面在于主体在无参考系的情况下能表象出物体的运动方向，另一方面在于主体能够有效地将真存在本身的秩序表象为现实实在运动过程的秩序变化。这样，作为实在的真存在与现实实在存在之间就出现了不同于柏拉图所说的"分有"关系。理念为可感事物分有，事物的类别是型相，每类事物中的个体以分有型相中的一部分存在着，二者的存在因完满性程度之差不可混淆、不可通约，理念作为绝对或永恒的实在存在的完满性程度不会因可感存在而受损，而可感存在也不会达到与理念同等的完满程度。只有理念才是真实的存在，可感存在则是虚幻的、不完满的，不可能与理念同等有效。洛采则认为，我们在其中寻求得到的万物之实在的一切关系，既能被表象出实在性，同样也能被表象出非实在性。如果这些关系构成了万物之存在，它们便不仅仅是被表象出来的，而且必然具有实在性。这就要求在它们具有实在性之前，就已经存在某种相关的实在性，这就是真存在的实在性。"它绝不像是某一真理源起于其他真理那样产生出来，而是和其他真理一同始终处在永恒的有效性（ewiger Gültigkeit）中。"① 这一原则乃超乎纯粹理性之上的实践原则。真存在因处于永恒的有效性中而具有实在性，这种实在性无法再溯源，它是解释事实世界一切必然发生的源初的逻辑前提。洛采将柏拉图的理念世界设定于"有效性"领域中，而万物之实在性，只有因真存在的永恒有效并在事实世界中的现实呈现，才能成立。与观念世界中的真存在相比，事实世界中的实在存在是不完满的，但在这被给予的实在性中能寻找到事件的发生、现存关系的变化以及所发生的这些关系之间的关系点所在。

学界基本已经就以下观点达成共识：洛采提出"有效性"一词，是因为古希腊哲学未能明确区分真理（有效）与事物（存在）。但是需要进一步指出的是，为了能够理解洛采思想中的"统一"，我们必须辨识"真理本身的有效性"以及"对某物有效的有效性"，因为后者强调的是满足统一的行为过程。在这一基础上，"有效性"包含两种含义，一是理论认识上的真理之有效性，"真理有效"能够使人们联想起布尔查诺

---

① Hermann Lotze, *Metaphysik*, Felix Meiner, 1879, S. 32.

的"存在真的自在命题"，但其显然"错误地将命题的肯定形式最终还原为实在物的肯定形式"①。洛采不坚持这样的主张，在于他起初就批驳了柏拉图将理念置于存在这一普遍概念之下，导致了人们长久以来将理念或观念当作单个实在物的基础。如 A. 马克萨恩（A. Maxsein）所说，洛采强调了柏拉图理念论中真理的永恒有效性，无论是否有事物使它在实在世界中显现。二是在实践上的有效性形式，这一观点是对赫尔巴特提出的不可收回的断定的反驳，也是对真存在是不是纯粹的、是不是可感知的一种回应："倘若这个真存在被领会为完全不可撤回的断定，则它只是被正确地认为具有不可撤回性；然而这个必然性要求还包含了其他要求：排除某物与他物的关系（这一关系对该物存在必不可少），而且，我们只能在纯粹无关系的且被承认的（并非被实施的）设定中产生我们所谓的真存在。"② 如果要摆脱赫尔巴特的思想"阴影"，洛采不得不提出实践意义上的有效性，构筑出最高存在（真存在、真正的实在）的价值秩序——有限主体个体的感觉感知——事物的关系性存在的实践类型模式。真理本身的有效性将化解为被主体个体中介而实现的现实有效性，"真理不是最优的，而是善的王国产生了真……实现的必然性满足了善的最优本质……我们知道有效性及其特征只是因为我们对它们产生了思考；但我们并不因思维思考了有效性而相信，它们仅限于对主体有效的范围中——而是它们独立于思维个体，即它们实现了'本身'"③。一方面，真存在在纯粹观念层面的有效性中，是先验的、最高的根据；另一方面，真存在在现实层面的有效性是实现了的有效性。从作为真存在的实在到可感的实在存在，如果不是一种所谓的"分有"关

---

① 林旭：《观念含义——从洛采到胡塞尔》，硕士学位论文，南京大学，2016。

② Hermann Lotze, *Metaphysik*, Felix Meiner, 1879, S. 41.

③ A. Maxsein, "Der Begriff der Geltung bei Lotze," *Philosophisches Jahrbuch*, 1938, SS. 457–470.

系，那便是前者在现实中成为被主体中介了的可感存在。善必须展开自身，以形形色色的流变形式将自身呈现为具体内容，而它首先产生的便是客观显相。为了不触碰行为边界，对于主体来说，它就是一种显现（Erscheinung），只有认知行为的本质存在才能让它成为它应当成为的样子。在此，洛采卓有成效地区分了有效性领域与存在领域，甚至将前者视为在后者之上，尽管如此，真存在这一实在并不因此与可感实在是两种实在存在。

在这一基础上，我们能够试图用价值之有效性反证真存在的非纯粹性。如果其具有纯粹性，便必然重新诉诸赫尔巴特思想，尚无法实现否定回答中的思想标的，即在非纯粹性中，真存在不断地在现实实在存在中通过个体主体而实现自身，因而表达了真存在与实在存在不可分的另一种含义。洛采从未有构建实在存在这样的野心，而是要朴素地认识它，以研究世界的内在秩序，这无疑关联着某种动态的"统一"思想。统一的意义是，要么使丰富的要素时刻保持某种活力和新的相互作用，要么是维持它们先前的状态，因而缺乏相互作用之呈现。桑塔亚纳和昆茨也认为，在唯物主义和神秘主义的一元论的基础上，洛采提出了类似于唯物主义一元论的统一，"他坚持认为，无论是宇宙，抑或个体之物，运动与变化都是必要的；我们早先了解到的物的统一就在于物的变化法则中……但同时，洛采还要在此做两个方面的调整：首先，他要破除在物之法则中寻求物的价值的习惯，要在与该法则相关的实在性中寻得；其次，他承认万物在每时每刻都会存在更亲密的统一关系"①。这种统一并非一种通过自身的自觉达成，而是在带有历史维度的特征中，将意识统

---

① George Santayana and Paul Grimley Kuntz, " The Unity and Beauty of the World, " *The Review of Metaphysics*, Vol. 19, No. 3, 1966, pp. 425–440.

一置于整个过程的突出位置，其中发挥的效用是协调、统一被感觉感知到的实在存在，而这种实在存在便是带有真存在之目的及秩序的存在。从真存在到现实实在存在，从有效性领域到存在领域，二者的不可分构成了被主体中介了的具有实践原则的统一。在这种情况下，真存在以规范的姿态介入现实实在存在中，使后者因具有价值、意义而有别于非存在（这不是"是其所是"的区分，而是"应当所是"的区分）；反之现实实在的各种关系是主体从感官感觉到意识统一的过程中对真存在的领会把握，否则真存在将会永恒空无。其实，洛采在《形而上学》开篇便以真存在的非纯粹性特征统领起他整个形而上学思想，其中他对真存在的有效性怀着发自内心的真挚表达，"这种独立性、单纯性以及就其本性中的不变持存往往被视为'真存在'的标志。我们说，这些标志仍仅仅是它的标志；因为，尽管这些特征足以将它们无法描述的东西排除于真存在领域之外，但仍无法界定这一存在本身……事实上，这种独立于除自身之外的一切的独立性，我们不能断定为全部真理，而是无需且不可证明的诸多真理。排除一切复合的单纯性则属于甜性的或红性的每个单一感觉；不受任何变化影响的不变的自我持存，才是我们将其对立于实在世界的观念世界之本身特征，其根源就在于，尽管我们能够表达观念，但它们却是永恒有效的，而我们不能说它们是其所是"[1]。独立性，乃非真存在的唯一特征；纯粹性（单纯性）则不属于观念世界之特征，或者说，"真存在是纯粹的"这句话本身就是自相矛盾的，而唯有永恒有效才是真存在的最终归属。

---

① Hermann Lotze, *Metaphysik*, Felix Meiner, 1879, S. 27.

第二节 真存在下的万物存在形式

纯粹性不仅不能归于真存在本身，甚至也不能成为万物中那一存在的谓述，即万物存在同样不是纯粹的。之所以不能将纯粹性归于真存在本身，是因为真存在的本质在于永恒有效，它以生命伦理之特征的方式在自己的运动中实现自身，且被主体中介而体验着一切存在和活动之意义；而纯粹性之所以不能成为万物中那一存在的谓述，是因为它们的实在存在是被这样一种真存在所给予，因而不是被思维着的存在，也就不再是脱离于一切关系的存在。如果我们剔除了这一隐含义，"无关系性"无疑可以运用到存在中，也同样可以运用到无中：独立于所有其他事物，自我存在以及完全脱离关系，对于存在和无来说一样，没有什么差别。洛采在这里重复了黑格尔的论证："纯存在既然是指无任何规定性的存在，它所表达的也就是'有（存在）一个无'，简言之，即'无'……纯有即等于无……所以，纯有和无实际上是一个东西，正如纯粹的光明就等于纯粹的黑暗一样，在两者中都是什么也看不见的。"[1] 纯有与无在产生矛盾、统一之前是纯粹的同一，存在是无规定性的纯存在，相当于无。在这一过程中，概念是不被意识介入、自我发展着的，规定性存在是从有到无再从无到有这一消灭与产生的统一过程即变易的结果，其中表达了过程的延伸以及由此形成的"否定"这一伟大力量的积极效应。不过，洛采并不认为意识可以作为观察概念自身发展的旁观者、作为概念的建构者，但可以作为关系的协调统一者。与黑格尔思想中的纯有不同的是，洛采提及的纯存在本身既然无任何规定性，则无关联的自身运

---

① 杨祖陶：《德国古典哲学逻辑进程》，武汉大学出版社，1993，第220~221页。

动便是不可能的。这一概念的出现至多被视为使我们的各种观念之间存在关系的抽象存在，且这样的存在绝不能有任何运用。E. E. 托马斯（E. E. Thomas）指出，洛采的观念论是对黑格尔观念论的模仿，甚至在这一意义上背叛了观念论。他指出，黑格尔力倡的反思方式往往运用在虽以思想为基础却以感性形式出现的意识内容上，其功能是重建在直接经验上被给予的实在。"这种观念论的发展，包含了这样一种观点，即直接经验所包含的思想，不依赖于一切经验的前提，而在于构成实际经验的具体的感觉性质。如果在直接经验中被给予的实在，在其性质上由在其中被给予且寓于其中的个体所规定，那么我们就会得出反观念论的结论，因为我们被迫接受这样的观点：世界上的秩序是依赖于个体相互之间的关系。"[1] 不得不承认，托马斯的观点有合理之处，但是若跳脱出感性层面并以观察者的视角判定规定性存在之生成过程，那么从洛采的立场来看，万物存在之感性存在是本身处在关系中的自然结果，而在黑格尔那里，这种感性存在便是概念在思维螺旋进程中不断被推动而促成的。

　　洛采对黑格尔所说的纯存在的态度，正如奥托·卡斯帕里（Otto Caspari）认为的，这个纯粹抽象者显得就像"'一个点，是一项不包含任何特定指向的意谓，无差别地向任何地方观望。'但理性在这一空洞存在中并不感到舒适惬意，它不能驻留于此，因而带有其余大量的实质性存在且被承认的矛盾推促它辩证前进。不难看出，这种辩证法的心理学起源可以在理性的'呈扭纹曲线的思维'（Denkverrenkung）中寻得，而这是由抽象者的螺旋状所导致的，它能将理性带入矛盾中，而理性则通过其他的必要反向运动（Gegenbewegungen）而走出矛盾。确切地说，黑格尔的哲学方

---

① E. E. Thomas, "Lotze's Relation to Idealism(1)," *Mind*, Vol. 24, No. 94, 1915, pp. 186–206.

法是一种相关于自我保存力量（Selbsterhaltungskraft）以及与之关联在一起的人类主体理性的演化的特殊实验"①。洛采的理解尚且中肯，在黑格尔思想中，纯存在是一股可以带动主体意识前进的本质力量，或者说纯存在对这种意识能够发挥直接效用。此外，黑格尔早已预设了从意识向绝对知识经由纯存在的螺旋状扭曲式地辩证前进，虽然正如托马斯所说，在黑格尔思想中，感性表象是根基，意识却是建构性和指导性的。也正是因为这一点，洛采无法从黑格尔相同的感性出发得出相同的意识行为过程；相反，在从第一步迈向第二步的过程中，洛采就已经背叛了黑格尔。伍德沃德认为："洛采把他的形而上学写成黑格尔传统的关于存在、自然和心灵的哲学，在他对范畴的客观演绎中，意识则成了表示两物质间的关系的例证。用他自己的话来说，我们必须首先说到客观事物彼此间的作用方式（这种方式是由认识的规律性所决定的），而且我们与事物之间的关系也属于这种特殊情况。"② 在这一意义上，纯存在从来不是建构规定性实在的开端，只不过是思维中的某种先在存在，尽管如此，洛采也从未实现思维与存在的统一，因为它们之间始终存在不一致性，用伊斯特伍德的话来说，思维"至少"表征了物。

一 批判纯粹且绝对的"设定"

如果思维不能完全把握存在且与存在达到同一，存在便是另一种方式的存在。洛采将"存在"的被动把握状态转变为主动的自我设定状态，后者要求"设定"是关系性的设定，需要现实实在存在对周遭有所

---

① O. Caspari, *Hermann Lotze in seiner Stellung zu der durch Kant begründeten neuesten Geschichte der Philosophieund die philosophische Aufgabe der Gegenwart*, Breslau, Verlag von Eduard Trewendt, 1895, S. 8.

② William R. Woodward, "Lotze, the Self, and American Psychology," *Annals of the New York Academy of Sciences*, Vol. 291, No. 1, 1977, pp. 168–177.

观照，至少它无法脱离真存在的价值秩序。第二章第一节已经廓清了真
存在与现实实在存在之间的关系，在真存在介入现实实在存在时，现实
实在存在便被给予某种带有至高目的的秩序而现实呈现，内在地规定了
万物特有的关系性存在。当我们从海德格尔关于"存在"问题回溯到洛
采这里时，便明确了"有物存在"（Ein Ding ist）这一表述的确切含义。
首先，需对洛采提出的"设定"一词的翻译进行校正。日本学者西田几
多郎对洛采的这一观点曾做出如下陈述：

> 所谓的"有物存在"（Ein Ding ist）是怎么一回事呢？一般我
> 们在知觉到它时就有物存在。但是，有物存在必须是物在其自身中
> 存在。我们的知觉只不过是知道物存在的手段而已，物是在其自身
> 中存在的，它必须是使我们的知觉成为可能的东西。那么，所谓物
> 在其自身中存在意味着什么呢？我认为，即使没有被我们知觉到，
> 一般也可以认为，物是在相互的关系上成立的。即使任何人都没有
> 意识到，物也必须是在其自身的关系上成立。当然，从另一方面看，
> 在与他者的关系中存在的东西已经不是纯粹的存在（das reine
> Sein），纯粹的存在必须是完全与他者没有关系的实在，也可以说必
> 须是"毫无关联的实在"（eine völlig beziehungslose Wirklichkeit）。
> 但是，我们说物在相互的关系上成立其实就是说有物存在，不处于
> 任何关系中的物必须与无同一。①

西田几多郎的观点大抵是对的，但他接下来的论证似乎让人摸不着

---

① 〔日〕西田几多郎：《洛采的形而上学》，胡嘉明、张文译，《当代中国价值观研究》2022
年第 3 期，第 121~128 页。

头脑，他承认物在关系上是成立的，但"在判断中我们也在使两个物发生关系，但这样的关系就不能说成是实在。这只是在肯定两个内容的关系，即位置（Position）和肯定（Affirmation）的关系，而不是在言说实在。单纯的肯定是从实在中抽象出某一种关系，当这种关系被抽象的本来的东西肯定时才成为实在的"①。洛采明确区分了两种关系，一种是物自身（Dinge selbst）的关系，另一种是一切实在关系。当洛采将万物之存在设定为在关系中才成立时，他排除了上述后一种关系对主体任性的任意依赖，并主张在万物存在中一定会存在某种东西，只是我们关于存在的定义并不包含它——这种做法有利于避免陷入定义的混乱：借助这一存在，万物才能独立存在，不会因万物存在概念的变化而变化。因此，可以明确要求，"我们所假设的那些关系存在于物自身之间，并能被我们所表象，却不能产生于或依附于我们的表象"②。我们不能混淆被感觉感知的实在存在的先验根据，与使实在存在构成一切关系的物自身之间的关系：以前者为根本前提，万物存在才在关系中成立，而使它们间彼此依赖得以证明的是后者。我们愈是坚持物自身之间的关系的客观实在性，我们愈是认为任意物的存在都依赖其他一切物。笔者尚且认同"在判断中我们也在使两个物发生关系，但这样的关系就不能说成是实在"，其引申义为使物存在的关系之实在不依赖于任意主体判断（其中包括关系表象）。但是按照"这只是在肯定两个内容的关系，即位置（Position）和肯定（Affirmation）的关系，而不是在言说实在。单纯的肯定是从实在中抽象出某一种关系，当这种关系被抽象的本来的东西肯定时才成为实在的"来看，要么是西田几多郎没有领会洛采的意谓，要么是译者不

---

① 〔日〕西田几多郎：《洛采的形而上学》，胡嘉明、张文译，《当代中国价值观研究》2022年第3期，第121~128页。

② Hermann Lotze, *Metaphysik*, Felix Meiner, 1879, SS. 32~33.

了解洛采的思想。即使主体所判断的关系不是实在的，那也同样不是译文中所说的只是被肯定的内容的关系。暂且不论这种关系为何，问题在于"Position"不应译为"位置"，而应译为"设定"，这是赫尔巴特从费希特那里借用的重要术语，即"自我设定自我""自我设定非我"中的"设定"。赫尔巴特将绝对设定推向自我肯定的极端，排除了一切关系，"有人曾经这样问自己：如果物体的存在是肯定的，并且无论在什么地方都不能被拒绝，那么物体存在的肯定是否是一种必须收回的肯定呢？回答是：不能把物体设定在它自身之外，不能把它设定在其他地方，而是把它设定为自在"[①]。译文中的"单纯的肯定"绝不是抽象出来的关系，因为它是自身设定的无关系的绝对自在。

洛采对万物存在的立场非常明了，"存在"一旦被论及，所言绝不是单纯的"存在"自身。洛采以"自然的世界理论"（die natürliche Weltansicht）观点应对并反驳赫尔巴特的绝对"设定"。这一理论是对使万物存在而成立的关系的总括，一方面摆脱了有限主体层面的形式要求，另一方面是实现洛采设定的世界统一的具体推进。从第一方面来说，从真存在到现实实在存在已经获得了主体视域的论证，但主体并不发挥建构作用而是如实反映真存在的效用，是作为实在存在产生感觉关联的中介。洛采在《形而上学》中多次使用这一说法，并且这一说法延续到了海德格尔思想中。海德格尔在《存在与时间》中的表述是"die natürliche Weltbegriff"，即自然的世界概念，其要明确"此在的生存论分析工作"，若要得到进一步说明，则需要廓清的是"自然的世界概念"。海德格尔并不认为我们人为分类的知识就能说明这一概念；相反，正因为我们将它们分门别类反倒遮蔽了其本身的本真存在，世界内在的真实秩序是有

[①] 《赫尔巴特文集2·哲学卷二》，李其龙、郭官义等译，浙江教育出版社，2002，第77页。

它自己的事质内容（Sachgehalt），这不是我们分类的结果，而是我们分类的前提。进一步说，要获得世界一般的明白观念，如果世界是此在的建构要素，就要先从此在的基本结构入手。这就表明了世界与此在的直接关联，"自然世界"有自身的事质内容，世界由此在来说明。但洛采显然没有涉及此在，且自然世界有它自己的说明。从第二方面来说，洛采基于唯物主义一元论的统一做出的调整是万物间时刻都会存在更密切的关系，这种变化理论符合"自然世界理论"的基本立场，"相应地，与稳定性互补的物体的可变性发生了变化。一种关系，即一个事物与周围环境、它的位置、它与它之前和之后的事物，甚至它与它自己的形式的关系，对于自然世界理论来说，都是可变者本身"[①]。自然的世界理论总是涉及物体的量化存在，使物体的具体特征现实呈现，结合海德格尔的观点，从自然的世界理论中形成概念，则倾向于具体化现象。存在于关系中的万物存在实现了存在领域与现象领域的实际融合，万物存在不是被建构的而是在现象中不断涌现的。这便驳斥了以下反对意见：如果以关系表明万物存在，则必须预设某个存在才能使关系的存在成立。这并不是洛采的目的之一，我们无需明确万物的实在性以何种方式产生，只需表明，它必然被思考并被承认的就是它以某种我们不可理解的方式被给予；"我们并不创造世界，而是要规范我们的概念，这样这些概念才会毫无矛盾地与既定事实达成一致"[②]。我们的概念受规范制约是必然的，它是万物存在在关系中设定自身时的中介，也正是基于这一点，洛采发起了对赫尔巴特关于万物存在归于"设定"这一论断的攻击。

---

① Wladyslaw Tatarkiewicz, *Über die natürliche Weltansicht*, Berlin: Verlage Bruno Cassirer, 1921, SS. 24–43.

② Hermann Lotze, *Metaphysik*, Felix Meiner, 1879, SS. 39–40.

　　拜塞尔认为，赫尔巴特的形而上学思想吸收了费希特、雅可比和谢林的思想，"他赞扬费希特处理自我意识问题时所表现出的勇气、坚持和勤奋……'知识学'为形而上学提出了一个新问题：自我意识问题，自我的问题。但费希特从未真正解决这个问题，他越是进入这个新领域，就越是遇到无法解决的新矛盾。费希特想让绝对自我合法化，但他发现，它总是受到非我的限制和制约，他永远无法完全消除这种非我"①。赫尔巴特坚守的非矛盾性原则使他对费希特提出了这样的指控：费希特哲学是一种理论与实践的混淆，世界存在这一事实，其本身并不能达到世界的终极目的，由此也将被架于形而上学的真空之上，自然世界的演绎不是被给予的关系的自我呈现，而是道德行为在其中的现实效用。于是整个自然经验的逻辑起点从事实转移到了道德行为中（后者恰恰是洛采探讨形而上学的根据，也是填补形而上学真空的有效途径）。赫尔巴特认为，我们既不能奢求从中发现任何的伦理规定，也不能期盼形而上学有任何的伦理野心，因而他力求严格分离"应当"与"是"，以保持科学形而上学的纯洁性。他吸收了费希特的"设定"（Position）思想，提出无任何关联的存在，同时付出的哲学代价是无法从作为绝对设定的存在走向现实实在存在，以合理解释世界整体。这一设想的前提是，"实在性"与"存在"同义，实在性不可被任意简化为某种简单性质。赫尔巴特追随康德，否定了斯宾诺莎所说的"按照事物拥有的特性实在性衡量事物的实在性"。"设定"要是纯粹的，必须排除一切关系。洛采指出，当赫尔巴特用不同的名称是为了更好地解释那些不允许解释分析的东西时，他往往就会用无条件的、不可收回的断定或设定来指称纯粹存在。

---

① Frederick C. Beiser, *Johann Friedrich Herbart: Grandfather of Analytic Philosophy*, Oxford University Press, 2022, p. 252.

但这种"纯粹"恰恰不能表征"存在的"完整思想，因为只有当我们回忆起合理运用它们时所产生的意义，它们才能感性地表达这一存在。当存在与真存在关联起来时，价值便将意义、目的赋予存在，万物之存在不再是纯粹的，也不是思维的逻辑陈述，而是感性意义下的感觉到的存在。万物存在并非因感觉而存在，感觉只能保证它的实在存在，万物存在是真存在下的"关系性"存在。这种关系是自我设定而成，"设定或断定，就它们实际意义来说，不仅要求说明被设定者，还要说明这被设定者必须被设定在何处，在哪一位置，因为这就是设定的结果，由此也就区分了发生之事与未发生之事；若要表明设定的意义或纯存在的意义，即与非设定或非纯存在区别开来，那么他很快就会发现自己又再次回到了对关系的说明中"①。"存在"的"设定"势必处在周遭关系中，"设定"表示的是"及物"的而非"不及物"的，它一定表明的是在当下关系中自我的"去存在"。海德格尔针对费希特提出的"自我设定自我"等命题曾指出："'自我在绝对的意义上设置非我'绝不意味着：自我创造性地建立了它自身所不是的某个存在者，并随意规定什么存在或者不存在；而是意味着：如果自我设置活动（Sich-Setzen）澄清了如其本然的自我之存在，那么自我对立设置活动（Sichentgegensetzen）就表现了某种自我存在的（Ich-Seins）特征非我的本质，即那以归属于自我性（Ichheit）的方式在自我性上澄清了对立之物者的本质，这种本质就在如其本然的设置活动中，亦即在表象活动中。"② 但是赫尔巴特只看到了非我作为自我的认识根据，即非我的因果性，从而认为，若自我作为一种绝对存在，进而是从经验中获得非矛盾性概念的根据，则无需任何行动伊始的理性

---

① Hermann Lotze, *Metaphysik*, Felix Meiner, 1879, S. 37.
② 〔德〕马丁·海德格尔：《德国观念论与当前哲学的困境》，庄振华、李华译，西北大学出版社，2016，第101~102页。

关切。在他眼中，非我是自我拥有纯然自我性的外在干扰，而不是类似于海德格尔所说的"在如其本然的自我中被维持的，迎面而来之物的活动空间（Spielraum）"①。但问题似乎更在于对"设定"的理解。

　　这种纯粹且绝对的"设定"或"断定"无疑没有任何回旋的可能，仅仅是被承认的事实，却不曾说明是如何发生的，它要求这一活动是无条件且不变的，因而无须追问它的来源与过程。纯粹的"设定"让我们"形成"了正确的"存在"概念，无需实施撤回的行为，因为在这一过程中，就算是尚未实施的"设定"也早已寓于万物存在中。这种观点只能满足思维设想而不关涉任何关系的设定，即使"设定这一行为可以对某一客观性——只能依附于存在而不能依附于非存在——形成一种智性的却远不可分解的表象。因为，不考虑其他因素，如果我们实际上不仅能完全实施绝对设定这一行为，而且还借此提出具体内容，却没有补充说明这一行为带来的结果是对象的某种表现抑或某种关系，那么被设定者因此也只能作为一种内容呈现于我们的意识中，它能意指着什么并与他者区别开来，然而却不能作为这般的存在者与非存在者相比较"②。这种设定使万物中的存在极具稳定性，它是显现之开端及事件之肇始的相对固定不变的点。就算这一观点有理由主张某物"它曾经怎样"——当表达这句话时其实中断了物的持续存在——它也能够明确表明，只要某物曾经怎样，它便充分享受过真正且真实的存在，此外不存在其他不同的存在。但这样"设定"而成的存在，不是真正的现实实在存在。现实实在存在与真存在之间的价值关联使它不同于仅仅是可思的纯粹有效性，它们若要有"自然世界理论"中的量化存在，有现实呈现的关系性存

---

① 〔德〕马丁·海德格尔：《德国观念论与当前哲学的困境》，庄振华、李华译，西北大学出版社，2016，第102页。

② Hermann Lotze, *Metaphysik*, Felix Meiner, 1879, SS. 37-38.

在，就必然不能凭借这一纯粹的且绝对的"设定"而达成。因为只有在关系中，它们才能"设定"自我存在，才具有优于可思性的能被感觉到的实在性。

二　确立万物的关系性存在

赫尔巴特并非不认同关系学说。他的哲学体系在背弃理性主义的传统形而上学的基础上确立了作为实在科学的形而上学，这类形而上学应肇始于真实的给定之物，给定之物作为非空洞的可能性，"形而上学不仅要思维（它），而且是要认识（它）。不能认识的东西，对它来说是异己的东西；形而上学中的一切，必须直接或间接同现实相联系。这个前提它不能放弃，哪怕是一瞬间"①。给定之物从来不是被形而上学规定了的存在，而始终是自我直接设定的结果。赫尔巴特不诉诸康德思想中内容的被给予以及形式由有限心灵提供这样的分离态，反之，给定之物在被给定的那一瞬便是感觉内容和由感觉序列以及由感觉已经形成的联系序列构成的群体。康德思想中心灵给予的先天普遍形式并不设定被给定者之特殊形式的必然性，因为当我们追问实在是否"在"时，便是追问对它的设定以及与其他设定之间存在的关系的复杂化倾向，这恰恰构成了被给定之物的形式必然性。按照这种理解，洛采对万物存在于关系中的设想，与其说来自莱布尼茨的关系学说，不如说是赫尔巴特的关系实在论。但赫尔巴特坚持科学实在性的形而上学以严格区分本质与存在，从而得出的结论却是"万物的存在是绝对设定/肯定"。

洛采表达"有物存在"时仅仅指明了一种活动的两条路向，其中所关联起的那些被设定的各种关系中的他者，并非实施设定行为者的认识

---

① 《赫尔巴特文集 2·哲学卷二》，李其龙、郭官义等译，浙江教育出版社，2002，第 18 页。

事因，毋宁说，"关系的存在"与"万物在关系中是成立的"是等同的（但是不能将关系自身的持存视为万物存在，这是洛采明确要求的）。这就规定了万物存在的"设定"行为一定是自发的，而且洛采仍然在费希特思想中讨论"设定"这一术语：万物存在在关系上的成立并不限制"设定"的活动域，即不是赫尔巴特意义上不可收回的肯定。在此，可以提供两项驳斥主观"设定"行为的论证。其一，"心理学清楚地表明了，我们可以从一切肯定的行为中期待某个客观且持久呈现于思维前的结果，然而一切否定暗含了事与愿违，即先前呈现于思维的那一结果将会消失。于是，我们便自然地受到诱惑产生错觉，在该肯定行为的意图和善的意志中存在一种创造力，若它并非集中创造某一谓语反而被抽象地加以运用，则它创造的便是一切规定性存在中普遍的纯存在；但事实上，这一肯定行为并未使构成其对象的谓语得以存在，况且该行为正如可以断言物存在一样来断言物的非存在，尽管出于心理学原因，却并非那么理所当然"①。其二，主观设定势必会使主体因错觉而指向属主语设定的谓语，而非主语本身。实际上，在设定存在时就已经预设了它的根本本质，而谓语根本不能构成设定的对象，因为主体的设定行为仅是对主语的论证，而且设定行为无法满足蕴含于内在的创造力的具体规定，而只能完成绝对抽象的表达。在这里出现了"设定"的实际行为（抽象表达）与所谓的有所指向（指向谓语）之间的极限拉扯。对此，洛采并不像赫尔巴特那般，直接让"设定"回归存在本身，拒斥一切与其相对的否定或联系；相反，在洛采那里，"设定"不是对存在的一劳永逸的规定，而是万物在关系中因价值秩序而发生的自我设定。

约翰·沃尔夫（Johann Wolff）说道："事物的存在在于它们之间所

---

① Hermann Lotze, *Metaphysik*, Felix Meiner, 1879, S. 38.

处的关系。洛采讲道,这个结果与我们对世界与事物的联系的理解并不矛盾;我们不知道实在性如何形成,但我们不能不承认,那股创造世界的力量,它并没有首先创造各个无关联的实在性,然后再让它们进入关系,而是同时将一切置于关系的相互作用力之下。"[1] 事实世界的一切都需要通过自身的关系所在而被言说,这种关系绝非主体的任意设定,这一点在之前已经给予论证,万物存在不依赖于主体的任性,而是真存在的现实介入后形成的实在秩序。这股力量不是主体臆造而成,而是真存在本身之力。借助这股力量,我们可以回溯到洛采试图对赫尔巴特的"偶然见解"的批判:一方面,赫尔巴特从实在性出发消除了我们对幻想世界的怀疑,但另一方面,由于存在的绝然、纯粹,存在物为存在,实在物为虚无,在"存在无任何关联的设定"中,我们又会深深陷入对实在物的怀疑。因为赫尔巴特始终坚持康德提出的本质与存在的划分,将不可收回的断定、纯存在视为无需自我反思便可明证的如其本然,致使形而上学中处处都是偶然的影像,遗留下的始终是存在的空场。洛采认为,存在的独特标志在于它自身的某种活动力量,它具有一定的活动范围及活动程度,关联着他者,彼此发生作用,有所遭受。这样的万物存在能够根本地包含自身,不仅能解释外在关系,也能表达根本的价值秩序。当我们理解到这一点时,观念世界中的价值秩序寓于事实世界中,成了万物存在的根本原因及最终动力,而其他任何可思的概念都不足以对万物自我设定的存在发挥如此作用。思维中不可分的关于存在的表象的设定,只能使存在者本身获得思维上的单纯承认,并不享有某种价值之有效而成为规范性存在,否则就混淆了被"设定"的存在与思维中的非存在,或者说思维无法实现被视为绝对肯定的存在的对立面,即否定

---

[1] Johann Wolff, "Lotze's Metaphysik(1)," *Philosophisches Jahrbuch*, 2018, SS. 138-160.

和联系。在此，洛采拒斥了黑格尔纯粹的反思方式，使自我与非我的相互作用现实地构建起来，获得万物自身的自我实现。因此，"设定"一定是存在者本身的设定。

基于此，主体才能够表象物自身之间的关系，但这并不代表主体可以对万物存在实施设定行为。在被给予的实在性中，我们能领会到万物存在；而万物存在却不同于关系自身的持存，存在于这样的关系中。洛采已经表明这种关系既不取决于我们的任意，因为这会导致关系的事因在于主体而非其自身，也不能被主体在思维中及心理学中设定，因为一方面会混淆非存在与存在，另一方面则使"设定"行为本身出现不可调和的矛盾。因此，万物存在的设定行为与其所独立的主体，二者之间彼此成就，即"设定"一定是万物存在的自我设定，并且这种自我设定的关系性存在更能靠近真存在。前文已经论证了主体视域的可能，虽然存在感觉致幻，却是能够领会真存在以及感知实在存在的必不可少的中介，其中意识统一仅发挥协调作用，而非建构功能。如果意识实施建构，要么直接为自然立法，则无需洛采意义上的真存在；要么像赫尔巴特一样，当在赫尔巴特思想基础上表达"有物存在"时，则完全从两个不同方面来回答，一是概念知识，二是本体存在——他因不满莱因霍尔德提出的表象概念第一原则，而主张实现根据与结果、已知与未知之间发生推论关系可能的"关系法"和"偶然见解"，"有物存在"虽满足了概念知识的偶然见解，知识会在主体意识阈的阈值范围内逐渐形成无限序列，但并不表征万物存在本身。洛采的目的不是要创造世界，而是要规范我们的概念，这就规定了概念不是特殊的，而是规范意义下的普遍的。此外，万物存在不是对物自身的肯定，而是对万物存在的肯定，即对存在于物自身之间的关系的肯定，而它们实施这一行为的前提是纯存在的存在。

"要想存在一种关系，万物间应当产生的关系点似乎首先必须建立在独立的实在性中；万物的存在要完全依附于自身，并且在这种独立性基础上，才有可能建立事物相连的关系，那么这种存在在思维上必然先于任何被认为是实在的关系。这种存在就是一种纯存在，也是哲学不断追寻的存在。"① 这是洛采为使万物存在实施自我设定而为纯存在提供的最大可能，纯存在既不是黑格尔思想中扬弃了的规定性存在的"正题"，也不是赫尔巴特思想中无关联的不可收回的肯定。在洛采看来，思维能够对纯存在行使权力，使其具有可思的优越性，但不能自为地运用到实在性中，或者尽管可能存在一种纯存在，但其中万物分离、各自独立，相互之间不产生任何关系。实际上，事实世界中只有多种多样不同的具有规定性的经验性存在，纯存在则潜藏于各经验性存在的形式中。

---

① Hermann Lotze, *Metaphysik*, Felix Meiner, 1879, S. 33.

第三章
价值的宇宙论基础

价值属有效性领域。在形而上学体系中，价值的有效是对事实世界的规定方式，不同层面的事实能有效折射真存在的"目的性秩序"。当洛采将"有价值的东西"作为真存在的基本内容时，哲学要探究的是，"是否有这样一点，在这一点上对自在自为地存在着的价值的确认同存有的形式会重合"①。完成此任务的关键是洛采的"目的论唯心主义"的形而上学，它的思想目标之一是要论证存有着的东西的实现形式，类似于康德的先验感性论，即空间、时间。施特拉尔指出，洛采 1841 年的《形而上学》引入了空间、时间，"它们是纯粹的直观形式，也构成了带有本体论形式的事件的形式化规定"②。1879 年，洛采再次讨论空间与时间，论证价值有效，保证事实世界中的混乱关系归从于系统化关系。J. E. 特纳（J. E. Turner）指出，洛采将时间与空间这两个范畴视为主观范畴，"关于

---

① Herbert Schnädelbach, *Philosophy in Germany 1831-1933*, Cambridge University Press, 1984, p. 174.

② Gerhard Müller-Strahl, "Metaphysik des Mechanismus im teleologischen Idealismus," *Journal for General Philosophy of Science*, Vol. 44, 2013, SS. 127-152.

时间和空间的终极本质的哲学或多或少地决定了整个世界秩序的概念"①。
1879 年《形而上学》全书共有 84 处使用"有效性"一词，其中三分之二
出现在"宇宙论"篇章中，这也成了论证价值有效的关键之一。"有效
性"可作两种理解，一种是价值本身的永恒有效，另一种是对某物有效
的有效性，即实践中的有效性形式。价值有效在事实世界中仍以机械活
动方式呈现，需要相应的空间、时间等宇宙论形式。不过，价值观念对
事实世界的规定方式并非直接在时空形式中呈现，而是在现实中被心理
主体中介了的。本章节着力论证对某物有效的"有效性"，在批判先前
的时空形式的基础上，指出基于这一立场无法证明价值有效，而只有在
现实中通过心理主义下的实现形式，价值才能发挥有效性。

第一节　价值有效的不可能：实现形式的
前批判理论

洛采将这一部分归结为宇宙论，表明空间、时间不单单是纯粹的主观
形式，也是事实世界的呈现形式。若只依据单方面的主观形式或客观形式，
无法论证价值有效。首先，应当批判涉及此类实现形式的先前理论。

一　无法满足价值有效的空间理论

洛采的空间观批判性地吸收了前人的思想，目的是要证明价值秩序
如何有效地规定事实世界。不过，前人的空间观无法做到这一点，在此
基础上，洛采不满足于莱布尼茨、康德以及赫尔巴特的空间理论。

---

① J. E. Turner, "Lotze's Theory of the Subjective of Time and Space," *The Monist*, Vol. 29, No. 4, 1919, pp. 579-600.

　　因莱布尼茨与洛采有相似的空间观，罗素把二者都视为"关系主义者"：莱布尼茨的"关系"更具主体性，洛采谈及的"关系"则是普遍秩序，即价值秩序的有效。从某种程度上看，的确能反映出洛采与莱布尼茨的相似之处。莱布尼茨晚期开创了位置分析法的空间关系学说，根据纯然实体的无广延性特性，有形实体的现象位置是与纯然实体在原初质料的相似者重复处，对世界中其余所有单子的内在知觉清晰程度的一种外在符合；每个有形实体不过是运动过程中的现象主体，其本身是固有的静止与惰性，而运动却是各单子表象的有形实体间的位置关系变动。这种现象性空间成了单子表述全宇宙时内在知觉的客观转述。而洛采并没有将空间直接列入"关系"范畴。首先，空间不是物，否则无法解释其他存有之物为何外在于空间。其次，空间不是莱布尼茨规定的"关系"或有形实体间的秩序，毋宁说，是秩序的先决条件本身，是自身无任何几何空间关系、无任何形状的原则。有形实体在该原则范导下才有可能进入多元空间关系中，这是确证"万物存在在关系中是成立的"这一论断的合理依据。如果把空间直观当作灵魂实体的本质，则不能将灵魂与绝对存在相分离，因为后者承担、包含并决定了整个存在和灵魂生命。在观念世界中价值的有效性下，灵魂实体现实地发挥了统一功能，即意识统一，它用单一且不可分的比较行为领会到它感觉感知并意识到的各个具体状态，形成关系整体。空间是一种原则，但一切空间关系却都与灵魂的表象行为有关。空间不源于实体，是质的系统，是可以通过想象力而可能存在的普遍背景。现象性空间不能表征为空间原则本身，由于前者中的各部分既无差别却又各异，洛采把空间归为观念性的存在，前者在后者的有效中才有可能成立。空间直观在观念世界的规范下与事实世界中的普遍空间图像达成了统一，这不是前定和谐的另一种说法，而是感觉感知前提下的精神与万物的统一。洛采以更完善的观念世界统合了事实世界，不追随矛盾原则，而认同充足理由律。但莱布尼茨有着不可避免的矛盾点。有形体现象是实在的，仅仅意味着它们是由纯然实体这一真正实在所表象的，但并非表明它们为绝对实在，纯然实体才是唯一真正的实在实体。作为现象，它们一方面具有精神性，另一方面具有实在性。另外，纯然实体又不具有"衍生性实在性，莱布尼茨从未说过空间或时间源自纯然实体，从未主张空间和时间以纯然实体为构成要素或基本部分，也从未宣称空间与时间的本体根据在于纯然实体。事实上，正如我们在他 1704 年给德沃尔德的信中所看到的，他明确地否认它们是由简单实体产生的，他声称这表明它们不是实在的"①。有形体现象是实在的，空间则是观念性的，但莱布尼茨在和克拉克论战书信中主张，空间不依赖于物体的位置，却依赖于那些使物体能够定位的秩序。所谓位置，是诸物体各自具有又相互关联的属性，而所有物体的位置在现实世界中构成一种秩序，其实在性的基础是神的无限性。该如何理解空间的观念性与作为位置秩序的空间的实在性之间的关系？上帝作为至高单子只能突然地创造理性单子，不存在任何的感知、感觉、思维等作用关系。狭义地讲，莱布尼茨仍没有解决精神与物质的关系问题，广义地讲，是上帝的无限性脱离了在场的形而上学。洛采的解决方式是，将前定和谐向心物作用的生理—心理学转化，并且要求居于观念世界中的价值发挥有效性。

洛采的形而上学推动了万物实在被赋予价值观念的思想进程，尽管理性主体作为有限心灵能够感受并能主张本身为自我，有权被描述为从存在的无所不包的普遍基础中分离出来，并被描述为外在于这一存在，

---

① Timothy Crockett, "Space and Time in Leibniz's Early Metaphysics," *The Leibniz Review*, Vol. 18, 2008, pp. 41–79.

但有限心灵并不与上帝完全隔绝。只要理性主体是无限心灵的表现，他们就处于相互联系之中并构成价值关联。洛采主张的一元论认为，有限心灵因共享了绝对主体的空间智性直观形式，凭借非理性因素为观念下的相互作用关系赋予了一种被承认的空间形式。洛采自然接受康德的空间作为先天直观形式的思想，他提出，但凡认为空间直观是我们心灵先天或天生所拥有的观点，都没有表明什么有意义的内容，而且这种观点也是不证自明的。问题在于，这种立场能否回答空间直观客观有效性的问题：无论此种直观如何产生，它是否与外在于有限心灵的实在观念相一致。在康德提出的空间先天直观形式的思想中，空间唯有在理论理性中才具有实在性，当然这种实在性显然不是空间本身的经验性实在性，而是一种观念性赋予的实在性。康德对空间先验阐明的动力源自要说明数学几何学的先天综合特征。在这种规定下，"尽管仅仅只能凭借直观才能形成对纯粹数学的判断，但直观形式，即其法则并非根植于直观，而是根植于先天地存在于人类精神中的空间和时间的形式……纯粹数学的对象，即数学空间量和时间量，从不存在于人类精神之外，若我们取消了精神，也就取消了纯粹数学的所有对象"[1]。这种对空间作为主体能力的独断论使得康德对莱布尼茨的时空观产生了一种极具有模糊性的误解，结果便是康德以物与物的关系看待万物与空间的关系，"若抽象掉这般未规定的相对空间中一切可能的质料特征，那么获得的就是一种任意一相对空间被设想为可以在其中进行移动的纯粹且非经验或者绝对的空间"[2]。若此空间是绝对客观的，涵括一切有限存在，物质间便不会因

---

① A. Classen, "Über die räumliche Form der Gesichtsempfindung," *Archiv f. pathol. Anat*, Vol. 38, 1867, SS. 91–128.

② Robert Palter, "Absolute Space and Absolute Motion in Kant's Critical Philosophy," *Synthese*, Vol. 23, 1971, pp. 47–62.

它而处于确定的关系中，无论是空间关系还是因果关系。即使空间兼具相对性与绝对性双重特征，但是这种符合论的做法也只是一种结构化的统一，同时直观到的只是现象而无法认识实在。

从洛采的角度来看，按照康德的做法，我们将空间直观形式独断地运用到感知万物时的思维关系中，便可先验地达到无效的多维及非欧几何空间。但洛采显然不同意这样的做法，至少其晚期著作已经不做此主张，只是在 1841 年的《形而上学》中以此为几何学空间作辩护："与晚期著作相比，年轻的洛采还是认同四维或多维空间的可能性假设的。"①此时洛采认为空间并不具备实在性，而是拥有无限多的可能性，除只有三个方向相互垂直外仍有上千种关系。然而，魏塞的影响显然不可忽视，加上这种被设想的无限可能性空间不符合有效性的两种含义，即真实有效以及普遍被承认，因此，当洛采欲逆向从几何学推演空间，发现被表象内容是被破坏了的有效性形式而造成有效性的结构问题时，无效性便在未包含绝对存在且与有效性分离的知识中被先验设定了。于是，洛采对康德空间观念提出了有效性的挑战：现实结构对理性原则的有效即为符合，价值秩序介入经验直观时的有效才为统一。这种思想较为成熟地表现在 1879 年的《形而上学》中，此时的洛采已不愿跟随康德以及弗里斯哲学（其试图从公理中衍生出空间），他们运用的方式不过是对已知空间结构的清楚说明。不满足于此的洛采将空间的心理推演从空间几何学研究中抽离出来，以心理现象学的方式重塑空间，以期在以价值感觉分析绝对价值中实现价值观念有效的达成。

赫尔巴特吸收了莱布尼茨和康德的思想因子，构筑出独特的思维空

①　Walther Scheller, Die kleine und die grosse Metaphysik Hermann Lotzes, Inaugural-Dissertation zur Erlangung der Doktorwürde der hohen Philosophischen Fakultät der Friedrich-Alexanders-Universität Erlangen, 1912, S. 89.

间：物质在观念中出现与消失，且凭着各自特性的瞬时强度量级间的作用与反作用构造而成。赫尔巴特的构想看似并不复杂，被感觉填充了的时间会随自身流动回忆或想象出空间表象，但是这种构想却处处得不到完美论证。赫尔巴特接受了康德提出的感觉作为强度量级的观点并作出如下理解：无广延的感觉作为强度量级能在时间的瞬时中得以表达，"如果一个力是试验力的两倍，那么我们期待它们在一部分产生的瞬时比率是另一部分的两倍。无论瞬时时间的程度多么小，2∶1 的比率会始终保留。这个比率从而就可以从一个实验装置传输到另一个实验装置，并且用来测量其他对立的比率。可以这样说，在所有其他条件相同的情况下，力 A 对力 B 的压制两倍于力 C 对力 D 的压制，且不涉及时间的延长"[①]。赫尔巴特的空间表象理论运用了康德的时间图型，不过瞬时时间图型因赫尔巴特对思维空间的独特关注并未发挥有效作用，因为他很少从特性的等级上去考虑可能存在的多种关系，而是更多地考虑贯穿几何体并描绘出线、面、体的作用波动。此处，赫尔巴特的证据链发生断裂。灵魂，作为自身可被意识到的统一———这也是洛采的立场———其表象活动便是自我持存的一种反映，但是灵魂纯粹到缺乏单子内在自觉的表象本性。"当赫尔巴特所讲的某个特性在量级与方向上与另一个完全抵消时，它们就处在非空间内的平衡状态，并且能够构成稳定的点状物体，他将其称为本质（Wesen）。一个本质是纯然无广延的点，并因其所处的相互作用力而维持着。"[②] 纯粹到自足的本质并未得到任何说明。同样的情况也出现在以记忆和想象来表象空间时各点之间的连续过程中，上述的作用波动无法保证思维空间要素的连续。赫尔巴特也意识到了这一点，

[①] Erik C. Banks, "Kant, Herbart and Riemann," *Kant Studien*, Vol. 96, No. 2, 2005, pp. 208-234.

[②] Erik C. Banks, "Kant, Herbart and Riemann," *Kant Studien*, Vol. 96, No. 2, 2005, pp. 208-234.

因为思维空间如同再现序列一样取决于一个点或一条线上的点是否被记住。他采用数理逻辑的方式解决这一问题：预设了一个停滞空间，在它被视为一条持续不变的线时，量级作为函数集合而被放置在其中，一切流动之物的表象才可以在此得到说明。

在构造思维空间时，量级因强度不同而相互排挤，且各个特性之间形成机械式的互补，往往一个特性得到什么另一个自然损失什么。赫尔巴特在它们彼此间被准确计算的相互抑制、融合、消耗中，提出了洛采强烈反对的并有心理学与物理学因素的精神力学，但这种处理方式显然不如莱布尼茨那样巧妙：这些点之所以需要被记住，是因为任意一种量级中并未被直接设定它与其余所有量级的位置关系变动。莱布尼茨的空间关系说将虚空直接消融于动态性的位置变化中（莱布尼茨否认虚空存在），位置变化的每一瞬都是对所占据空间的充实。对于赫尔巴特来说，由于认同康德提出的物理强度在广延意义上的逻辑优先，由于他并未严格遵循康德对空间与时间的区分以及时间的优先性，反而以经验性感觉内容遗留下的观念印象，构成类似于现实现象中被感知到的形状标记中机械规定的内部性东西（这种做法的初衷不同于康德运用空间类比时间时的初衷），因此，上述的瞬时时间图型无疑无法恰当地运用到空间表象中。但他并未完全沾染上康德的自然科学"洁癖"：在康德那里，先天直观可以赋予某一感官特性现象以空间形式，数学事实也许根源于当下的心理生理过程事实，他却坚持认为感觉本身具有非空间性以保持运用空间形式时的纯粹，其任何强度性质都与客体无关。而赫尔巴特至少承认了空间表象源于感觉的记忆与想象的过程，但预设静止的空间作为流动之物的基础，这显然不被洛采看好，这种拙劣的方式只能使空间表象形成的离散状态被看作空间统一本身中不可把握的"空洞的质"。简单地说，赫尔巴特构筑出的思维空间是多维的，根本无法满足价值秩序规定。

赫尔巴特的错误非常明显，他凭借对感觉形成的不同清晰程度的想象或回忆，将其作为相应程度的余像，跳跃式地形成思维空间表象。因为感觉无广延而只有强度差异，于是便无法解释无广延的感觉如何通过想象或回忆形成有广延的空间表象。相反，洛采始终遵循外部刺激—神经刺激—有意识的感觉这一生理刺激过程，空间不过是灵魂表达因受刺激产生的感觉的特有形式，由于感觉对表象内容的依赖，灵魂便在相互作用下将不同程度的表象领会于自身形成统一空间。不是表象（das Vorstellen），而是被表象的内容或强或弱。这一观点直指赫尔巴特，"不是所谓的表象强度，而是表象所附着的感觉之力有权排挤掉其余表象"①。在赫尔巴特哲学中，根源于纯粹灵魂中自因自足的表象程度仅是一种抽象，并未说明任何问题。这种典型的赫尔巴特式的"实在论的灾难性错误便是，把灵魂当作某个客体（'实在存在'），他们只认识一种存在类型，即客体存在，而忽略了另一种存在类型，即主体存在，也是意识存在，或者由于这种实在论意味着其无法理解后一种存在，因此便视其为客观存在，把这种意识存在视为灵魂状态"②。莱布尼茨与康德是要为数学寻求不可置疑的先验根据，尽管赫尔巴特亦步亦趋地接纳了前辈的思想，可是没有把握住其中的实质。同费希纳一样，洛采之所以拒绝赫尔巴特以数学物理学为基础的观念，原因在于这将导致错误的心理学（赫尔巴特的这种做法存在背叛笛卡尔初衷的嫌疑，笛卡尔强调，数学对于无形实体本身是无能为力的）：独断且思辨的思维空间自觉地拒斥了具有感觉因素的

---

① Erich Becher, "Hermann Lotze und seine Psychologie," *München, die Natuewissenschaften*, 1917, SS. 325-334.

② Rudolf Bocksch, "Zur Raumtheorie Hermann Lotzes," *Julius Abel*, 1889, SS. 1-62.

空间表象，这无疑不符合心理经验的特征。如果遵循赫尔巴特的方法，价值有效必然无法论证。

二 阻碍价值有效的空的时间之流

洛采曾基于触觉在生理学基础上提出的视觉"部位记号"观点是空间关系主义中关于物体定位的科学与哲学的论证，它直接揭示了德国古典哲学避而不谈的空间心理经验主义。洛采指出，表象行为活动也可以通过"部位记号"的心理引导而以外在时间的连续，表征出时间序列。如此一来，就有必要阐释洛采的时间观。价值是绝对根据，是有效的，而有效性完全就是实现，在生成过程中无不与时间相关。价值超越形而上学，因为形而上学不会统治价值规定，也无法规定价值内容，而只能以时空形式予以规定，这就是价值观念在时间中的有效。而空的时间之流恰恰拒斥了价值的充斥，拒绝了价值的实现。于是，洛采要在批判"空的时间"过程中为价值之有效提供可能的条件。

洛采不认同空的时间之流：对它形成的任何非时间性规定以及它作为实在事件的度量均不合时宜。这显然与1841年的《形而上学》中的立场颇有不同，在这部著作中，洛采区分了"'空的时间'与所谓的'具体的'或'充实的'时间，空的时间有自身的存在……作为超越一切实在并受其自身法则支配的力量"[1]。他在未给予空的时间以任何客观性规定的情况下直接将它刻画为"未来"，"每个人都不难看出，我们能够设想空的时间规定，即未来"[2]。此时的洛采是以"现在"这一单纯位置为研究的出发点，在时间的一切时刻中只有"现在"，它是一种原初

① J. E. Turner, "Lotze's Theory of the Subjective of Time and Space," *The Monist*, Vol. 29, No. 4, 1919, pp. 579-600.

② Hermann Lotze, *Metaphysik*, Leipzig: Weidmann'sche Buchhandlung, 1841, S. 164.

的时刻。我们要相信，"既不存在'前'，也不存在'后'，未来与过去都只是现象之假象。人们必须认识到，每个原初的法则都围绕着自身而传播至过去与未来之假象，因为这类假象根本无法想象，除非存在一个衍生出这一假象的存在者。因此，出于纯粹的宇宙论来考虑，根本不存在实的时间持续；因为我们不能说一个事物是先于成为自己而存在，而是它根本就不存在"①。"现在"乃实在的当下，呈现或涌现出自身的原初法则。洛采清楚地意识到，当空的时间之流从未以实在地发生而涌现自身时，它便是一种假象；但是洛采无法回答的是，过去、现在与未来作为时间的不可分的阶段是如何承续的，因为他既否定了"前"也否定了"后"，当"现在"以原初的法则而围绕自身传播至过去与未来之假象时，由于空的时间之流的均质性，不同于被实在充斥的"现在"，那么作为未来的空的时间是被允许与"现在"发生接合的吗？可以想象，空的时间之流与实在的"现在"之间会发生错位，这就意味着空的时间之流在成为"现在"时有自我规定为任何实在的自由，这该如何解释"未来"的实在将成为"现在"的实在？

在 1879 年的《形而上学》中，洛采断然拒斥空的时间之流，当下的"现在"之所以被称为"现在"，是因被感知到的绝对价值在当下有效，它充斥着时间，感知主体在其中区分着"未来"与"现在"。这似乎是对 1841 年《形而上学》中提出的空的时间之流的批判。价值之为有效要求先前的全体性、普遍性拯救个体的特殊性，达到个体的人格化。如果坚持空的时间之流，它的均质性将使它成为一个没有任何进展的过程，每一时刻都极为相似，随后的延续点与出发点没有什么不同，甚至

---

① Walther Scheller, Die kleine und die grosse Metaphysik Hermann Lotzes, Inaugural-Dissertation zur Erlangung der Doktorwürde der hohen Philosophischen Fakultät der Friedrich-Alexanders-Universität Erlangen, 1912, SS. 77-78.

结果与条件也无法分辨，一个时刻（现在）过去了，另一个时刻（未来）会代替它、占据它的位置，除了每个时刻占据的位置不同外，别无差异。要满足各个时刻的特殊性，不再诉诸一种普遍的全体性价值，应当拒斥空的时间之流。此外，感知绝对价值的主体必然要在感知后通过比较意识区分出"时间"长河中的"未来"与"现在"。

洛采早期关于空的时间之流的设想并不能使时间本身臻于完满同质的整体。价值之为有效要达到的是，绝对价值、现实中的个体性以及有限的感知心灵在时间中实现完整的整体，是对时间的完全充斥。而空的时间之流的独自出场预设了时间的均质性，完全无法表明因价值有效发生在事件世界中的事件是如何连续地出现在不同时刻中的。设定空的时间之流，将会造成永恒同一存在的消解、阻止价值有效的规定，甚至会成为主体空的时间直观，并因而无效。

（一）永恒同一存在的消解

空的时间之流意味着拒斥了进入其中的一切，包括观念世界中的永恒价值。"空的时间有它自己的所在，或作为一种永久的存在，或作为一种不断流动的存在，它作为一种先于一切实在的力量，有自己特定的规律，并把事件的总和包括在它的范围内。"[1] 先于一切实在的力量，便是超然、消解了那永恒存在的同一，并将一切事件都消融于自身永恒流动的生成与变化中，似乎空的时间流动才是永恒，而永恒有效的价值，自身维持的同一却是流动中的一种特例。它希望，"我们不能按照分工把在变化中追寻的统一的持存归为实在要素的固定不变性，而仅仅把变化的产生归为要素间外部关系的变动；变化必须侵入存在的内部；由此在我们看来，必然值得努力把一切存在消散为生成，把显现出的存在的持

---

[1] Hermann Lotze, *Metaphysik*, Leipzig: Weidmann'sche Buchandlung, 1841, S. 272.

久性仅仅领会为一种特殊的生成形式；领会为一种完全同一的东西不断产生和消亡，而非同一东西静止不动地延续"①。在消解了永恒存在后，空的时间中的万物皆流甚至无法凭靠永恒存在而有所不同。存在与不存在没有什么差异，价值（永恒存在）未发生有效，因而在主体判定万物皆流时，二者皆不是因自身引起内在的某种存在而产生的，而是单单依赖于主体感觉，所谓的流动是非我的流动，流动过程中再也没有从非我中返回自身。因为在空的时间中，流动之物没有自身，没有内在的那个永恒，这便致使我们对不同阶段的那个存在是否同一产生怀疑，这就是赫尔巴特的立场，可以"想象这样一个事物的实存发生变化，这样它就可以交替地出现和消失。如果是这样，那么就会有一段时间不存在；于是，它存在的第一个阶段和第二个阶段之间就没有联系了。我们无法将它与第二时期出现的另一事物区分开来；另一个东西可能像第一个东西，但它不会与第一个东西完全相同"②。一切都是生成和变化的，我们该如何寻找那一永恒？坚持空的时间的万物皆流，甚至会使洛采的"万物存在在关系中是成立的"这一论断缺乏绝对的说服力，因为它的前提是要有那不依赖主体任意性的纯粹存在，它是思维中的永恒，也是可以言说万物存在的先在存在。

空的时间之流根本无法先于那超然的永恒的实在力量，更是不能将它消融于永恒流动中。居于观念世界的价值是有效的而非存在的，是无法被消解于空的时间之流中的。这就如同洛采对柏拉图的理念的理解一般，"理念之真就在于它的有效性，可是，由于存在学的过分扩张，这种有效性往往不能本真地展示出来。'人们似乎要把理念拖曳到赫拉克

---

① Hermann Lotze, *Metaphysik*, Felix Meiner, 1879, SS. 88-89.
② Frederick C. Beiser, *Johann Friedrich Herbart: Grandfather of Analytic Philosophy*, Oxford University Press, 2022, pp. 268-269.

利特的流变之河中，但是，它不属于流变之河，必须把它看作是永恒的，因为它既不生成也不消逝。当然，存在的真实性时而归属于理念，时而又不归属于理念这取决于短暂的事物是否用理念来装扮自己。不过，有效性这一真实性则是理念本身固有的真实性形式，它永远不会触碰到属于短暂事物的那种变化。与那些在时间的生灭变化中的东西相比，理念独立于一切时间，这一点也许只能用既具有时间性却又不受时间支配的'永恒'这个谓词来表达"①。洛采反对把静止作为运动发生的事因，因而也完全无法设想，世界中任何一种初始状态，以绝对静止且无任何实质内容的空洞形式作为它运动的萌芽。的确，价值有效不受任何时间控制，但若要实现"有效"则必然要在时间中实现，有效性完全就是善（价值）的实现，是在自身中领会一切意义。

（二）阻止价值有效的规定

空的时间之流不仅试图消解那永恒存在（价值），更甚于在此基础上阻止价值有效的规定。真存在作为实在与现实实在存在不是两种类型的实在，而是一种实在的一体两面，价值之有效性是绝对且必然的，可以规定事实世界中的每一项事实、事件，并从对它的洞见中（需要有限主体的感知）对事实、事件作出判定。有效与事实之间并不存在直接的实在关系，但事实世界中的万物之存在、事件之发生却因价值有效而被规定。显然，当空的时间之流先于任何实在的力量时，它凭靠自身的空洞想要形成任何事件，就好像真的存在空的时间之流，能够决定事件内容及不同事件序列的顺序一般。洛采极为反对这种做法：假定存在一股空的时间之流，事实世界中的一切毫无根据地被抛入其中，以期它同时发生的条件结构都能融入其中，柔化成连续的流动。这甚至会让我们妄想，

---

① 周凡：《论洛采的有效性概念》，《山东社会科学》2019 年第 9 期，第 6~13 页。

在缺乏永恒存在与有限心灵的感知的双重条件下，让每一种特定的依赖关系都能在这空洞的时间中找到它们一一对应的时间点以及时间点的持续。但实际上，事实世界中的一切都是因价值有效的规定而由它们实际的内在联系所决定的。只有在实际发生的事件内容中，而不是独立于它之外的一种外在形式中，我们才能找到事件内容的连续次序的根据，以及事件内容得以连续的根据。归根结底，这种根据永恒地处在它们之中，并有效地规定着事件内容的发生。

显然，空的时间之流不可能脱离于永恒的内容，成为一切事件发生的先行条件。瓦尔特·谢勒（Walther Scheller）也认为，我们"无法想象一个空的时间本身具有持久性或不变性的存在，并且作为一种特殊的合法性力量先于一切效力，包括其框架内的事件总和。即使时间的相继是对我们表象的单纯说明，但如果没有意识中观念的相继，就没有相继，也不能被接受为独立时间的证明"①。这种情况可能会发生在先前设定的永恒思维构造出来的关系系统中，它复杂且抽象，而我们却试图在其中寻求那发生之事的本质。一旦空的时间之流与永恒内容发生分离，事实世界中的一切便没有任何什么像可感存在一样"分有"理念、享有永恒价值。此外，设定空的时间之流无异于将有效性置于时间之外，意味着先以空的时间为先决条件，事件交替，才会产生效用。如同速度与运动的关系一般，洛采"试图把速度表示为先于运动（似乎每一个运动都必须选择一个速度），并认为这种习惯性用语表述的就是一种事实，即物体运动时而采用这一速度，时而采用那一速度；而事实上，运动只不过

---

① Walther Scheller, Die kleine und die grosse Metaphysik Hermann Lotzes, Inaugural-Dissertation zur Erlangung der Doktorwürde der hohen Philosophischen Fakultät der Friedrich-Alexanders-Universität Erlangen, 1912, S. 83.

是沿着一个确定方向的速度"①。这种做法只能表明效用是无效的。因为，首先且唯一存在的是发挥效用本身，当主体运用比较意识以比较这些效用时便会从中表象出与自身持续存在且在外在表现中仍与自身保持不变的东西。当运用比较意识时，就说明了以下三个问题。首先，"效用"只有在它所规定的内容中才能发挥有效性。一旦存在于其中，这些内容就会蕴含着自身要实现以及有别于其他内容的冲动。这一切都处在关系之中，而当关系实在地成为这些内容的存在方式时，它们便不再是单纯的关系，而是一种效用，且不单单是即将产生的效用。其次，在主体比较效用时，发挥效用者已经充斥在时间中，并且发挥效用。这种抽象比较往往会沿着某个方向得出普遍观念，这意味着此观念已经发挥效用，并规范着我们的事实世界。正如洛采所说，观念已经发生效用，才会有一个世界服从观念。最后，如果首先存在的是效用本身，便永不存在空的时间。不是通过时间发生效用，"而是通过效用产生时间；只有在发生效用的过程中，才能不仅产生一种持久之物，即真实实在的时间——它以某种方式存在、流动或影响着事物——而且还能通过比较意识产生所谓的对这个时间的直观"②。洛采并没有将效用发挥规定的根据追溯至某个先验中，效用本身就是自我根据。在脱离于先验的设定后，洛采将效用发挥视为一种习惯，这不仅再次驳斥了空的时间之流，并且满足了有限主体在现象性的时间中感知价值的要求。

（三）空的时间直观的无效

还有一种空的时间之流的可能，是把空的时间归为主体的直观形式。但根据上文分析，只有价值在时间中实现有效，主体感知后通过比较意

---

① Hermann Lotze, *Metaphysik*, Felix Meiner, 1879, S. 300.

② Hermann Lotze, *Metaphysik*, Felix Meiner, 1879, S. 300.

识才能产生所谓的时间直观。它从来不是先验性观念性的设定。洛采着重强调时间的发生条件过程，心灵感知到的是以绝对主体为根基的理念，获得的是这一至高理念对物的表征。绝对永恒的主体必然是在时间中的，即它在时间中发挥了它的作用变化，而有限精神正是在感知到此作用变化的效用关系过程中发生了内在的时间绵延。冯·哈特曼也认为，在洛采那里，时间性活动与本质存在的无时间性永恒的绝对主体是一致的。这种论证思路与空间观并无二致：绝对永恒主体成了实在事件中时间的实在相继以及主体心灵感知的相继的保证。这是我们区分时间与空的时间的根本立足点。

　　时间与空的时间都是一种抽象结果，前者是在思维中通过比较所发挥的效用而抽象出来的，后者是对某个印象内容抽象后之所剩的。这就意味着时间是有限心灵表征实在发生事件的实在相继时的时间序列，不是空的直观的自我规定。洛采的这一立场是对康德的时间直观的有力反驳：作为主体先天直观形式的时间就是空的时间。更重要的是，尽管存在外在客体对象的感性触发条件，但是这种空的时间直观本身在感性论中是纯粹的，它的重要作用是发挥与知性相关并运用范畴以整理杂多表象时的总体性功能。这首先表明，空的时间直观在认识论要求下具备先验逻辑规定，这对于被给予的客体对象来说，是一种先于自身的先验性条件。其次，在这一基础上，虽然时间图型是范畴与感性直观之间的同质中介，但是时间形式与知性范畴中先验统觉的自我意识有很大关联。相反，洛采认为，范畴恰恰是无时间性的，他所指的"范畴"不再是先验知性范畴推演存有形式的演绎，显示出的是被迫指向的一个客观的"应当所是"。"应当所是"的世界是有效的，是在时间中实现的，但知性范畴并不因此具有时间性，因为洛采提出的价值是超越了纯粹逻辑原则的更高的实践原则。

洛采所说的空的时间直观脱离于实在相继，导致了它无法澄明某一事件与其结果之间的相继关系，当在时间末尾，一切都处于开始时的状态，并未产生任何结果。空的时间直观发挥了它的空的总体性规范作用。在此，我们有理由认为，洛采所说的空的时间便是康德意义上的时间图型。这一观点与特纳不谋而合，空的时间"虽然是抽象的，但在主观意义上，因而并非完全虚构的；正如洛采在空间中所指出的那样，空的时间也仍具有自身不可置疑的实在性；因此它被视为中介或是图型，借此，其始作者，即有限的心灵自己便能够把握到因自身过于复杂而无法完全被把握的实在"①。如果空的时间直观要具有赋予时间序列的能力或是意义或是某种更深刻的实在性，首先这一切都要以实在事件为出发点，事件要永久地处在时间流逝之中，才能形成接下来的有效因。其次，在绝对存在基础上，有限心灵因对它的感知获得了对时间实在相继过程中的表征，心灵旋即表象出内在的时间相继观念。而在空的时间的规定下，一系列的原因和结果脱离于时间，由此形成的各个环节彼此独立，不能发生前后相继的移动。在洛采思想中，物本身或事件本身在绝对主体时间性的设定中获得了本己的本性和联系，因而任何空的时间的独立流动都是多余的，于是便有了观念世界中价值秩序规范——事件自身的实在相继、心灵在其作用效果下形成相继观念（时间是意识比较相继过程后抽象出来的形式）——因果关系范畴这样的经验性顺序。时间已无须空的时间作为它的先验条件关系，时间是直观形式，但洛采却选择了一条价值观念有效性之路。

---

① J. E. Turner, "Lotze's Theory of the Subjective of Time and Space," *The Monist*, Vol. 29, No. 4, 1919, pp. 579-600.

过去、现在与未来在空的时间之流中无法实现彼此的异质，因为时间是无限的整体，它们不过是主观心灵在感知价值且价值发挥效用时表象出的一种实现了的人为投射，过去与未来这种非实在者被投射到世界真实存在的状态中。

第二节　价值有效的可能性：现实呈现中的实现形式

基于对先前理论的批判，若要证明价值的有效性，需要在现实中运用主体心理方法。在空间方面，洛采要试图达到空间直观形式与观念世界在事实世界中的普遍空间图像的统一，则需借助现象性空间的心理推演；在时间方面，既需要事件在时间中的真正流逝，也需要心理表象。只有在价值—主体心理—事实世界的模式下，才能够论证价值有效。

一　现象性空间的心理推演

莱布尼茨与赫尔巴特的空间是一种独断的存在，康德提出的作为先天直观形式的空间在直观到经验所予时形成了经验性实在性空间，如此的现象性空间虽不是独断而成，却明确要求对先天直观形式的"符合"。观念世界中的完满观念是"有效的"而非"存在"的，论"有效"，莱布尼茨的"位置秩序说"不及康德的"符合论"。洛采欣然接受康德提出的先天直观形式，只是这样的形式没有"相对应"的实在存在，若主体的空间直观能满足现实世界中现象性空间的根据，实现空间直观形式与观念世界在事实世界中的普遍空间图像的统一，论证观念的"有效"而非"存在"，以及现实世界并非观念世界之原型的影子，就要同时满足现象性空间的心理推演。

1864年，洛采在出版的《小宇宙》第三册中说道："空间并不存在于诸事物之间，并以诸事物在空间中这样的方式而先于诸事物，而是说空间将自身扩散到诸事物中，至少是在灵魂中。"[①] 一方面，他并非如同实在论者一般，未能或是拒绝认识到人类对意识对象的认识依赖于先天直观形式，因为他很好地证明了这些先天形式在规定心智接受物自身引发的相应的感官所予之前就已经获得了生理学和心理学的奠基，或者，先天形式作为获取外在所予的先天中介，具备生理学或心理学意义。另一方面，洛采始终反对一种未经审慎的夸张表述：空间作为一个存在着的涵括诸事物的背景，首先是一个能规定界限和法则的总体，万物的存在及效用都要服从于它，诸事物与我们自身都处在空间中。正如洛采在《小宇宙》和1879年《形而上学》中所指明的那样，空间在主体之中，一切空间性规定都是第二属性，感官性质才是第一属性。主体直观的内在根据不是纯粹的空间形式，康德所说的直观到的甚至任何一种颜色，其具备的空间大小都是先天直观形式赋予而成的经验性实在性空间。但是我们必须考虑到洛采作出的严格区分：先天直观包含空间、颜色以及声音，仅仅通过空间作为先天直观形式并不能使它不同于其他直观。在此，他显然继承了贝克莱的观点。贝克莱在《视觉新论》（*Essay Towards a New Theory of Vision*）中谈到，视觉的唯一对象是颜色和光。那应当继续追问，洛采如何推演现象性空间。首先要明确的是，虽然在物自身领域中存在使这种先天直观形式获得确切实在性的关系，但是无论获得真实有效还是普遍承认这两种有效性中的哪一种，都要经由主体才能得到满足，于是空间作为原则是被主体言说的物与物之间的空间关系，而非物与空间的关系。唯有如此，才能合理证明观念世界中的价值秩序的可能，

---

① Hermann Lotze, *Mikrokosmus*, S. Hirzel, 1864, SS. 609–610.

否则连部位记号说都无法得到论证。

要论证现象性空间的心理推演，就要对先前观念论者无法实施推演予以反驳。第一个要反驳的对象是斯宾诺莎。一个无限的实体有着无限多的属性，每种属性的变化都表征着实体的永恒本性。的确，我们人类只能经验到其中两种属性，即思维和广延。每一种属性都完全取决于自身，且我们只能通过属性认识、解释属性。尽管自然神论允许广延与思维的样式可以表现实体的本质，但一种属性中产生的样式不可能来自另一种属性中所采取的样式，这就阻碍了从不是空间的东西推演出空间属性的任何努力。同时思维与广延具备绝对者中等效的活动，意味着实体采取广延样式与采取思维样式都同样发挥着积极作用。现实世界中现象性空间的三维广延是实体本身之发用的样式之一，既无需也无法通过思维推演，也更无法证明洛采所说的"价值有效"。

康德费心证明的几何学之科学必然性在涉及空间维度时默认了三个维度的自足条件。然而，如果康德无法解决空间直观形式的先验性观念性的实在性确证，这就很有可能会独断地导向多维空间的证明。这种空间可以拥有无限多的可能性，除只有三个方向相互垂直外仍有上千种关系。在 1879 年《形而上学》中，洛采发现了其中的问题，"人们误以为我们拥有的方向概念包含了同类的直线和弯曲的方向概念；方向概念，只有当与直线概念完全同时存在时，才会易于理解，而直线概念来自它的端点，即间距；每一个曲线的表象，包含了切线偏离直线方向的表象，而且在特殊情况下，只能通过这一偏离程度而固定下来"[1]。这自然不能满足现象性空间的推演，"方向概念"不包含空间关系概念，同时，我们为每条延伸线提供一项确保"它是一条直线"的标准时，从原则上来

---

[1]　Hermann Lotze, *Metaphysik*, Felix Meiner, 1879, S. 244.

说并没有回避"直线的概念"。顺着这个思路，只能形成主观概念，或是赫尔巴特的思维空间，而非观念世界在现实世界中的有效性。

把观念世界中的价值秩序有效地表征在现实世界中，需要处理灵魂及灵魂对非空间性关系的表象过程。赫尔巴特思想中的实体是纯粹的、简单的以及无广延的，解释不了基本事实和空间表象。洛采思想中的灵魂实体的非空间性是无法维持下去的，否认这一点便得不出任何东西。在灵魂之外还有其他东西存在，但它们呈现的关系秩序是否表明观念世界是有效的，则需要感官所予进入灵魂中，并且通过灵魂的内在情感价值将非空间秩序转变为现象性空间秩序。如果灵魂始终是非空间性的，属空间直观的表象便不能运用于灵魂。空间直观只是灵魂直观形式中的一种，洛采将它区别于颜色、声音等其他直观形式，是要避免规定现象性空间的感觉被置于错误的类别下。感受到的声音与颜色表明了绝对价值的另一种生命表现。但在整个现实世界中，万物的关系性存在仅仅依赖于观念世界中绝对价值的智性作用。洛采把整个现实世界当作观念性关系体系的有效。在发挥意识统一功能外，灵魂总是时刻发挥或时刻准备发挥感知功能，观念世界的价值秩序无法直接在事实世界中有效构成空间性关系，而是需要依靠灵魂本身的那种功能。这是它感知观念世界的奇迹，不可认识，无法加以解释，却能够将自身作为中介点感受和认识它触动的生命。

当把空间直观视为灵魂的本质时，实际上无法将灵魂与绝对者分离开，因为绝对者承担、包含并决定了整个现实存在与灵魂生命。这种直观不是灵魂独有的形式，甚至它只是绝对自身的一种要素，它不是绝对本身，也不能为自身提供诸多空间性规定，其存在的可能性就在于灵魂的诸多规定。质言之，空间直观是以绝对为根据，却是灵魂的本质，因灵魂的诸多规定而得以可能。"洛采的形而上学已经给我们建立起绝对观念作为所有存在和事件的最终解释根据。因此，他的形而上学必然让我们从这种富有活力的作用观念中来理解，当万物构建的真实世界的空间被……否定时，灵魂必然要用万物本身没有任何作为的形式来理解万物。"① 将康德所说的"符合论"进行转换，可以作为洛采的现象性空间的表述：灵魂感知到观念世界的价值秩序时，运用其中的空间直观本质，领会并理解事实世界的空间性构成，达到普遍空间图像与灵魂空间直观形式形成的现象性空间的统一。灵魂不能始终是非空间性的，若要将非空间性秩序转变为空间性秩序，它需要发挥意识统一功能，这意味着要把它感知到的价值秩序所产生的情感价值作为它的具体状态，把每个状态共同领会成它的要素，运用它单一且不可分的比较行为综合把握，则每个状态都会成为意识到的内容，从而形成意识到的整体。

这是范畴推演所无法实现的，"如果一条直线被 a 和 b 所划分，另一条则被 a 和 c 所划分，那么我们丝毫不能从这两个前提中推论出，一条线同样可以或者必然在 b 和 c 之间；两条线从 a 向相反的方向出发，好像是进入不同的世界中，而且它们的延伸彼此无关。但是它们之间有一种关系；唯有通过直观我们才可以知道夹角 w，这就证明了空间在两条线之间，而且通过正如 ab 和 ac 这样相同类型的线段 bc，是允许在 bc 两点之间存在关系；它同时也让我们明白了，这种可能性会存在于 ab 和 ac 中所有的点，因此，也产生出空间表象的第三要素，即平面 e，在对这一平面有所了解之后，我们才能够把这一平面定义为空间图像，并且通过完全存在于那一图像中的一条直线把图像中的每一点与其他任何一点联系起来"②。这段论述充分说明了从点到线到面的朴素定义，但其中并

---

① Rudolf Bocksch, "Zur Raumtheorie Hermann Lotzes," *Julius Abel*, 1889, SS. 1-62.

② Hermann Lotze, *Metaphysik*, Felix Meiner, 1879, S. 245.

不包含先前产生出平面 e 的图像的建构规则。直观做出了对对象的直接观照的主动指向行为，同时又受外界刺激产生主观兴奋而获得被动发生。前者似乎发挥了某种功能性特征，但二者之间并不会出现矛盾，因为空间直观不仅仅是一种特有形式，更是某种精神性原则。所以在康德那里，随着他的论证进一步推进，先验感性论中的直观形式成了知识判断的内容，于是这种直观直接被范畴规定。而这种情况不会出现在洛采思想中。也正因如此，用康德的论证方式表达"两点之间直线最短"是最为适宜的，但洛采也许会说，这就是距离本身。在推演出现象性空间时，在强大的逻辑能力发挥作用之前，心理主体会迸发出强烈的情感能力，而对于异质性主体而言，将会产生一种共有的共情能力。

魏塞继谢林之后，强调了有机生命经验世界的实在性，以此克服黑格尔逻辑的抽象性，但是魏塞的做法显然是背叛了他的想法。他的空间推演中仍存有黑格尔思想的抽象残余，洛采正是在反驳其老师的过程中阐明了自己的立场。"洛采可能在齐陶写了另一篇文章《关于空间概念的评注》（*Bemerkungen über den Begriff des Raumes*）。在这篇短文中，洛采试图清算魏塞的思想，正式声明他与魏塞的基本分歧。他现在关注的是魏塞形而上学的一个核心学说：空间的三维是一个永恒的概念结构，反映了黑格尔的概念的三个时刻。根据魏塞的说法，空间只是'纯粹形而上学范畴的存在，即自我定位的本质存在于其时刻的三重性中'。空间有三个维度——长、宽、高——正如本质范畴有特殊性、个体性和普遍性这三个环节一样。"[1] 洛采对于魏塞的黑格尔式的空间思辨性并未表现出多少兴趣，因为魏塞根本没有区分思维与直观。洛采认为，直观是

---

[1] Frederick C. Beiser, *Late German Idealism, Trendelenburg and Lotze*, Oxford University Press, 2013, p. 150.

对不同序列维度之间的关系领会，但它并未达到总体性直观，因为每一系列维度中的不同特例都会与不同的序列维度存在可通约或不可通约的关系。"与其说按照其中所编排内容的所有共存关系而具有一种总的直观形式的特征，不如说可能存在相互垂直的三个维度，在我（洛采）所指称的抽象意义上来说，是相互垂直的关系，它不仅涉及线段 r、夹角 w，而且还有在这种直观形式 S 中每个成分 s，无论它们是如何被构成的。"① 洛采大胆借用了赫尔巴特的思想，把康德空间观中原本属于表象者的形式经验性地归还于被表象者，不过被表象者呈现出的不是它们自身的形式，而是绝对根据有效下的普遍空间图像。这种做法撼动了直观形式被范畴综合的思维论证。这就意味着，空间直观并非对有限存在物的现象性刻画，而是蕴含了另一内在前提，即受有限存在物的刺激进而产生的自身内在表现状态——感觉。需要注意的是，洛采结合了约翰内斯·缪勒（Johannes Müller）提出的神经特殊能量论，否认了生理学的感觉客观反映论，提出了感觉本身伴随着生理运动及运动感觉，当我们以具身状态觉知现实经验时，感知到的不是原子力构成的物理世界本身——于灵魂而言，是对某对象的图像——而是感官特性。在此，问题发生了转变：对感觉的认识乃空间直观，质言之，空间是表达伴有生理运动及运动感知时心理重建感觉的有效方式。我们似乎看到了现象学产生的前奏：意向性是对经验的，内在于意识中且与实存无关的所向之物的结构性表达，用空间语言表述，即空间是有限主体在觉知被直观到的空间对象时，自我给予的意向性刻画的一种特有形式。

洛采提出现象性空间的心理推演的主要目的是，要证明唯有这种推演才能表明以下三个观点。第一，万物杂多给予了灵魂诸多印象，这些

---

① Hermann Lotze, *Metaphysik*, Felix Meiner, 1879, S. 260.

印象起初只是灵魂所经历的非空间状态，灵魂按照空间直观形式接受了它们。只有灵魂之本有特性才能解释转变的原因，尽管我们无法认识并加以解释。第二，灵魂这种特有的能力会"呈现出什么类型的杂多？因为有一些是它因此无法呈现的。在什么条件下，用何种方式，并按照什么线索，灵魂会在特定的空间位置中把它每次的单一印象联系起来？在特定的空间位置中，这些印象对于我们来说就是外在物体的图像。因为对多变杂多的感知只能借助感官才能发生，因此要解答感觉定位这一问题，那就完全属于心理学部分，它要探究的是感觉之间的联系以及对这些记忆中的图像联想；后者一部分是因为神经刺激的共同作用引起的，一部分是由意识关联活动引起的"①。思维寻求的"真"，甚至需要主体通过灵魂感知精神性原则的空间，从而内在形成特有的空间形式，准确定位空间图像，才有确定获得"真"的知识的可能。第三，现象性空间的心理推演强化了数学几何结构作为先天形式的判断。洛采认为，带有广延的几何结构首先要实现空间图像的完整性，将各种感觉印象按顺序排列好向来是纯粹逻辑意义上的数学研究。但实际上，数学研究依赖的形而上学阐明，先天直观形式没有发挥太多的作用，它只是心理学基础上完全未知的一种感受性，仅仅意识到它的对象以及这一对象的特性。很显然，一项研究开始于它所涉及的物质被给予，但即使物质就在当前，这项研究的立足点也仍在于要使并非同时发生在我们精神视域中的所有细节一个一个地呈现出可感受性，通过标记来确定它们的异同，从而可能通过对它们的直观，从对这一特征的判断转移到另一特征上，把所有这种特征系统地关联在一起。这将是价值根据的有效呈现方式，既论证了"万物存在在关系中是成立的"这一论断，也表现为现象性空间关系

———

① Hermann Lotze, *Metaphysik*, Felix Meiner, 1879, S. 232.

的心理依据。

洛采扭转了前期德国观念论对空间推演的观念性论述，它们要么独断地主张一种空间直观的观念性存在，却无法证明观念性之根源，要么用思辨的方法使直观者与被直观者达致纯思维的统一。"魏塞自己也知道洛采已经打破了黑格尔的传统。他认为洛采的形而上学是对思辨哲学的反动，包括先验的和辩证的方法。"① 更重要的是，范畴从主体向客体对象的转移永远无法完整地表达二者之间内在的相互作用，以及范畴如何能有规则地推演出恰巧是三个维度的空间。而在洛采看来，当主观性直观受到外在刺激而产生感觉差异时，其内在状态会瞬时转化为个体的价值表征——这就表明了，不能把对黑格尔的思辨方式称为对"价值"的探索，因为它仅仅是一种单调的观念游戏不断重复上演——于是，洛采的空间推演就意味着价值感觉主体与表象出的关系形式的价值感觉客体之间，因内在相互作用形成了特定且有规则的三个不同序列维度。在此，我们在空间推演这一层面中隐约地嗅到了价值哲学的气息，"价值感觉从未从我们的主观任性中而生，而往往产生于某种事实的相互作用中。即使费希特的观念论是正确的，也不可能动摇这样的认识，即价值感觉之所以会在脱离于我们任意性的某些有规则的关系中发生变化，是因为绝对者被认为是价值感觉的起因，而它的活动只能被理解为是规则且有序的"②。如此，才是洛采赋予空间推演的意义所在。

二　有效性在时间中的实现

绝对价值是流动性特征的至高呈现，有效性乃"真理为真"的一种

---

① William R. Woodward, "Hermann Lotze's Gestalt Metaphysics in Light of the Schelling and Hegel Renaissance (1838-1841)," *Idealistic Studies*, Vol. 40, No. 1-2, 2010, pp. 163-188.

② Franz Chelius, Lotze's Wertlehre, Inaugural-Dissertaiaion zur Erlangung der Doktorwürde der hohen philosophischen Fakultät der Friedrich-Alexanders-Universität, 1904, S. 38.

替代性表述，它表达了绝对价值的介入与渗透，同时也表达了它自身向价值因素的趋向与认同，其中隐含的意谓是，有效性只有在时间中才是有效的。根据乔治·皮尔森（George Pearson）的观点，"价值是一个普遍的、客观的原则，或者是出现在体验式现实中所有真正独特的、自发的部分中，有生命的精神"①。皮尔森认为，洛采从未对价值做出系统阐述，切利乌斯也认为，当我们看到洛采按归纳形式进行研究且未得出确切结论时，我们并不会因没有得到关于价值正确的教条式定义而感到惊讶。的确如此，洛采的价值思想有三大基石，分别是宗教学、形而上学与美学，这一点切合切利乌斯的观点，他将价值分为四类，其中便包括物质价值、美学价值、善的价值，同时认为宗教活动也是一种价值活动（之所以这样称呼它，是因为上帝本身或上帝的意义于我们而言是有价值的）。但我们不能武断地判断洛采的宗教学、形而上学和美学都明确界定了何为价值，它们至多表征出了价值的某些特征，抑或以某种特有的形式表达了价值。皮尔森基于洛采思想，提出价值的三大要素，即客观性、主观性与有生命的理智感受性。当明确了洛采的贝克莱思想倾向时，我们可以从中体悟到洛采思想中的善与美和亚里士多德及柏拉图思想中的善与美之间的不同。他"用价值去命名一些本质上是不断变化和发展的东西，一种与最高存在的传统概念完全不同的特质。正如我已经陈述过的，价值不仅在一切人类理性与独特事物和事件的不期而遇之中表现为自身的独特性，而且人是一个主动发挥作用的现实角色，是在价值事实向着它的方向——绝对价值——发展过程中的价值形成的促进者，即使人也是价值外形的特定事实的构成部分（虽然是特殊的构成部分）。

---

① 〔美〕乔治·皮尔森：《洛采的价值概念》，田立鹏译，《当代中国价值观研究》2017年第5期，第121~128页。

简而言之，最高价值，即上帝，实际上总是动态发展的"①。洛采在这里发挥了莱布尼茨的思想传统——关系主义，他还在认识论中凸显出莱布尼茨的意志因素。绝对价值的变化、流动、相继，这本身就是一种上帝意志的至高呈现。在贝克莱思想中，上帝作为理念的根基是有限心灵体验到表征的客观保证，甚至可以说，"存在即被感知"，是绝对主体的自身感知，但他不会感知到世俗世界，而是他下达命令使心灵对世俗世界有所感知，因此心灵感知到的是最高的命令、规则乃至其意志。同样，一旦有限心灵感受到具有流动性的绝对价值的涌现，那必然是这种相继在现实实在世界中表现出来的规则。绝对价值本身是无时间性的，但是它规定为意义的流动、价值的深层涌动以及时间的充盈，而恰恰是这无法被有限心灵直观到的至上过程才具有时间意义，或是在时间之中的。

洛采提出的"有效性"有两种不同的使用领域：其一，是在《小宇宙》第三卷中所表明的，要区分事实与真理、存在领域与有效性领域，真理是有效的，事物是存在的；其二，在1874年版《逻辑学》第三卷第二章的"理念世界"中首次出现"有效性"，逻辑学的对象是真理、判断，形而上学的对象是实在之物。按照这种划分，"理念世界"中的"有效性"也同样意指"真理"。然而，存在与真理应关联起价值，属于并符合价值，使自然成为善的产物，让"理念世界"不再单纯是"真理"的"理念世界"，而是"价值"的"理念世界"。"有效性"从"真理"扩展为"价值"，真理因价值才为"真"，价值（善）本质上相当于先验的根据。它体现于绝对真理的特征中、体现于有效性中，有效性是在现实中才被称为"有效性"（有效性的第二层含义）。不过，洛采在

---

① 〔美〕乔治·皮尔森：《洛采的价值概念》，田立鹏译，《当代中国价值观研究》2017年第5期，第121~128页。

《逻辑学》中仍严格遵循"真理是有效的"论断，并不试图将"有效性"概念与表象的心理过程联系起来，而是把所有的知识都归结为抽象的形式主义。是表象内容而非表象过程具有有效性，将客观有效性归于表象内容不意味着要归于在时间中真实发生的心理事件（因为这很有可能会倒向心理主义）。"表象，只要它们出现在我们的头脑中，就具有事件意义上的实在性。它们发生在我们之中，因为作为一种表现活动的话语，它们从来不是静止地存在，而是不断地变易。另一方面，只要我们把它们从我们所指向它们的精神活动中抽象出来加以考察，它们的内容就不能再说是发生的了，虽然它们也不能再像事物那样存在，我们只能说它们具有有效性。"[1] 相较于实在性，有效性是有限的，前者包括实在之物、发生的事件及关系，但后者则要求，即使断言某个命题内容的关系性持存，与它相关的唯一实在形式便是有效性。"有效性"实在形式没有任何时间内涵，时间维度只运用于存有、发生等实在形式。

形而上学中详细论述的时间维度中的实在形式并不适用于真理的"有效性"谓述。但认同真理归属并符合价值，则要从形而上学的时间维度中阐明价值有效。价值是普遍且先验的客观原则，不是纯粹的满足主观需要的反映，也非客观现实的补充，而是有序的事实世界的根据。普遍价值往往是非历史性（非时间性）的伦理道德法则，仅仅表明脱离因果律、机械法则的完满秩序。基督教的道成肉身以及德国观念论对具体特殊性的格外观照，仍没有摆脱非历史性普遍精神的旧偏见。洛采的终极目的是要达到人格化上帝，在选择价值是被有限心灵所感知到的这条路时，价值便从普遍性中被拯救出来，获得了历史性（时间性）的特殊性。

---

[1] 转引自 Michele Vagnetti, "The Logik by Rudolf Hermann Lotze: The Concept of Geltung," *Philosophical Readings*, Vol. 10, No. 2, 2018, pp. 129-137。

价值的个体化实现，带有独特的现实印记。在事实世界中，被感觉到的实在存在是独一无二的，因为它们被赋予的价值是独一无二的，这无关乎真理或事实判断的对错，而是经验性的自然与主体的价值感觉要为完满的价值秩序担负职责。当价值通过事实世界带来目的及意义，增添了事实对主体的重要性，洛采的价值思想便达到了相当激进的新柏拉图主义，他将善与上帝视为一体，并认为在绝对价值与主体之间永存一种活力在时间中现实发展。绝对价值无时间性，却是动态的，在某种程度上甚至是历史的。在绝对价值与个体心灵的感知作用中，形成的万物"存有论，如果是真实的，那便是道德论，关于真实存在和真正有效性的理论"[1]。

"洛采的价值概念包含了具有任何有效性的东西，因为它是真的、善的与美的。"[2] 价值之为有效意味着实现，是在自身中领会一切意义，而不仅仅是"真善美"的抽象概念。有效性本身没有程度差异，价值有效在时间中的实现，不意味着有效性在时间流逝中逐渐发挥效用。确切地说，能够将价值有效的效用澄明出来的是事实世界中的时间，在时间流逝中，有限心灵通过事件发生、物体存在感知到价值有效，且"有价值的东西"之间的差异才会造成效用之差。正如在《逻辑学》中表明的那样，有效性的确不是心理过程的纯粹经验能表征出来的，它本身无时间性，甚至是绝对的。比如历史科学可以从大量因果关联的具体现象的所有特征中抽象出形成个体概念的原则，为避免原则是出于某种偶然性的共识，应该诉诸绝对的有效性。人类是文化的生物，构筑而成的价值有效性，却是凝结在时间中的，是要在实在的发生事件中有所澄明的。价值若

---

[1] Matthew R. Broome, "Philosophy as the Science of Value: Neo-Kantianism as a Guide to Psychiatric Interviewing," *Philosophy, Psychiatry, & Psychology*, Vol. 15, No. 2, 2008, pp. 107–116.

[2] William R. Woodward, *Hermann Lotze: An Intellectual Biography*, Cambridge University Press, 2015, p. 196.

始终呈现出非历史性普遍性，作为满足自身完满的、同一的、最高的善，而无法在时间中形成带有特殊印记的个体呈现，一则证明不了价值有效，二则达成不了事实世界的统一。"这整个由量规定的世界，其有效性体现在真实的实在性为了表达自身而创造出事物和过程的杂多。只有它们的意义和功能，以及它们得以确定而获得的价值，才赋予各个要素和力以它们在与其他要素比较时所表现出来的具有有效性的量；但这一切所表现出来的，并不是一个永远受同一限制的量，从而以不同的方式，不论分成多少种，都往往只表示同一个和。反之，没有什么能够阻止世界进程要满足能够自我实现的理念，其中的一个阶段会要求有效的部分多一些，而另一阶段则需要的少一些，而且也没有什么能够阻止在前一种情况下，每一个部分甚至会有它们彼此间更强有力的相互作用。"① 事实世界的统一是被赋予了不同价值而呈现价值不同效用的各个杂多彼此作用而成。事件发生一定是在时间流逝中的，发生的动因与结果都承载着不同的价值效用，如果是在空的时间中，是在那没有被价值所充斥的时间中，万物之间只有依存关系，而不会发生任何实际的移动。

要分辨出价值有效在时间中的不同效用程度，需要凭靠主体中介作用。有限心灵在感知到价值时，经由感觉至表象，且表象在主体意识中发生连续，事件在时间中的流逝才能被视为连续的。在这一过程中，表象将借助主体内在的时间记号的引导以外在连续的形式安排表象内容。表象内容是价值有效的承载者，具有有效性，但仍要在主体的表象过程中以时间记号的引导被表象出来。价值有效性在时间中的实现体现在：在时间流逝中的事件发生，以及主体内在的时间记号引导。

时间与价值存在着深层次的内在关联，甚至可以说是一种共在。

---

① Hermann Lotze, *Metaphysik*, Felix Meiner, 1879, S. 407.

"价值'似乎'不是持存的、静止的、与时间无关的，相反，一种极致非凡的价值在其可见的生成之中与时间及时间之相继息息相关。"① 洛采凸显了莱布尼茨的单子统觉中被压抑的价值倾向，认为就算是莱布尼茨所说的不完满的单子也有享有价值的能力。如果对旨趣与任何倾向缺乏感受性，则他是无关系性的本质存在，甚至是固定不变的中性他者。因此，包含无限与有限的一切都是有灵魂者的价值主体，我们所获得的价值感觉绝不是毫无规则地涌自我们精神本质中某种晦暗不明的根源性存在，而往往取决于某些客体以及其中的特定关系，我们还会把精神性的价值感觉与价值客体的变化关联起来。同样，有限价值主体的感受主动性与被动性形成了一种制衡状态，如果完全忽略前者，我们甚至无法理解主体观照到的客体对象是否会与主体的认识形式发生错乱，也就是说，洛采在此承认了贝克莱的正确道路，"所以，人们必须承认相同的规律，将既定的存在发展为自身价值的知识，并且将自己的观念的价值发展为一系列源自自身的外部形式"②。这是洛采在先天直观形式中提出的向价值复归的关键，否则所谓的先验的观念性将永远居无定所。

洛采不仅赋予时间以价值，即通过价值有效的效用产生时间，且提出绝对价值生命本身的无限涌动就是这种均质性的规则特征，但是要注意不可将这种均质性与亚里士多德力倡的空间化了的时间均质性相提并论。也正是在这一意义下，洛采提出的有效性便有了摆脱"真"的证成性根据。真理不再是逻辑意义的符合，而是价值因素的介入与渗透，判断命题是否为真并不依据逻辑是否前后一致，而是依据是否有一种内在

---

① Fritz Bamberger, *Untersuchungen zur Entstehung des Wertproblems in der Philosophie des 19. Jahrhunderts*, Verlag von Max Niemeyer, 1924, S. 11.

② 转引自〔美〕乔治·皮尔森《洛采的价值概念》，田立鹏译，《当代中国价值观研究》2017年第5期，第121~128页。

价值与它持久呼应。因此，我们不能表明真理是"真"，而只能说它有效。从中可以窥探到有效性的时间性特征：凡是发生有效行为过程的均在时间中，或者消解了"真理为真"的非时间性。根据这种情况，在狭义上，主体对某一客体对象作出的有意识或无意识的逻辑判断则转化为主体内在感觉表象的外在显现。比如，传统日常经验直观下的太阳被表象为圆的，由此便可得出"太阳是圆的"这样朴素的真理，但从有效性立场来看，这最终不过是主体对在时间流逝中这一对象蕴含的绝对价值的内时间感觉而表象出的外在有形显相。这看似相当符合莱布尼茨的观点，即理性单子表象出外在有形体的时空性关系，作为被表象内容的有形体是由于理性单子自始受到上帝所赋予的力或趋向而所需的有形体。但是其中的困难点是这种时空性特征的超时间性，莱布尼茨为了说明这种隐德莱希式的力或趋向、表明灵魂本身的能动性，提出"现在孕育着未来"，"每个实体在其状态中表象着它未来的状态"。这是莱布尼茨的前定和谐的一项重要规则，类似于我们常说的"一叶知秋""见微知著"。不过莱布尼茨的完满性联系并不符合有效性条件：事物的一劳永逸的关系因前设而存在，它在现实中的任何变化都是对前定和谐的验证。这种事态不是一种变化发展，毋宁称其为模型，即使是在时间中，但也并非实在真实地存在与发展。

同样遭洛采质疑的是，空间中同时共在的事物在因果关系中可彼此交换，如风与浪是船只运动的条件，同时船只运动也是风与浪的条件，这一说法恰恰再次证明逻辑关系的非时间性特征。超时间性与对时间的抹灭给洛采造成了认识论意义上的有效性疑难，因此，洛采直接实现了"飞跃"，普遍个体在非历史性道德秩序下因与最高价值的价值关联而成为历史性、时间性的凝聚。此外，有效性不单是对真理性命题的特有表述。当康德用时间图型发挥先验想象力的范畴作用以避免逻辑在感性直观中的盲目行为时，真正能确保这一点的便是那普遍的精神，康德的"先天理性形式根源于整全的、本体论的普遍精神。从这种精神中衍生出了人类精神，它是善之实体中的'积极之力'。这般的起源便保证了逻辑形式的客观有效性"①。在此，出现了关于逻辑命题的双重有效性逻辑，一则是被表象内容的真实形式即有效性，另一则是逻辑形式本身的有效性。马克萨恩指出，在康德思想中，"思维产生事实，而真理仅是判断，客观确定性的原则在于主观的法则"②。反之，于洛采而言，真理之有效性是因价值（善）的有效性，而后者则是因在事实世界中的现实呈现才能达成。事实是被给予思维的，而真理标准是客观明见基础上的主观确定性。这一客观明见的基础就是绝对价值的生命流动。用皮尔森的话来说，"价值归根到底是最高存在（上帝）的有生命的、个人的、爱的呈现，它引导而不强迫、指示而非控制着现实中真正独特的部分的发展，并且是由人这个价值创造者自由地向自身的终极目的发展"③。

---

① A. Maxsein, "Der Begriff der Geltung bei Lotze," *Philosophisches Jahrbuch*, 1938, SS. 457–470.

② A. Maxsein, "Der Begriff der Geltung bei Lotze," *Philosophisches Jahrbuch*, 1938, SS. 457–470.

③ 〔美〕乔治·皮尔森《洛采的价值概念》，田立鹏译，《当代中国价值观研究》2017 年第 5 期，第 121~128 页。

第四章
价值的心理学基础

"在德国的语境中，赫尔巴特认为，不可能把心理学看作一门经验科学，因为经验科学通常是在对物质观察时通过抽象的方式得出它们的结论（即它们的一般概念），而依赖于自我观察（内省）的心理学却没有清楚的可观察的材料可供支配。"[①] 当从经验中的被给定之物出发，获得的心理表征已不能再诉诸表象于内的外在之物，而强调外在之物对表象过程的不同程度的刺激，因而无任何可供心理学支配的内在经验材料时，心理学的对象便是表象过程，它从抽象的量化计算方式中得到满足。赫尔巴特的哲学著作充斥着大量的数学符号及计算公式，方法论脱离了甚至背离了本体论，这正是赫尔巴特无法合理解决主体与物质问题，以及身心问题的根源所在。相反，费希纳试图以更稳固的心理物理学测量为基础，通过修正赫尔巴特的数学方法来进行心理学规律研究。洛采则并不醉心于这种错误的数学物理学观念，因为它并不符合心理学经验的

[①] Michele Vagnetti, "The Mind-body Relation in Hermann Lotze's Medicinische Psychologie, " in Burt C. Hopkins and John J. Drummond ed. , *The New Yearbook for Phenomenology and Phenomenological Philosophy XVIII*, London and New York, Taylor & Francis Group, 2022, p. 320.

特征。洛采采取先前观念论者的立场：世界并非计算而成的，而是被理解的。当外在机械过程被心灵感知从而被表象时，赫尔巴特只能诉诸抽象的方法，机械作用过程本身就无法得到解释，如果洛采采取赫尔巴特的立场，包含机械作用在内的世界统一将是残缺的。洛采曾经在《小宇宙》中给予机械自然观以最高的评价："大自然越来越像最完美的'奇妙自动装置'，并在此没有为与众不同的人类留下任何空间。因此伴随着最完满价值的，是普遍法则的有效，是机械论世界观的主要因素，似乎是一切事件、一切实际效用以及物理合力的某种合规律运用的一种可靠性。这所有的一切都同样适用于生命领域，也适用于人类有机体的建构与生命活力。甚至生命体，如同人类的生命体一样，就是一台机器，和其他所有的存在者都遵循着相同的机械法则。"① 对机械作用的表征绝不是抽象的量化计算，洛采则需要证明如何对这种自然过程形成意图性或目的性辨识。在 1879 年的《形而上学》中，洛采充分讨论了机械作用何以可能并对如何发挥机械作用提出了种种设想：价值并非空洞的知性范畴而是介入现实的实践原则。在部位记号的指引下，内在表象依据神经纤维的独特情感形成相应的空间位置，摆脱了赫尔巴特式的思维空间以及抽象的数学算法。

　　基于这种立场，洛采是第一个举起反心理主义大旗的哲学家。他对心理主义的批判集中在对 17 世纪至 18 世纪洛克和休谟等人的传统经验主义，以及 19 世纪贝恩和冯特等人的实证主义心理学的批判上。他认为心理学是关于灵魂的学问，他的解释不是亚里士多德式的，而是一种现代版本，即"这种现代的'灵魂之学'不受物质的决定；不从属于自然科学；也不等于庸俗的大脑生理学。如果必须把它理解为生理学，那么，

---

① M. Kroneberg, "Fechner und Lotze," *Die Naturwissenschaft*, 1925, SS. 957–964.

它只能是'灵魂的生理学'，因为它关注灵魂生命的身体和神经基础，但是，这仅仅是它一个经验维度，它还有另外一个更重要的维度——形而上学维度"①。在形而上学背景下，洛采完全确立了以灵魂实体为研究对象的心理学。

第一节　非理性意义下的心理主体：灵魂实体

若了解洛采的思想体系，那么翻到 1879 年的《形而上学》第三部分看到"灵魂"章赫然出现在"心理学"的开篇，一定不会感到惊讶。在 1846 年发表的《灵魂与灵魂生命》（*Seele and Seelenleben*）最后一节以及 1852 年出版的《医学心理学或灵魂生理学》第 14 章中，洛采下了很大的功夫将心理学置于当时的思想世界中。洛采认为他的工作是调解两种相互矛盾的学说：赫尔巴特的实在论和黑格尔的观念论。洛采主张，这些理论混淆了两个截然不同的问题：存在问题和价值或意义问题。存在问题关注事物包含了什么以及通过什么规律使事物得以形成，即事物发展背后的客观机制；价值或意义问题关注事物实现的目的或事物实现的理想或标准是什么。在通达价值的道路上，洛采诉诸灵魂心理学，以赫尔巴特的实在论突破了黑格尔的抽象普遍模式的僵硬框架，但同时也设立了黑格尔式的绝对价值。洛采在批驳传统形而上学时指出："它只把观察研究对象时了解到的普遍呈现模式与它怀揣的对一切存在和发生的可能性之信念关联起来。"② 这就意味着，在普遍模式走下神坛之时，主体对抽离于其中的一切物、事件等整个丰富世界的感性认识都源自内

---

① 周凡：《洛采生平及著作概述》，《当代中国价值观研究》2019 年第 2 期，第 67~88 页。

② Hermann Lotze, *Metaphysik*, Felix Meiner, 1879, S. 471.

在的印象联系。由此，一切存在和发生的可能性之信念转变为自身的确切性时就是主体内在的情感指涉：在有限的生命进程中，捕获到的每个瞬间或延滞的印象都会关联着不同于自身的印象，无论是否伴有感受性要素，这一印象都会引起更鲜明生动的旨趣。反之，对这一印象的独特关注则取决于已发生了的事件或已完成了的存在，对主体发挥某种效用后遗留于内在的情感状态。其中存在的微妙关系是，灵魂消解了传统形而上学性质的主体之内的统一发生过程；同时上述的情感指涉恰恰又诉诸心理学，但这并不是物理学或数学领域中精确计算出来的心理学科学数据，而是对心理学领域蒙上了一层形而上学薄纱下的内在经验性感受。正如他所认为的，若仅凭物理学的自然观察，而拒绝假设与未被直观到的物本性相连并设想到的事实，那么对价值的探索将会变得艰难无比。价值探寻削弱了理性形而上学，增强了心理学意义上的形而上学，它不是思维的思辨，而是心理学的思辨。鲍恩这样说道："正如自然形而上学不涉及细节的研究，而只涉及自然主义所依据的基本概念的研究一样，精神形而上学也不涉及描述心理学的细节，而只涉及描述心理学所依据的基本观念。在掌握这些之前，经验心理学只是所谓事实的混乱，部分是真的，部分是假的。而事实本身，就像物理性质的事实一样，依赖于一些形而上学的概念而获得解释。"[1] 经验心理学的描述在于经验主体的自我知觉，但在形而上学意义上却存在异质性，因为"对这种经验的任何解释则预设了某种异于主体经验的自我知觉，因而，无论如何不应是'内省'"[2]。而洛采要以直观经验获得的实在感觉为出发点探究心理学的形而上学。具体来说，马克斯·纳特（Max Nath）认为，"洛采的心理学的

---

[1] Borden P. Bowne, *Metaphysics*, American Book Company, 1910, p. 299.
[2] 刘建岭：《现象学心理学与经验心理学的关系》，《武汉科技大学学报》（社会科学版）2009年第2期，第11~14页。

任务就是要追问一个个无意识的印象使表象注意到它们自身，且它们彼此又可分离的根据是什么"①。要回答这一问题，灵魂则是关键。

先前关于我思之说辞的理性心理学成了洛采与康德的共同批判对象。康德在《纯粹理性批判》中对笛卡尔、莱布尼茨等唯理论者提出的理性灵魂给出了如下总结性的规定："1. 灵魂是实体；2. 灵魂在其质上是单纯的；3. 灵魂就其所在的不同时间而言是数目上同一的，亦即单一性（非复多性）；4. 灵魂处于同空间中可能的对象的关系中。"② 在"自我的思"之外，笛卡尔独断了一个绝对实体，人类灵魂与外在物质属相对实体。当灵魂与肉体是完全独立的实体时，二者自然是相分离的。笛卡尔继承了柏拉图的理论，认为灵魂与肉体的不平等地位使得灵魂才是自我的本质，灵魂的观念性造就了灵魂不灭。同样，莱布尼茨也直接把有形实体视为灵魂实体依所在层次的知觉清晰程度而形成的外在表象，结论也是灵魂实体具有观念性特征。

康德自然不满这种"灵魂实体"的论证。基于理性心理学对灵魂实体的三段论推理，他反对独断的实体观。实体是知性范畴，只是主谓判断中的逻辑形式。这个意义上的实体只是判断中的主词；而要使实体指涉某个经验中的实存主体，则需要将关于该实存主体的直观杂多作为知性范畴的内容。理性派哲学家沿着亚里士多德的观点，认为证明了主词便能证明主体与实体。康德则指出，这样的实体范畴只是与谓词相关联的判断主词，不具有理性心理学设定的实体的源初之义，即非物质性、不死性。康德选择超越认识条件、超越现象界，将灵魂划归本体界。而

① Max Nath, Die Psychologie Hermann Lotzes in ihren Verhältnis zu Herbart, Inaugural-Dissertation verfasst und mit Genehmigung der hohen Philosophischen Fakultät der vereinigten Friedrich-Universität Halle-Wittenberg, 1892, S. 15.

② 李秋零主编《康德著作全集》（第 3 卷），中国人民大学出版社，2004，第 259 页。

洛采则在理性认知之前便在感觉领域中完成了对灵魂的论证。洛采的这种做法表现为把道德领域中的灵魂直接回溯到认识论领域中。康德反对灵魂实体学说，提出的道德目的论上的灵魂不朽割裂了主体的内在整体，他先验地设定了直观形式，但其本身的无所居也使得灵魂在认识领域中化身为形而上学的空场。针对上述这一点，洛采似乎并不打算区分康德所说的实存主体与所谓的灵魂实体，尽管会遭到反对，但洛采的兴趣非但不是要论证这种区分，反而是要表明灵魂实体要内在于经验主体向价值上回归，完成价值目的。

关于康德对灵魂实体的论证，洛采客观地认为："当康德反对关于灵魂实体性的传统推论时，他无疑是正确的，因为这一推论的目标是使推出的这一实体性成为新结果的中项，即不朽的中项；但是当康德把这一推论看作我们只是不幸而无法达到的目标时，他便犯下错误了。"[1] 灵魂实体是可以得到保证的，只不过洛采并没有在道德领域中攻击康德的灵魂不朽论证，而是反驳了康德在《纯粹理性批判》中提出的实验设想。"一个弹力球与另一个球直线碰撞，它所传递出去的是它的整个运动，因此，（如果我们在空间中看到的只是它们的位置）是它的整个状态。现在按照对这种物体的类比，我们认为，实体，其中一个实体会将表象及其意识传递给另一个实体……因此，最后一个实体之所以能够意识到它先前发生变化了的实体的所有状态并视为己有，则是因为每个状态连同这些状态的意识，都传递给了最后一个实体。然而，尽管如此，它不会在所有这些状态中都是同一个人。"[2] 康德所坚持的只不过是灵魂的奇特轮回，由此人格性在扩展范围的同时便从一个基础过渡到另一个基础上。

---

[1]　Hermann Lotze, *Metaphysik*, Felix Meiner, 1879, S. 483.

[2]　Hermann Lotze, *Metaphysik*, Felix Meiner, 1879, S. 483.

　　洛采认为这种比较着实令人遗憾。他在《形而上学》中的解决方式是对现象性认识的无端抛弃（这不是洛采哲学的探究根本），他多次认为这种表象特征的现象性认识无助于解决任何问题，关键在于灵魂的同一性与意识统一功能。洛采想要探究的是主体内在经验基础上的同一性，他认为只要把灵魂自身看作这一同一性主体，那么它就是而且也因此被称为实体。洛采对灵魂实体的总体主张是灵魂并非因被规定为实体才具有这种实体性，确切地说是因灵魂遭受作用效果而由内向外显相表征才得以实现这种实体性。他在晚年放弃了灵魂简单的点状位置，构建起灵魂与肉体的空间关系，灵魂的位置不再是单一的、无广延的。在灵魂发用及完成功用之处便是活动着的灵魂的位置。尽管洛采尽最大可能将灵魂的位置限制在大脑处，但是经验一再表明这种限制的不可能性。"唯有灵魂交织于这偌大的世界中，体验着自身的命运与意义，我们才有权寻求其获得存在及存在之起源或持存的整个条件范围。在这一关系中，只要灵魂在其中作为自存的中心点能相应地发挥接受作用，而且只要它如此表现，那么它由此值得被称为实体。"[1] 发挥并接受作用使灵魂成为经验意义上的而非与谓词构成逻辑关联的同一性实体，这同时意味着灵魂在现世当下有所遭受时是一种持存的同一，而非不朽所赋予它的同一。若有观点认为，在我们所认识的现实生活之前灵魂就永恒先在地存在着，如同所有动物性灵魂的不朽性一样，那看起来有些奇怪且不可思议。"世界的秩序，一切物之所在及其作用能力，完全且毫无保留地由使一切相互作用得以可能的无限存在建立起来，它并不承认观念必然性之史前世界，从而万物便有权掌握它们的命运，一种不同于服从于整体的命

---

[1]　Hermann Lotze, *Metaphysik*, Felix Meiner, 1879, S. 486.

运。"① 灵魂不朽的论证超出了价值秩序所允许的范围，灵魂作为绝对者的被造物，只有继续存在于世界意义中且只有涵括于其中，它才能以同一的方式继续存在。这是灵魂获得价值意义的绝对基础，因而灵魂才具备更高的感知价值的能力。

洛采认为，灵魂并非像费希纳提出的灵魂一般，是肉体依附的存在，而是独立于肉体的存在。洛采明确区分了与肉体必然相连的灵魂功能和脱离于肉体的灵魂功能，后者是灵魂作为同一性实体持存下去的必要条件，即意识统一功能。每段记忆过程都一一对应了神经系统过程；对空间表象的具体定位也与神经末梢处的特殊位置紧密相关；灵魂借助器官将会获得愉悦与不安的情感感受，这种情感感受是一种肉体上的满足或是不满，而不是灵魂本身的价值活动。主体一切的智性活动以及道德与美学的价值判断都与肉体有着直接联系。灵魂无需与外在世界进一步联系，就能以自身为中介，通过内在法则获得内在生命。这就是价值秩序所赋予灵魂的内在生命。需要澄清一点，灵魂发挥意识统一功能的前提是它在受到外在感官刺激后，旋即产生丰富的感受与情感价值。洛采并未像康德（同样，也包括赫尔巴特，但是赫尔巴特与康德的方式明显不同）那般将灵魂划归超验的领域，而是认为，凭靠上帝如此的绝对价值作为超验性的最高保证，就能使灵魂对他有着感受情绪、意志、感觉这样的经验性潜在感悟。灵魂要实现的统一并非理性之下的统觉统一，而是包含着由价值引发的品格和力量的意识统一所实现的统一：灵魂实体是精神功能变化中的持存者，然后才是精神功能的独立承载者，最终才能把精神功能视为一个统一体，它不拘泥于类似于"我思故我在"的"思维之我"与"经验之我"之区分，而是在价值的促动下以精神为基

---

① Hermann Lotze, *Metaphysik*, Felix Meiner, 1879, S. 487.

础达成精神与万物的统一。在灵魂的精神本性中，洛采迫切以万物相连为普遍前提，认为世界一切之所以相互作用彼此关联，是因为它们都是绝对的"变形"，与其说是诸多万物生成与变化，不如说是绝对自身内在状态的变化。于灵魂而言，尽管表象活动能对各表象间的机械作用有最准确的认识，但仍对万物相连而成的统一作出解释感到无能为力。于是灵魂将内在感受到的各种感觉、情感构成自己的某种状态，使其集中成一种相互作用机制，通过自身的"关联性"活动努力在整体相连的意义上表明印象多样的同时，又将对各种感觉、情感的认识转变为世界图像，也是意识发挥统一协调作用中的世界图景。这种内在联系反映出的正是灵魂的自身统一。灵魂实体超出了统觉统一的逻辑单一，在施为和受动的作用中印证着自身的同一。

关于灵魂源起，洛采倒是颇像笛卡尔一样试图弥补空场，而这样面临的共同问题是身心关系问题，熟知的松果体作为身心交互的象征，在一定程度上解释了身心关系，但这种机械式的解释无法完全解决二者沟通的难题。洛采则是要从狭隘的不可名状者走向宏大的价值背景。有形体，具体来说是有机体不再被规定为相对于绝对实体的相对实体，而是对这一绝对者的价值共享的分殊。灵魂也不再是笛卡尔意义上的实体——冯·哈特曼将其称为原子力（洛采至少在《形而上学》中从未使用过这一术语，但是依据洛采的观点，这种说法比较接近对灵魂实体的表述）。有机体的在世所在就已经被绝对者赋予了灵魂，灵魂瞬间进入有形体，但在现实中它的存在可以表述为：有形体发出物理刺激，灵魂受到主观兴奋后成为心理内在活动的承载者抑或事因，前半部分是对康德统觉统一发生过程的心理学说明，其间意识统一性的功能发挥证明了灵魂的存在。灵魂与意识有关，意识统一性是灵魂实体存在的证明，但是灵魂绝不是生理因素共同作用的结果，而我们只能说灵魂是存在的，并与这些因素存在关联。灵魂必然是在关联的过程中及在某种完成了的意义上才被称为实体。洛采说道："我对实体概念的唯一界定是，它所表明的一切就是有能力发挥作用并有所遭受的东西，只要它拥有这种能力。"① 因此，主体在价值秩序下以自身法则为中介，将各种感受集中成相互作用机制，就是灵魂统一的过程，全然抛弃了逻辑单一的"我"。不过这并不表明灵魂的构造过程与其统一是矛盾的，灵魂作为一个不可分的统一体，本身就是可变化的。如果实体是赫尔巴特意义上的实体，即不变且不可摧毁的，那便无需称之为"灵魂"，对于洛采来说，"无法想象实体是漂浮于精神作用之上的本质存在"②。在《形而上学》中，洛采基于灵魂心理学赋予了灵魂实体新内涵，逐一突破了以下诸多实体观。

（1）柏拉图和亚里士多德：实体本身体现出一种构成事物本质的能力匮乏。

（2）笛卡尔：设想松果体的存在表明了实体不够统一。

（3）斯宾诺莎：实体自因是自身统一完满地达成，但属性与实体之间存在割裂。

（4）莱布尼茨：前定和谐这一绝对事实是一切可能达致一致的可用说辞。首先，洛采承袭了莱布尼茨的传统，即身与心及现象与实体的统一一致；其次，在莱布尼茨的基础上，洛采思想中又渗透着赫尔巴特的思想逻辑，即并非从实体本身出发，而是面向现象间接回应实体的存在；最后，洛采摆脱了莱布尼茨的前定和谐立场。

（5）康德：承续了洛克的实体观。康德与洛采分别为灵魂呈现出以

---

① Hermann Lotze, *Metaphysik*, Felix Meiner, 1879, S. 481.
② Sali Levi, Lotze's Substanzbegriff, Inaugural-Dissertation zur Erlangung der Doktorwürde der hohen Philosophischen Fakultät der Friedrich-Alexanders-Universität Erlangen, 1905, S. 22.

下的图景：在康德那里，规范性的认识条件将灵魂拒于认识论领域之外，因而灵魂不得不在不受自然认识约束的道德领域中寻求并获取神圣性；洛采的形而上学任务不是建制"何以可能"的条件，因为超验存在者在向实在世界的价值投射中已经创生出了灵魂，这是不证自明的，灵魂不再是为实现道德法则而预设的追求来世自然之善的实体，而是创生之后面向绝对者时时刻刻感知价值涌现的心理主体，并且在有限心灵中呈现出的是心理生活的灵动刻画。因而洛采对灵魂的论证之一并不包含自由的维度，"当我们走进心理生活时，即使是对于那些认为自由不完全是不可能的概念的人来说，他们也不会把自由看作心理生活的一种普遍特征，而只是在特定的某一点上，即自由决定意志，会需要自由"①。实际上，洛采认同灵魂实体的说法，不过在论证灵魂实体作为心理主体从而达成意识统一之前，他要审视灵魂不朽的论证，否则在通往价值的道路上，若不顾洛采的告诫，将灵魂作为不朽的实体，"则其统一性无论如何都不会使它成为意识存在统一性的根据"②。

（6）赫尔巴特：灵魂是实体。洛采对其灵魂实体观发起了最猛烈的批判。"对于赫尔巴特来说，灵魂就是第一实体……它就是所谓的纯粹本质……这种纯粹本质自存，全然自足，自成一体，无愿望，不具备发挥作用及遭受的能力，无变化，只具有纯然、不可分、独一规定性的质性特征。"③ 洛采与赫尔巴特都承认意识统一性以及在此基础上规定的灵

<hr/>

① Hermann Lotz, *Metaphysik*, Felix Meiner, 1879, S. 474.
② Max Nath, Die Psychologie Hermann Lotzes in ihren Verhältnis zu Herbart, Inaugural-Dissertation verfasst und mit Genehmigung der hohen Philosophischen Fakultät der vereinigten Friedrich-Universität Halle-Wittenberg, 1892, S. 18.
③ Max Nath, Die Psychologie Hermann Lotzes in ihren Verhältnis zu Herbart, Inaugural-Dissertation verfasst und mit Genehmigung der hohen Philosophischen Fakultät der vereinigten Friedrich-Universität Halle-Wittenberg, 1892, SS. 9, 34.

魂实体，但赫尔巴特的论证显然无法自明：意识统一不过是灵魂为不受阻碍而进行表象的内在结果，而前提条件是，它作为一种纯然特性，自我设定的"阈"无法将异质性要素统一起来，即从一开始便将更多的特性排除在外，这种特征直接使得灵魂实体既不可分析也无法综合。而他所说的"独立支撑"不过是一层空壳罢了。

（7）冯特："实体"不再是灵魂完成心理过程的统称，"只有在心理–物理过程的这个领域，即那些总是伴随着物理过程的内在经验过程，才能应用实体概念"[1]。在他看来，洛采提出的灵魂是堆积的且可变的，其存在在于心理事件的发生，但这样的概念并不是实体概念，而是对物的自然观察的展开。当他把实体抽离于灵魂而直接给予心理事件过程时，灵魂概念就"驻足于作为个体心理过程终点的纯粹意志"[2]。

最终可以看到，洛采思想中的灵魂是基于最高价值之上与非精神性因素永恒处于相互关联中，能够不断综合完成意识统一的内在实体。在从古希腊到近现代心理学的发展历程中，灵魂无论是否作为实体都与有形体（尤其是有机体）存在着相统一的障碍：要么是断裂的统一，要么是最高实体本身的统一，要么是空无的统一，要么是不可统一。但洛采提供的恰恰是个体实体性在有神论与个体主义结合下带有形而上学规定的永恒统一。灵魂不朽之真正意谓不是如弹力球之间的传递以兹表明灵魂的永恒自我持存，而是其一旦创生便继续并永含于世界意义中；而那获得权力存在于世俗世界的瞬时性存在才会真正地消逝。

从19世纪40年代《生命·生命力》中的"身心作用不在于二者的中间环节而在于二者的共有"，到50年代《小宇宙》中的"万物之本质

---

① William T. Raub, Die Seelelehre bei Lotze und Wundt, Inaugural-Dissertation der philosophischen Facultät der Kaiser-Wilhelms-Universität Strassburg zur Erlangung der Doctorwürde, 1901, S. 24.

② Wilhelm Wundt, *System der Philosophy*, Leipzig: Verlag von Wilhelm Engelmann, 1897, S. 379.

在于其对主体的显现"，再到 1879 年的《形而上学》，洛采逐渐凸显灵魂实体作为支撑者、统一体的持久性，这种变化弱化了自然科学法则的影响，无疑也是他对真正价值旨趣的追寻。

第二节　非机械化的内在感知：感觉与表象活动

洛采思想中关于灵魂的异质性是指每个灵魂能真正从自身获得本性，而非从外在表象所透视到的灵魂的质的差异。笔者的这一观点针对莱布尼茨思想——灵魂异质性应当是受惠于莱布尼茨的实体学说的——他在《单子论》中明确规定单子之间只有质的差异，不存在量的差异。其实单子的异质性是莱布尼茨思想的一项重要原则，其体现出的不可分辨的同一性是汲取库萨的尼古拉思想以及斯宾诺莎思想后形成的。单子借由本有的不同性质有所区分，这些性质所表示的是单子向外在表象时的内在反省，性质发生变化的根源在于破除隐秘的质的那一力的活动性，变化原则在于单子的内在欲望。尽管如此，这仍无法透过外在表象抵达内心经验，无法证明单子的内在活动过程。一方面，单子是要通过自身对外在状况的内在反思才能说明它们的异质性，而另一方面，莱布尼茨曾言："每个单子的……内在的性质和活动，并非任何别的东西，而无非是它的各种知觉和它的各种欲望，它的各种知觉即这一单纯实体中对各种复合事物或外在事物的表象，它的各种欲望也就是它的从一个知觉过渡到另一知觉的各种倾向（tendences），而这些欲望即变化的原则（les principes du changement）。"[①] 外在复合事物各表象之间过渡的种种倾向使得单子内部发生变化，但于

[①]〔德〕莱布尼茨：《莱布尼茨后期形而上学文集》，段德智、陈修斋译，商务印书馆，2019，第 227 页。

莱布尼茨而言，表象之根源绝不是复合实体本身对单子的外在刺激，而是数理逻辑，且各单子并非闭合的，若一单子发生变化，其余单子也会依据前定和谐系统发生相应变化。这种对单子异质性变化的说明，要么是经验论证不足，即外在表象怎能彻底表征出单子的内在反省，要么是经验无法论证，即数理逻辑观念本就是非经验性的。这一问题类似于康德的认识论存在的问题，从经验开始，但经验不够纯粹，而要始于先天能力；无论是数理逻辑观念还是先天能力，在洛采的灵魂学说中均站不住脚，都缺乏足够的内在活动说服力。此外，莱布尼茨的问题本身就无法解决，单子是无广延的形而上学之点，这便切断了任何内在心理活动的可能。尽管莱布尼茨与洛采都涉及灵魂的异质性，似乎在洛采眼中，莱布尼茨的灵魂异质性是一种假象，实质上乃同质。"当我们只在灵魂引起感觉现象与表象现象的程度上称其为实体，那么一切灵魂自然便是同质的，'因为我们用这一名称，其所指的不再是实体，而是某种关系（*Kleine Schriften*. I. S. 240）'。相反，当我们以灵魂来理解'那些现象之根基的实体本身时……便根本没有理由认为不同的灵魂间有什么可比性（*Kleine Schriften*. I. S. 240）'。"① 不可借"外力"称灵魂为实体，外在现象对某种关系的表述不能取代实体本质，灵魂可以谓述为实体，而唯有意识统一性事实才能使实体得到灵魂对它的内在规定。意识统一并不具有先验性，也绝非对各意识内容的内在统筹，抑或它"不是纯粹的性质上的统一，不是时间上的统一，而是意识的各个不同部分处在规律性的关系中，它们依据各色但特定的规则，即统一等于协同，而彼此影响、相互规定"②。这再次证明了洛采使莱布

---

① Sali Levi, Lotze's Substanzbegriff, Inaugural-Dissertation zur Erlangung der Doktorwürde der hohen Philosophischen Fakultät der Friedrich-Alexanders-Universität Erlangen, 1905, SS. 24-25.

② J. H. Powers, Kritische Bemerkungen zu Lotze's Seelenbegriff, Inaugural-Dissertation zur Erlangen der Doctorwürde vor gelegt der hohen Philosophischen Fakultät der Georg-Augusts-Universität zu Göttingen, 1892, S. 45.

尼茨的前定和谐具有了经验特征，由此不再使莱布尼茨的过程哲学变得空无化，此外灵魂内在变化原则也不再单单是对复合实体的反思而形成的表象间过渡时的倾向，而是感知到表象内容后形成的感觉，从而对其表象的倾向。

一 规范性目的下的感觉

价值思想的核心要义乃现实世界面向终极之善的有序表达，其内在诉求是主体与客体间实在发生的相互作用。也正因如此，洛采才提出有别于先前的观念论。E. E. 托马斯对洛采的观念论与先前观念论作了明确区分：莱布尼茨思想中的理性因素与感官感觉之间的联系并不能为经验带来结构性整体，并且莱布尼茨将数理逻辑与物质分离开的尝试本身就是不成功的。康德思想似乎可以建构这样的结构性整体，但本身外在于经验，就意味着这种结构唯有合乎理性、逻辑才使客观现实得以可能。不过自我意识的统一性原则和客观现实中包含的结构确定性原则以及经验统一性原则构成了客观现实的前提。费希特显然将形式原则与客观现实内容统一起来，其前提是同一性原则。班贝格认为："经过谢林与晚年费希特，以下这三种原则的界限再次消失：逻辑法则、特殊的实在性法则以及它们遵循的并规定分殊的特殊实在性原则。"[①] 由此构成了同一哲学、绝对哲学中不可分的统一性，但其逻辑结构仍然无法规定现实结构，现实问题也就变得毫无意义。康德把判断力划分为规定的判断力与反思的判断力，前者通过范畴中介将特殊涵括在了知性提供的普遍法则下，它仅仅是试图寻得特殊、范畴中介与普遍法则之间的共同要素——

---

① Fritz Bamberger, *Untersuchungen zur Entstehung des Wertproblems in der Philosophie des 19. Jahrhunderts*, Verlag von Max Niemeyer, 1924, S. 61.

虽说始于现实特殊，但已经预设了某种先天标准——抑或按照这一标准寻求符合它的现实之中的要素；后者显然也始于经验，只不过思维要经过感官感觉的一系列过程，这样，经验获得结构性整体的前提便是感觉与思维之间的协同。洛采在不追问认识条件何以可能的前提下，在提供经验的结构性整体的过程中取消了抽象思维的中介，拒绝了范畴的逻辑形式化功能；他希望在与感觉相关的一系列活动中构造出经验的结构性整体。因此，托马斯认为洛采区分了直观思维与抽象思维，而前者的关键就在于感觉。

唯有感觉能够向我们保证一物的确定性，我们的心理生活每时每刻都会被外在世界所激起的感觉不断重新唤起。感觉是对外在之物与内在心理的双重保证。无论是对外反应或是向内反省，对表象内容形成表象之前，需先受到内在感官刺激形成的感觉刺激，感官感觉是确定实在的唯一来源，"它不仅能向我们确保存在的实在性，而且还能通过实在性之各种相同或相异的现象的杂多性，为有别于本质性他者的所是，提供表象之来源并使其清晰地表象出来"[1]。但不可混淆感官感觉（die Empfindung）与感受（das Gefühl）；感受应当是对已形成了的表象的内在体悟，其过程似乎脱离了主体对客体的现实经验关系，感受与表象有关，但不以表象为基础。贝歇尔认为："在洛采那里，感受是以灵魂另一种新的活动为基础的，而绝不像赫尔巴特所说的是以感觉或表象为基础的活动。"[2]感受更多地表达了感觉主体受生理刺激影响而对与之相关的周遭产生的愉快或不安的内心状态，感觉则是无情绪化的客观表述。贝歇尔还认为，洛采的一项"特殊功绩在于，他合理地提及了联想与再现学说中的感

---

[1] Hermann Lotze, *Metaphysik*, Felix Meiner, 1879, SS. 47-48.

[2] Erich Becher, "Hermann Lotze und seine Psychologie, "*Die Naturwissenschaften*, 1917, SS. 325-334.

受。感受和情绪，但首先是普遍的生命感受与共通的（体内）感受与共在的表象有关，且表象唤起了感受；反之，这种感受的反复又会再现之前与它同时出现的表象"①。感受也与感觉有关，但会脱离于感觉；表象内容与感觉无关，但表象依赖于感觉，感觉无疑起源于某种刺激；表象又与感觉不同，因为前者并不像后者那样持续受到内在感官刺激的冲击，或者说，表象本身不能得到强度规定。因此，表象与感受都需从感觉谈起。

（1）规范性目的下的感觉必须允许相互作用，并且得益于两大自然要素，即物理刺激与生理刺激。洛采势必承认物理刺激的中介作用，真存在的现实且有序的呈现需要万物间存在交感，万物相互作用是达到要求的最低标准，这就使现实结构不存在逻辑说明。这一立场还形成了与康德不同的思想导向。在康德思想中，始于经验的作用结构是满足先验认识条件的必然需求，规定判断力必须有被规定者并在其中发挥先验作用，缺失这一部分，就很容易偏向独断论。洛采却与之不同，他认为相互作用并非满足具有规定性他者的功能发挥，但缺乏这些相互作用，整体存在作为这些相互作用的基础就会失去意义。相互作用是某一更高级目的的证成性存在。洛采赋予相互作用更大的意义，使其本身有所发展而非仅仅是先验规定的发挥处，他要让"固执于放弃精确方法、放弃自然研究的观念论，能与在所有自然科学和人文科学领域获得普遍胜利的经验相协调一致"②。不过，这不是洛采的最终旨趣，他仍将善、道德视为最高价值。在明确提出实现整体存在的计划中，洛采给予了相互作用以最大的辩护："我们所说的运动，即物理感觉因素，与其说是使一切

---

①　Erich Becher, "Hermann Lotze und seine Psychologie," *Die Naturwissenschaften*, 1917, SS. 325–334.

②　Reinhardt Pester, "Lotzes Berufung an die Philosophische Fakultät," *Aus unveröffentlichen Dokumenten und Briefen. Deutsche Zeitschrift für Philosophie*, 1987, SS. 806–815.

万物彼此关联并与我们有所关系的机械手段，不如说它体现了感官世界在万物状态间引起的某种持存且稳定的条件脉络。"① 一面是现实世界本有的结构秩序，另一方面是其与感觉活动构成的相互映照之关系。这显然不同于无对应关系的表象活动。也正因此，感觉不再是康德所说的无广延的强度量级，而是一种带有空间形式的内在现象，从而成为部位记号说的现实根据。感觉必然带有显在的生理过程倾向，"当外在刺激侵入身体时，就会触碰到准备好接收这些刺激的神经元系统；只有当外在刺激在这些神经元中发生的变化作为内在感官刺激时，才会更加直接地使我们产生感觉"②。生理要素与物理要素是感觉的内外源起，洛采虽无意追问具体的神经过程中发生了什么，但要进一步说明感觉主体在刺激—感觉模式中的主导地位以及在规范目的的引导下通向更高的价值。

（2）各个感觉因规范性目的而协调一致。结合物理与生理两大因素，整个感觉源起可以简述为，物理感觉要素间相互作用—被主体感知并形成刺激—神经元变化为内在感官刺激—内在感觉，感觉行为主体类似于中心单子，在这一过程中却无法使感觉与刺激形成完全对等的机械关系。贝劳（Karl Belau）指出："如果放弃物理类比，在灵魂生命中也会普遍存在某种机制，即联想与再现。"③ 这是形成感受的最终环节，意味着从感觉到感受，洛采始终持强烈的主体化倾向。对此他首先反对缪勒的神经特殊能量论（Lehrsatz von den specifischen Energien）。洛采认为，无法像该理论所证明的那样，每根神经只能引起特定的且有限度的感觉，这种观点从生理学角度看无可置疑，问题在于感觉过于依赖神经

① Hermann Lotze, *Metaphysik*, Felix Meiner, 1879, S. 503.

② Hermann Lotze, *Metaphysik*, Felix Meiner, 1879, S. 504.

③ Karl Belau, Über die Grenzen des Mechanischen Geschehens im Seelenleben des Meschen nach Lotze, Inaugural-Dissertation zur Erlangung der Doktorwürde der hohen Philosophischen Fakultät der Friedrich-Alexanders-Universität Erlangen, 1912, S. 14.

本身的特殊结构或组织，忽略了感觉主体的非自然因素，洛采想要强调的是形成的感觉内容唯有在感觉者的当下感觉中才是可能的。缪勒的初衷是："我们想在一开始就陈述所有生理学研究的基本思想，不仅是视觉，而且是所有其他感官……光明、黑暗和色彩的能量并不内含于外在事物中，而是在视觉实体本身。"① 洛采指出："当我们在说一个视觉实体时……并不是在描述事实，而是在运用生理形而上学；对于这一点，我还不能确定它是否真的要比哲学形而上学更绝妙。"② 这种生理形而上学对因果关系的解释似乎没有做好准备，既对哲学形而上学有所保留，不肯做出让步，又无法真正直观到这种内在的因果关系作用。按照洛采的思路，在缪勒的观点中，达不到最终的协同状态，因为视觉实体，包括其他感官实体，无法形成整体感觉，而且由于假定的各个实体缺乏向自我的内在指涉，缺乏感觉主体作为内在实体的规范性活动，感受可能会被分散或是割裂。我们无需具体指明各个感官受刺激的本性，也无法辨明单个感觉间的具体关系。但重要的是，一方面，规范性目的下的感觉会让我们产生有道德的伦理情感，对道德的承认或许可是主体内在感觉可以满足的协调统一。"道德许可或者不许可就是对价值的表达，道德许可就是有价值，道德不许可就是价值的缺失……为什么符合道德许可的操行就是有价值的，是因为这样的操行发生时情感体认到它与灵魂的和谐。"③ 以感觉相统一带动道德许可，这是价值体认的一种表现。另一方面，规范性目的下的感觉终将指向有价值及有意义的世界，达到审美体验的最高境界。美，是一种平衡、和谐的统一。主体的各个感官感

---

① J. Müller, *Zur vergleichenden Physiologie des Gesichtssinnes des Menschen und der Thiere*, Leipzig, C. Cnobloch, 1826, SS. 44-45.

② Hermann Lotze, *Metaphysik*, Felix Meiner, 1879, S. 509.

③ 杨晞帆：《思维、灵魂、情感——洛采价值哲学疏解》，硕士学位论文，复旦大学，2006。

155

觉受到目的的支配形成和谐一致的不同层级，当感官感觉幻化为审美情感时，便能感觉、感知到宇宙的真实，因为自然与精神相统一。此时的感觉仍是有序的，因为产生这种有序感觉的美就是协调统一的。正如凯瑟琳·希金斯（Kathleen Higgins）所认为的，从亚里士多德到康德，美是一种"要素的综合体"，其特征之一便是有序的结构。

（3）规范性目的下，感觉是对物自身的感觉。拜塞尔认为，洛采反对神经特殊能量论的理由过于康德化了，即过分强调主体功能；实际上，正因这一点，感觉内容才是可能的，之后洛采才能够顺理成章地提出关于"注意力"是灵魂的一种活动而非仅仅是属性的论证。感觉结构整体的主观性本身就含有规范性目的导向。伍德沃德表明，洛采在此基础上体现了魏塞的"规范"（specification）思想。"1835 年，魏塞以黑格尔的《逻辑学》为模板出版了《形而上学纲要》（ *Grundzüge der Metaphysik* ）；其正题是存在，反题是思维，而合题却有不同。魏塞提出的合题不是'绝对观念'，而是自为存在（Fürsichseyn），如感觉、自由以及以'规范'假定自身……而洛采没有采用莱布尼茨思想中的灵魂属性，即'知觉'，而是选择了魏塞的术语'规范'，尽管洛采在三年后，在他的第一部著作《形而上学》中以'感觉质性'（sensory quality）代替'规范'。"[①] 洛采在早年就拒绝了基于神经刺激对感觉源起的先天性生理解释，在晚年更是如此。如果按照神经特殊能量论提供的论证，感觉便是刺激形成后对主体的内在复刻，但我们不应忘记洛采提出的条件—结果以及原因—效果的区别。条件—结果直接对等为物自身的属性与属性向神经内部的移植而获得的感觉，运用生理学的知识，由此形成的感觉内容是独立于灵

---

① William R. Woodward, "Hermann Lotze's Critique of Johannes Müller's Doctrine of Specific Sense Energies," *Medical History*, Vol. 19, No. 2, 1975, pp. 147–157.

魂而存在于脑部的客观对象。但这一对象并不能完全呈现出被给予的客体对象由内而外的现实全貌，仅仅是对后者的无时间性的客观识别。而感觉主体的重要性凸显了感觉作为效果中包含的主体反应，由此必然要求与感觉主体对等的客体他者的内在存在，它作为物自身，与感觉内容相对应的客观属性也不应是它的外在依附，而就是它本身的内在。"凡支持物自身本就是红色或是甜的，那就要同我们一样，主张物并不是因为它们的存在而呈现出如它们所是，而是因它们的本性对我们产生的效果。但从中产生的这类效果，作为感官刺激，自然不是红色也不是甜，它们只是运动。若物不再作为介质从而无法借此对我们产生刺激，抑或若该媒介提前接收到阻止刺激通过的运动，那物要么不再呈现于我们面前，要么具有其他属性而呈现出来，从而让我们认为，这些属性压根没有一个属于物自身。"[①] 在洛采所持的形而上学观点下，缪勒的病理学结论没有得到重视，而其所表达的神经过程的深化不必建立在更多的心理基础事实上，便能得到一个足以满足自然科学日常研究目的的结果。

在主客相互作用的现实经验中，感觉主体在规范性目的的引导下，必然将主体体验到的经验融于目的之中。每每获得现实感觉经验时，感觉主体在观照客体对象的过程中带有的规范目的与刺激——内在感觉的自然机械过程，就已经达到了统一的程度，内含于其中的秩序架构与善的体现无须在悬置起来的道德领域中另寻出路。不必像鲍尔斯（J. H. Powers）一样担心灵魂与肉体在相互作用时发生断层，因为按照洛采的观点，当物体发生物理运动时，其中的一部分会过渡到灵魂内在状态并被消化吸收掉——正如外在的空间几何形态会消失于灵魂中而成为非空间性关系——神经运动必然会奉献出一部分运动强度用以补充灵魂的内在状态。如果是物且是

──────────

① Hermann Lotze, *Metaphysik*, Felix Meiner, 1879, S. 507.

物自身作为引发内在感觉的重要介质，洛采在此实现了某种变革，感觉是对物自身的感觉，从物自身到显相之间存在价值涌现的路径。当机械过程与内在目的达到融合时，消解了质料与时空形式相符合时存在的界限，感觉也不再是一件瞬时性的既成事件，而是感觉主体不断向真存在自由趋向的过程，其间无须任何的知性范畴中介，就可自为地形成自己的价值意义。

（4）规范性目的要求感觉无法被测量。基于上述论述，刺激不是感觉的复刻模板，感觉应当有感觉主体反馈的规范导向，这样的投射过程必然会观照到刺激范围的外围，如同形成一圈"晕"，使任何数值计算都只是表征"大致"，无法达到精确。实验心理学当然愿意为此冒险，并在物理刺激与内在感觉之间建立确切的比例关系。洛采自然予以批判，其首要对敌便是 E. H. 韦伯与费希纳。二者提出的韦伯—费希纳定律表明，感觉量与刺激量成正比关系，物理刺激量成几何级数增长时，心理刺激量则成算术级数增长。费希纳在其著作《心理物理学纲要》中有过这样的论述：

　　　　心理测量的建立是关乎外部心理物理过程的事件，而且它最直接的应用也处于这个范围中……刺激不会直接引起感受，但是通过身体活动的中介，反而能更直接地引起相关的感受。而感受对刺激的量化依赖关系，最终会转化为对作为感受直接且基础的身体活动的依赖——简言之，即心理物理过程——感受测量对刺激强度的依赖，将会转化为对这些加工过程强度的依赖……虽然韦伯定律在外部心理物理范围中，它的效度仅仅局限于有关刺激和感受的内容，但如果研究内容转化为感受与动能……定律就有可能在内部心理物理范围内具有无限的效度……一旦我们成功地使用正确的方式完成这种心理物理过程的转化，这个定律在身心关系的领域中就会发挥自己的作用，就像万有引力定律在天体运动中所呈现的一般和基础意义一样。①

显然，费希纳能明确意识到韦伯定律存在误差，但一旦转化为内在动能，心理量就能得到准确的评估与测量。根据定律，费希纳分别在声音、光、重量、温度、广延感受性大小方面提供了大量的物理与心理测量的数据支撑，并类比推广到更广泛的领域中。"我们的物质占有（物质财富）作为一个惰性存在而言对我们没有任何的价值和意义，但是却构成了唤醒精神价值（心理财富）的环境。从这个角度而言它们取代了刺激。在这一点上，我们可以说一美元对穷人的价值比富人更大。它可以让一个乞丐开心一整天，却不能引起百万富翁的注意。韦伯定律可以解释这样的情况。"② 在韦伯之前，法国概率论家拉普拉斯（Pierre-Simon Laplace）提出相对财富与绝对财富，主体对财富的渴望会因对绝对财富有强烈且绝对的动机变得更可取。基于韦伯与拉普拉斯的观点，心理财富是物质财富的内在附庸，当真实心理过程对价值秩序的感知无法对主体感觉起到引导与规范作用时，一切都将会陷入价值虚无主义的巢穴中。从洛采的角度来看，韦伯定律只涉及感觉本身，没有标明感觉主体作为灵魂实体的本质，这种数据算法只是对心理刺激的应激紧张程度的单向测量。可是感觉主体对不同感觉间的差别阈限只能形成程度表述，很难

---

① 〔德〕古斯塔夫·费希纳：《心理物理学纲要》，李晶译，中国人民大学出版社，2015，第54页。

② 〔德〕古斯塔夫·费希纳：《心理物理学纲要》，李晶译，中国人民大学出版社，2015，第187页。

精确某种感觉和另一种感觉的差别，也正是这种"程度"的显现使得感觉主体具有自由趋向的可能。无法用数值表达感知的范围，也就不能用刺激值与感觉值的比例关系确定感觉强度依赖刺激强度这一普遍规则。在否定了感觉强度与刺激强度和神经过程的正比关系后，洛采试图证明感觉强度与感觉主体有强烈的内在关联，而并非单纯的量化比例关系。

（5）规范性目的要求感觉必须拥有一个感觉主体，实现规范。上述的观念差异是洛采与费希纳灵魂学说之间的异质性结果。费希纳不认同单子点状位置的证明，点状位置是对单子活动的约束，而认同朗格和瓦格纳的观点：即使点状位置遭到破坏，灵魂生命同样可以在肉体中证明自身。对肉体外在活动的观察可以得到灵魂内部的应和，莱布尼茨设定前定和谐的前提恰恰是身与心的源初不一致性，是上帝存在之明证以及可能世界之现实的完满性背板。这种做法只会导致简单的问题变得复杂。身与心不存在源初性断裂，这一立场本不会被误解，况且也是洛采所深切同情的。但费希纳的一大失误是割裂了主体在自身觉知中的身心一致，他曾认为，既然身心本就一致，二者不必同时被给予，但根源在于任何一个主体不能同时经验同一物体的内与外，包括自我。在解决觉察心理活动路径时，费希纳显然没有更多地保留主体视域中感觉主体的意图性辨识，而洛采则在不区分经验主体与主体自身灵魂统一性的情况下强调了灵魂实体的自我反应机制，他认同心理活动是物理作用的结果，但心理活动最终必然需要一个主体，以避免感觉功能的对外指涉（物理作用），实现指向自我的规范导向。因此，费希纳虚化了灵魂实体，但是他又必须同洛采一样设定一个统一的本质存在，这样才不会致使心理活动出现不连贯的情况。西蒙认为，在费希纳和洛采那里，"这种存在的统一只表现在其呈现方式法则的持续性以及记忆中"①。费希纳的观点是："原子才是最后的单纯部分，是肢解肉体存在时的终极部分。由于它们不具有任何精神性，因此费希纳认为根本无法从单个原子的诸多精神质性的堆积或相互作用中推出整个精神生命。宁愿说，统一的灵魂仅仅与众多原子的集合相关联。"② 费希纳所说的灵魂甚至不会遇到赫尔巴特思想中灵魂在具备绝对纯粹质性时所遇到的困难，因为费希纳提出的灵魂只是普遍内在的自然生命，而现实的具身性存在也仅是生命的可观测现象，不是灵魂本性的关联性存在。但是对于洛采来说，那不仅是对灵魂的施为者，也是灵魂的受动者。

一方面，感觉主体处于感觉主导地位，必不可少且不可替代，如同神经过程要有特定的时空、方向和速度一般，感觉也必须有自身的事因或承载者；另一方面，任何的感觉偶性并非那因理智抽象活动形成的完全无形且具有普遍必然形式，即单纯化、绝对化的可理解的种相，而在于能与其他感觉偶性有质的区别的感性种相。因为洛采在《形而上学》开篇就提到，感觉会产生假象、幻觉，当然原因不在于我们背对善，善投射于现实世界中被我们直观到的各种虚幻、不可捕捉的阴影，而在于我们面向善，价值有效地渗透于内心深处时比照出的一片星火微光，只有在价值的范导下才能燃烧成熊熊火焰，追向绝对价值。

二 不可计算的表象活动

康德在其著作中大量使用"表象"一词，但用法与表述各有差异。

---

① D. Theoder Simon, *Leib und Seele bei Fechner und Lotze*, Göttingen: Vandenhoeck und Ruprecht, 1894, S. 106.

② D. Theoder Simon, *Leib und Seele bei Fechner und Lotze*, Göttingen: Vandenhoeck und Ruprecht, 1894, S. 71.

在《纯粹理性批判》中，康德把"表象"当作不加定义的原始概念来使用，只是对它作了分类和简单的解释。洛采的《形而上学》也同样如此。与康德不同，洛采更多的是在感觉感性层面上讨论"表象"，也更加注重"表象活动"过程。表象的主要特点是不可计算，主要体现在两个方面：其一，无法计算表象时的强度变化，这种变化是感觉内容的而非表象活动，后者是不能被强化的；其二，表象活动取决于关注度，这是一种生命的、精神性的体现。

表象活动是外在刺激产生的感觉形成无意识印象后，主体将其呈现于心灵的一种内在行为。由于不像感觉那样持续受到内在感官刺激的冲击，表象活动并不会因感觉程度差异而有所不同，按照洛采的观点，可以表述为表象活动并不如感觉活动一般会有不同程度的强度反应。

试想，某人处于熟睡状态，当外力作用于上眼睑而使其眼球暴露在外界视域中，在这一过程中，熟睡者并未因外在刺激而惊醒，也未曾在这一条件下直观到任何客体对象，虽然具备产生感觉活动之外在条件，同时也打开了生理刺激通道，但灵魂本身却处于闭合状态。在这种情况下，感觉活动闭塞导致丧失了任何的感觉强度，此时更无法谈及表象内容及表象活动。这实属极端情况。设想另一种情况，某一感官长期受到某种外在的感觉刺激，感觉主体在时间中会逐渐强化感觉刺激的心理适应性；在感觉间歇性持续的过程中，主体会渐次形成习惯性联想，获得内在舒适的表象。虽然感觉主体对感觉刺激的心理适应性逐渐增强，但并不代表感觉强度会随之减弱进而归零；此外，这反映出表象与感觉之间存在意义关联。假设，外在感觉刺激发生变化，但其本身的强度尚未变化，并未更强或更弱，感觉与表象之间的意义关联仍有效。此时，感觉活动势必发生相应变化，而上述意义关联未失效，这就使得先前形成的习惯性联想仍可适用，不过在从感觉活动向表象活动转化的过程中，缺乏适宜的心理适应，转化过程的耗时量增加，但最终依主体形成的表象与先前的表象并无二致。这两种情况分别表明，表象活动、表象内容与外在感觉刺激无直接关联，以及表象活动并未因表象对象的强弱程度而对最终表象产生什么影响。按照洛采的思路，可以区分出感觉内容与感觉活动，以及表象内容与表象活动；前文已经表明在我们感觉过程中，存在感觉强度的差异，但在表象活动中，并不存在强度差异。

洛采对强度变化作出如下考察："听到聒噪的噪声，或看到刺眼的强光，这通常同时都被视为一种有着更强作用的活动、刺激或是影响；我们不可能说，响雷很响又很弱，抑或感觉到一束更亮的光更亮，却没有较暗的光强烈。"[1] 感觉强度差异并不能通过表象活动而被表征出来，如果微小的嘈杂声分散了我们的注意力而使我们不再被较大的轰隆声所吸引，则表象活动所发挥的那种力对应于强烈的感官内容，而这种强烈程度并不取决于感官内容本身形成的物理刺激量，其决定性条件在于活跃强度中的不同旨趣使主体产生了何种程度的感觉。这就使得听到雷声和听到蚊子声所进行的表象活动并没有太多差别，表象活动甚至与表象内容无对应关系，表象活动所发出的力反倒与主体本身的感觉密不可分。我们甚至无法或多或少地表象出同一种音高和音强的音调，或者同一种颜色的深浅；当我们试图这么做时，就要以内容变化为基础，而且我们也能表象出一种或强或弱的音调，一种或明或暗的颜色，而不是仅仅或多或少地表象出同一种音调或颜色。"同样我们的内在经验没有理由把这种表象活动像感觉活动一样看成与它所指向的内容是相称的；与较弱的表象相比，较强的表象不需要也不会引起任何更强烈的刺激或做出更大的努力；记忆中

---

① Hermann Lotze, *Metaphysik*, Felix Meiner, 1879, S. 520.

的图像就像阴影一样，与投射出阴影的物体并没有什么不同。"①

　　由此可能招致的反驳是，两种相对立的感觉内容致使表象活动之间
也存在对立，若果真如此，该如何解释我们表象红色与橙色这两种相近
色与表象红色与绿色这两种对立色的过程是相同的，且不会将红色与橙
色混淆。同样，对于红色与绿色，当表象红色时并不会表象出绿色，但
是在表象其中一种颜色时不可能不想到其对立面。在这种情况下，意识
始终将二者关联起来，于是在对这两种表象内容的对比过程中便失去了
二者彼此机械化的抑制或均衡的意义。在被表象对象与表象活动的行为
主体被视为一切实在的情况下，被表象对象之间及它们与表象活动之间
的内在关联是数学机械法则的基础，但这种心理表象活动是机械法则的应
用性界限，任何试图打破边界的行为都被视为失效的。洛采在《小宇宙》
中就已经表明："当人们认为，某一本质存在中相对的状态势必会彼此
抵消时，那么便证明了已提及的经验过程，即我们表象对立内容的表象
活动并不相互对立，而且对表象内容可能形成的对比也没有引起任何使
其达至均衡的作用过程。"② 结合上述内容，尽管表象内容有强弱之差，
但它们本身的彼此异质甚至对立关系并不足以解释形成表象过程的现实
作用力，后者要归于灵魂的内在生命，它是不同于任何机械作用过程的
精神生命过程，更是灵魂的本有状态。

　　强度变化的适用范围使得各表象会彼此抑制或将彼此从意识中排除
出去，如表象红色时并不会同时表象出绿色，每个表象在被现实表征时
都会发挥出自己的应有之力，某一表象被实际呈现出时就已经表明其成
功地抑制了其余表象。不过就算承认表象之力源于它们自身的强度，那

---

①　Hermann Lotze, *Metaphysik*, Felix Meiner, 1879, S. 521.

②　Hermann Lotze, *Mikrokosmus*, S. Hirzel, 1856, S. 237.

也无法运用任何工具实际测量出它们在对抗过程乃至发生抑制行为时的强度变化。强度结果自然是在表象活动结束后的实际呈现才能予以证明，而此时似乎也已无需任何数学机械法则的运算公式。在这一基础上，洛采保守地承认了赫尔巴特提出的抑制理论的基础性假设，即观念之间会因强度差异而产生内在的抑制活动，但洛采并不把这一发生机制归于可计算的观念差异。相反，观念间的彼此斗争却是赫尔巴特思想中灵魂内在生命机制理论的基础。

赫尔巴特 1824 年出版的《作为科学的心理学》（*Psychologie als Wissenschaft*）认为，感觉与意识类似于牛顿提出的力，感觉作为要素，其性质如同力的方向。当意识到两种性质相对的感觉要素时，任何一种要素都会蓄力反制对方，这一过程不仅是较强者之力的绽露，同时要使其有实在的作用效果，于它而言，较弱者便是力的着力点抑或承载者，双方在交互作用时会给予彼此各自的强度量级；若两种性质彼此独立，毫无关联，则二者不会对他者发生任何作用而自为存在着，按照赫尔巴特的说法，类似于直角之力。赫尔巴特分明用数学机械式的方法处理要素之间可能的关系——正是因为对其解决之道的不满，费希纳才会提出更稳固的心理—物理测量方法，而洛采则以数学不符合心理经验为由断然拒绝赫尔巴特的方法。

大卫·E. 利瑞（David E. Leary）认为任一要素反制对方的过程并非随机的，是赫尔巴特严格遵循力学发生原理时提出的协同变异（covariation）的过程。"精神现象包含着一种力学系统，在这种系统当中，当一个动作的强度增强时，相应地就会有另一个动作的强度下降。"[1] 这是自然科学

---

[1] David E. Leary, "The History Foundation of Herbart's Mathematization of Psychology," *Journal of the Hisfory of the Behavioral Sciences*, Vol. 16, No. 2, 1980, pp. 150-163.

可以进行实验证明的，但对于内心有着丰富情感的主体而言，促使他表象出感觉后的印象余像的是对印象余像的关注度。"对这种印象的关注发生变化取决于以下两点：首先是与它有关的东西的数量及其中某种恒定的感觉部分，其次是受到这种印象的冲击而形成的瞬间感情状态——对于这种感情状态来说，整个印象内容的价值大小在于这一内容是否更接近于在那一瞬间触动我们的情感。因此，很难表明表象活动的不同强度。"① 这是从外在机械作用向主体关注内在情感而发生表象活动的转变。当我们观察到还无任何经验的灵魂的最初悸动时，我们一定能发现，在整体效果上带来较大情感冲击的那种感觉有某种较强的内容，在同样的标准下，它会战胜较弱的一方。表象活动关联着感觉之力，可不再是计算出来的强度差异，而是意义关联。因为在我们唯一经验到的生命进程中，感觉强度要远低于我们的记忆、意向、期望所表现出、意味着或预示出的感觉强度。若我们瞬间的思维过程捕捉不到由诸多的外在刺激引发的较强感觉，那我们便无法注意到这些刺激。反之，即使是微弱的刺激也能引起我们的注意，对于不依赖于肉体刺激的纯粹记忆来说更是如此。它不必受肉体的纠缠，关注主体内心情感。表象活动依赖的关注度乃对这种情感的关注度，不过并非一切情感都能被关注到，其中分为多变部分与恒在部分。主体是一种情感的存在，当某一客体被表象于主体时，主体不由引起愉悦或不安的情感因素。哪怕是某种现存状态发生了变化，也会旋即触发情感的变化，愉悦还是痛苦取决于此种状态在一定范围内是否发挥了某种可能的功能，比如它是否拥有使整体向好并保持下去的条件，或是产生了与条件相对的形式变化或数量变化。不同的情况引发的不同情感取决于此时发生的状态是否与灵魂相协调。既然我

---

① Hermann Lotze, *Metaphysik*, Felix Meiner, 1879, S. 525.

们把某种普遍的日常生活状态几乎看作恒常的，主体便会逐渐并固定形成相应的心理适应性，即使外在机械作用起初会引起主体强烈的不适，一旦此种状态被视为恒常的，主体也仍会发生内在无比"舒适"的表象活动；长久下去，这种恒常状态会使主体形成习惯性联想。

不过，一旦出现某种感觉因素打破了恒常状态，这种感觉因素出现的频次增多，主体对此形成的某种印象在之后往往也会一再地重复出现，这就好比同一种光波在连续重复上千次后，通常会让人产生出同一种色感。运用赫尔巴特思想中"力"的特性进行扩展，如果心理表征的性质是力，并且能够用那些力学术语来表达，这些力学特性就可以通过类比扩展到纯粹的有强度的实体之上，与其将能量单位表征为跨越空间的力的作用，不如用强度将其表征为一个力在一定时间内反抗一个抵抗力或克服力的作用。可是这无助于解释主体表象活动的变化。从关注度的角度来讲，对恒常部分的关注远不及多变的那一部分，后者会让主体迅速产生极度的难以适应性，致使主体遭遇痛苦与不安。可是在我们的生命过程中，这一部分恰恰表明了某种印象与其余印象之间的多变关系——这些关系会一再唤起那些记忆中的印象。就算某种印象本身伴有某种无意义的恒定感觉要素，但只要与带有较强感觉要素的第二个印象相关联，这种印象就会比第三种印象，即带有介于两者之间的愉悦或痛苦的感觉要素的印象，更能引起关注。对这种印象的关注发生变化受以下两点影响：其一，与它有关的东西的数量及其中某种恒定的感觉部分；其二，受到这种印象的冲击而形成的瞬间感情状态，对于这种感情状态来说，整个印象内容的价值大小在于这一内容是否更接近于在那一瞬间触动我们的情感。我们很难表明表象活动的不同强度，此外，所有的感觉显然也会表现出阶段性的不同紧张度。表象之力似乎取决于表象与感觉的关系；当在说表象的强度时，这个词仅仅要表达的是表象就是如此，而不是某一表象战胜了其余表象这一事实。

心理适应性增强，这一表述是合理的，但并不适用于表象内容甚至表象活动。早期心理学将注意力描述为一束可移动的光，会直接打到它要注意的印象上。这束光并非偶然，在使灵魂产生愉悦或痛苦的情感之后，它会立即注意这种情感。这正是洛采认同这一描述的地方。早期心理学把"注意力看作灵魂实施的一种活动——其对象就是一些表象——而不仅仅是一种属性（表象就是主体的一种属性）。赫尔巴特更倾向于后一种观点：我们说，当我们注意到表象 b 时，那么事实仅仅在于，随着 b 在意识中的不断增强，压过了其余表象。如果每个强度变化概念能无可置疑地用于表象，那么就无法解释我们期待注意力所要做的这项任务了"[1]。我们要试图寻找的并不是随强度变化而变化的表象内容，正如它所展现出来的那样，而是逐渐清晰的表象内容，这完全取决于对各部分表象内容间普遍存在的关系的感知。这是可计算与不可计算的表象活动的差异，"增强"只着眼于单个表象，而表象活动下表象内容的"清晰"却需要对它们进行比较，形成的对关系的感知也使表象内容的存在有了它独特的意义。正如洛采所说："如果注意力中或其周围没有什么要区分开或者与它有什么关系的物体，那么是无法注意到任何东西的，就算它一直且不断地紧紧地盯着这个物体看，也完全毫无意义。"[2] "表象内容的不同清晰程度"是所熟悉的莱布尼茨的思想表述，"程度"之别归因于理性逻辑，在洛采这里则归因于感觉、情感、注意力。情感下的比较关系使被注意的表象的清晰程度赋予了它们不同的意义与价值，

———————————

[1] Hermann Lotze, *Metaphysik*, Felix Meiner, 1879, S. 539.

[2] Hermann Lotze, *Metaphysik*, Felix Meiner, 1879, S. 540.

也成为理解"万物存在是在关系中成立的"心理依据。

赫尔巴特为了保持灵魂的高度纯化，用感觉强度量级获取自身的连贯综合，直接掩盖了灵魂应有的表象活动。洛采主张，由于表象活动下的表象受到前数学机械法则的一切实在之关联内涵的意图观照，在灵魂发挥统一协调作用时，甚至是相对立的表象都会在意识统一活动中丧失机械化抑制或均衡的意义，表象活动中的"关系表象"是被意识到的感觉和表象，也是被意识到的情感与价值。赫尔巴特的数学计算在"关系表象"内容中是失效的，它无法计算表象过渡这一高级的表象活动。洛采举例说，对于一堆散落的硬币，当目光有所转移时，我们会通过记忆表象出它们之间的关系，较为清晰地说出它们的个数。此时，我们虽然想到的是单个表象，如它们同时出现在意识中，相互作用或相继交替，但我们的内心不仅存有表象的杂多及变化，还有杂多与变化的表象。根据它们的概念，我们获得了两项成就，首先区分了从联系和比较行为中对持存关系的领会与对单个关系部分的简单感觉。此外经验告诉我们，现实中可分离的两个东西让我们有权把作为更高活动的关系表象概括为单一内容中被意识到的感觉和表象，进一步来讲，高级以低级作为其必然前提，但其本身必然不始于后者。对于灵魂来说，外在感官刺激是激发内在感觉的信号，接着出现的表象间的关系作为广泛适用的号令成了灵魂新的内在刺激，并促使它作出新的反应活动。在这一过程中，意识退出建构行为，在目的的规范中发挥协调功能。

赫尔巴特与洛采关于意识对表象的行为作用呈现出相对的关系：在前者那里，是纵向抑制消耗；在后者那里，则表现为横向比较协调，统一不是无条件的、不变的自我持存。正如纳特所说，对于赫尔巴特而言，灵魂是第一实体，是为了满足整个复杂整体而设定的所谓的纯粹本质存在，只有在其统一之下，各表象才能相互融合彼此遮蔽。在洛采看来，这种无任何活动的实体是不可设想的，真正的统一是既能对表象有所分辨，又能实现现实的协调统一，既有所遭受，又能发挥效用。在意识的范导性行为下，灵魂方能实施表象活动；也正是因为这一点，才能正确理解是表象内容具有有效性而非表象活动。反之，表象活动为给予效用以反馈，在带有意图性辨识的引导下，通过一种不同于机械作用活动的"关联性活动"（beziehend Tätigkeit）对表象予以关注，被表象者才被允许表象于主体。因为，表象之力源于对表象的关注，而非纯粹的力学特性。

第三节　心物作用的价值关联：定位表象

定位表象是灵魂心理学为实现价值带来的实际显著成果。1873 年，师从洛采的德国哲学家卡尔·施通普夫在其哥廷根大学哲学系编外教师资格论文《论空间表象的心理学起源》（*Über die Psychologie Ursprung der Raumvorstellung*）中论及洛采的部位记号说（die Theorie der Localz-eichen）时指出，洛采提出"部位记号"的现实思考是：颜色如何定位，我们该如何说明同一块颜色的位置会发生变动，达到主体与客体对象的经验统一。在日常经验中，人们会依据物之间的空间位置关系的变动，轻易地说出某物在某一时间处在这里，在另一时间处在另一位置；倘若不存在参考系，便很难确定这些位置。莱布尼茨用前定和谐使理性灵魂凭借统觉的清晰程度标定出外在有广延者的相对位置，它的任何一次变动都关联着其余他者在整体中的位置系统；康德也只是确定了知识得以可能的感性前提，即主体给予。但是，莱布尼茨和康德都没有明确说明某一物体无论在统觉中还是在直观形式中是如何被赋予在"此"的。这一问题引发了洛采对非所予的思考，主体的感觉器官与其具身性存在是主体内在的外在表征，有序地表达了非所予的非空间秩序，当洛采切实以外在表征为体系连接其内在灵魂与世界的其余他者时，则要进一步证明它的现实活动机制。洛采自然承认空间直观具有主观性，并且主体心灵之本性会将空间直观彻底地固定为我们的领会方式。康德对空间的形而上学阐明只能明确这种空间性是理性主体，甚至是任何一类精神存在者的领会方式，对于空间的先验阐明则是这种观念先验的领会方式使实在经验的空间得以可能。在郑昕先生看来，空间带有一"体"一"用"之特征，但从"体"到"用"的过程有些烦锁，"体"表达不出对"用"的建构，二者间缺乏现实的过渡。康德的论证无法明确领会方式如何表达非空间秩序，于是洛采需要大抵完整地描述出万物间实在的思维关系，才能使先天的领会方式可以有序地表现出来，才能对某个特殊之物，即我们自身的身体结构进行普遍研究，进而非所予的非空间秩序方可具有现实的论证与所处。而这一系列问题得以解决的关键便是如何定位客体对象。

一　思维空间：部位记号说的批判性前提

施通普夫表明定位是心理活动的有序结果，洛采在对思维空间的驳斥中提出思维关系，以作为定位的理论前提。空间不是物，不是界限、形式、秩序，甚至不是万物的关系，而是一项使事物的无数形式、秩序乃至关系得以可能的特殊原则。关系不代表空间性关系，有时倒是心理效用状态；只有被赋予空间原则后，关系才有了可想象或可直观的形态。《形而上学》关于物体间关系的讨论，往往带有这项特殊原则的关系。

笔者斗胆提出，在这一部分中，洛采在使用空间与关系术语时较为谨慎，按照上述的说法，若将物之"间"单以空间来处理，那便很容易将"间"表述为空洞的原则。也正因如此，洛采很难接受把物之间的"思维关系"表述为"思维空间"赫尔巴特术语。这一立场早在《小宇宙》中就初见端倪：他拒绝将思维关系网类比为赫尔巴特指称的"思维空间"，因为后者最终指向一种空间性的、传统概念（topoi）意义的秩序。赫尔巴特"暂时把在物质出现和消失时必然思考的空间称为思维空间"①。人们通常认为，空间如同一张网，可以捕捉到与其无任何关联的实在性；洛采却认为，"万物必定要至少符合这张网，在万物之域中，势必有某种相应的东西以某种方式存在着，为有序地充实空间提供了动因与可能性；洛采暂时称其为思维关系体系"②。思维关系是万物间的关系，而非是物与空间的关系，倘若以思维空间标度物的位置，乃是对理性框架的重复，而赫尔巴特显然是在吸收了莱布尼茨的一部分思想基础上提出了思维空间学说。

洛采反对把思维关系称为思维空间的另一个原因是数学几何会试图发现多维空间（黎曼几何），这是赫尔巴特在《一般形而上学》中构建思维空间的设想结果。"赫尔巴特严格区分了心理学上的空间表象与物理学上的空间特性……19 世纪末，尤其是在高斯和黎曼之后，当人们认为，人类表象欧式几何空间或者是三维空间的心理能力并没有表明是对空间物理属性先天知识的综合时，赫尔巴特做出的这种区分对科学发展来说至关重要。"③ 赫尔巴特的形而上学基础是感觉所予，表象对感觉有

---

① Herbart, *Allgemeine Metaphysik, Sämtliche Werke* VII, 1828, S. 118.

② Hans Pöhlmann, Die Erkenntnistheorie Rud. Herm. Lotzes, Inaugural-Dissertation zur Erlangung der philosophischen Doktorwürde der hohen philosophischen Fakultät der k. b. Friedrich- Alexanders-Universität zu Erlangen, 1897, SS. 23−24.

③ Erik C. Banks, "Kant, Herbart and Riemann," *Kant Studien*, Vol. 96, No. 2, 2005, pp. 208−234.

强烈的依赖性，而此时被建构的空间表象脱离于物理学上的空间特性。纳特认为，赫尔巴特的空间表象源自感觉要素的相继过程，其独立性使它获得更多非主体空间直观的可能性，这就致使他把康德的直观中的综合转换为感觉余像之间的融合。在抽掉了知性的综合功能后，他以表象相连的不同层级等级为前提实现融合过程："像 a，b，c，d，e，f，g 这样的序列，在眼睛转动的情况下，每个环节都会因前后彼此的清晰程度不同而形成不同的空间表象顺序，像这样的序列，在赫尔巴特看来就是空间序列，其中每个环节都会在其余两个环节之间有确定的位置。"① 空间表象就在灵魂过渡表象各个环节之间的位置关系中得以形成并保存下来，而表象很难出现在意识中，甚至有权不被意识所统筹。由于灵魂绝对纯然，主体的任何一次表象都是感觉所予基础上的强烈的力学特性活动。他将表象与灵魂的自我维持视为同一，但是不仅表象的单纯特征会被破坏，而且某一单一表象的连贯性也会被打破，因此，在形成空间表象时，必须接受的是灵魂所产生的也必然是被破坏了的空间序列。赫尔巴特试图解决定位问题时，提出了思维空间的观点，而这一观点也成了洛采的主要批判对象。不过与赫尔巴特的观点有些类似，洛采认为，外在所有现实的几何关系在转入灵魂统一的那一刻便全然消失，而部位记号发挥的关键作用是将被主体感知到的位置与外在刺激作用于这些位置时的感觉联结起来。由此可以假设，"我们周围的世界都以空间的形式延伸出去，我们以及诸事物都有明确的空间位置，那些事物对我们产生的作用朝着特定的方向蔓延到我们身体的表面，再以某种方式过渡到灵魂，在其中形成空间图像，而其组成部分便在精确的范围内或一定范围

---

① Max Nath, Die Psychologie Hermann Lotzes in ihren Verhältnis zu Herbart, Inaugural-Dissertation verfasst und mit Genehmigung der hohen Philosophischen Fakultät der vereinigten Friedrich-Universität Halle-Wittenberg, 1892, S. 27.

内占据相应的位置，就好比受到刺激产生类似感觉的那些外在物"①。这就使得思维关系有序地充实了空间，并且空间图像不是理性自我构造的空无，而是有现实的映照，以及彼此间的连续。

对于赫尔巴特来说，虽然灵魂表象出的空间序列不是对现实的复刻，但是由于空间表象独立于物理学上的空间特性，则表象之间在空间表象过程中并不会有现实的相遇。此外，空间表象诉诸的感觉要素因瞬时性特征而消失，遗留的感觉余像则在表象过程中发生了空间顺序的转变。赫尔巴特的目的是要构造出有顺序的空间表象，它要求表象之间相连，但是我们从中可以窥探赫尔巴特存在的问题。首先，他的时间观既使他无法形成相连的空间表象，也使他在构建空间表象的过程中更多地关注空间构造部分的作用波动。赫尔巴特这一设想的思想前提是康德的强度量级（intensive magnitude）。在《纯粹理性批判》中，康德试图证明我们所说的强度量级，"根据这一观点，每一个可能的经验对象都能表现出'实在'的某种'连续''程度'或是'强度量级''程度'。强度量级是衡量一个物体是如何'充实'空间或时间的。康德对这一原则的规范表述是这样的：'在一切表象中，作为感觉对象的实在都有强度量级'"②。物理强度在逻辑上先于广延，是主体经验到实在时感知到的不同程度的等级，"实在"指向时间上的存在，可以说是实在之物与物自身且与经验主体处在同一时刻中，而"否定"（=0）则指向时间上的非存在，代表实在之物不充实时间，经验对象对时间的持续充实可以表述为它在某一时刻从实在向否定的转化、过渡，其间始终是自身同一的量。

---

① Hermann Lotze, *Metaphysik*, Felix Meiner, 1879, S. 544.

② Tim Jankowiak, "Kant's Argument for the Principle of Intensive Magnitudes," *Kantian Review*, Vol. 18, No. 3, 2013, pp. 387–412.

实在图式与否定图式在分别占据时间时表现出一种恒量的张力，实在图式在时间进程中下降的程度便是否定图式上升的程度，并最终回到其原初程度的位置。从实在到否定包含了恒定的强度量级的总和，这一过程使得内直观形式，即时间，被其间的各个位置所填充，成为有长度的时间。康德在此仍然坚持时间的主体化倾向，即瞬时的强度量级的变化、转化填充时间，实在的感觉乃当下的时间，他很清楚必须为实体的时间持续性特征保留余地，使知性范畴发挥应有的综合功能。

赫尔巴特遵守了康德划定的界限，但是空间表象规定了时间图式要包含已消失的印象和未来感觉的想象，这就扩充了当下的感觉，感觉已不再是当下的自身，而是包含着过去、现在和未来。若果真如此，实在的感觉便是无空间和时间的，它无法重复自身。赫尔巴特认为："重复的形式——作为抽象的概念——叫作时间。不得将它与连续性定量（贯通的空间）相混淆，连续性的定量同时包含速度和重复。确切地说，连续性的定量用速度来除，就是时间。"[1] 时间不是实在感觉的消耗，而是感觉作为力表现出的特性之间的抑制，在彼此相互作用中占据着时间。这样便能理所当然地理解赫尔巴特对"位置"的定义，即存在的图像，"所有的位置都能够成为每个任意存在物存在的图像。附着在每个存在物上的图像同时也是它本身存在的原图像……只要存在物附有此图像，它本身在这一位置，那么这一位置就是它的位置"[2]。赫尔巴特由此传递出两种信息，存在物的位置是偶然的，赫尔巴特认为两个存在物彼此相连，若保留彼此的连接，那么一存在物可以置于另一存在物的位置上，于是第二个信息便是存在物与位置并不对应。

---

① 《赫尔巴特文集 1·哲学卷一》，李其龙、郭官义等译，浙江教育出版社，2002，第 27 页。
② 《赫尔巴特文集 1·哲学卷一》，李其龙、郭官义等译，浙江教育出版社，2002，第 21 页。

其次，除上述时间问题外，思维空间下的空间表象很难实现。赫尔巴特的心理学任务是要解释经验形式，其中最重要的是连续问题。为此，赫尔巴特构造出了具有多重方向的封闭整体。"不可能有第四个能和那三者中间一个彼此相接的存在物与虚构的面积相结合。但是难道不正是这一原因似乎能够引来一个第四维，甚至第五维吗？思维空间不是给定的。"[①] 对连续的先验设定使得赫尔巴特不承认存在一个绝对空间作为构造空间的前提，因为空间无非就是某种可能的思想。然而空间表象无法完成这样的连续，感觉要素作为力，因存在强度量级，各个力是异质的，为了使它们有所区别，主体在表象两种感觉时，它们之间必须被置于一个不属于时空的东西以确保任意两种力不会被重合。但如此的空间表象无法满足赫尔巴特设想的思维空间，就像施通普夫说的，"在赫尔巴特那里，同时保存在记忆中的所有表象都完全根据其强度排序重新出现。这种质的连续性产生得如此之快，以至于人们会产生一种同时性的印象，即空间"[②]。空间有思维性质、强度排序以及时间速度的需求，而空间表象不过是一种非空间的心理过程，赫尔巴特甚至认为，"空间表象的必要性本不应在哲学中起任何一种作用"[③]。这种具有心理特征的空间表象与思维空间发生了质的错位，正因如此，凡是试图谈论位置的都被视为失败，将"位置"定义为存在的图像便是一种矛盾的概念。

从洛采的角度看，倘若无法确证存在物的确切位置，就无法顺理成章地证明非所予的非空间秩序以及"心""物"间的价值统一。这正是他反对以数学为基础的赫尔巴特思维空间的理由所在。不过，冯·哈特

---

① 《赫尔巴特文集 1·哲学卷一》，李其龙、郭官义等译，浙江教育出版社，2002，第 24 页。

② Carl Stumpf, *Über den Psychologischen Ursprung der Raumvorstellung*, Leipzig: Verlag von S. Hirzel, 1873, S. 31.

③ 《赫尔巴特文集 1·哲学卷一》，李其龙、郭官义等译，浙江教育出版社，2002，第 24~25 页。

曼却认为洛采对数学几何空间有误解，致使他无法正确理解多维流形和维度的数学概念，甚至认为洛采混淆了"维度"与"方向"。尽管如此，应当看到洛采坚持思维关系的积极效应：一方面符合真存在的至高目的，另一方面则正视了赫尔巴特在哲学中所抛弃的空间表象。

二 部位记号：空间秩序的心理条件与价值体现

梅尔莫斯（Dean R. Melmoth）、蒂贝尔（Marc S. Tibber）与摩根（Michael J. Morgan）从生理学的角度指出："洛采起初提出每个神经纤维中都有某些特殊的性质编译了它的空间位置（这是'部位记号'的最初含义）。之后，洛采的观点发生了变化，认为有一种特殊机制能将地形图中的位置转变为运动反应……在此无论涉及何种机制，都是视觉方向感知的基础……运动反应与背部外层运行通路相关联，后者具有反射性且无意识，而有意识的感知则与腹部通路有关。"[1] 拜塞尔认为，洛采提出部位记号说的设想是受到其老师阿尔弗雷德·威廉·福尔克曼（A. W. Volkmann）的影响。福尔克曼主张，通过神经末梢定位感觉，这样对象所处的位置就是刺激神经的位置，但这并不适用于视觉和听觉。洛采在吸收了"贝—马定律"（贝尔—马戎第定律，Bell-Magendie Law）后提出了反射性眼部运动倾向并伴随感觉的观点。"贝—马定律"即感觉神经和运动神经差异律。感觉神经将接收到的刺激传输到神经中枢系统，运动神经将信息传递到肌肉组织并使其作出反射性运动。这一定律便成了洛采反驳缪勒的"神经特殊能量论"的理论基础：视觉深度知觉既需要

---

[1] Dean R. Melmoth, Marc S. Tibber & Michael J. Morgan, "Hermann Lotze's Theory of 'Local Sign': Evidence from Pointing Responses in an Illusory Figure," in Nivedita Gangopadhyay, Michael Madary & Finn Spicer eds., *Perception, Action, and Consciousness: Sensorimotor Dynamics and Two Visual Systems*, Oxford University Press, 2010, pp. 95–104.

感觉因素，也不可缺少动觉因素。与早期相比，在 1879 年的《形而上学》中，洛采似乎更加重视这种机制对视觉运动反应的心理意义。或者说，洛采在此要解答赫尔巴特遗留下的问题：在从思维空间到空间表象进而形成空间秩序这一过程中，感觉要素达到否定程度后剩下的感觉余像——"印象"——是如何实现空间秩序的。最初形成的印象并不会直接被灵魂感知为相应的空间秩序。当最初的印象刺激到每根神经纤维后会在其中引发弱于最初印象强度的潜在印象（Nebeneindruck）——印象强度并非自身自在，而是主体对其产生的关注度后引起的心理感受——潜在印象各不相同，有强度等级之差，但与主要印象存在着和自身强度相符的关联（这一情况类似于等高地形图的位置差异）。显然这些印象不能被现实地直观到，凭借想象能够设想出它们在神经纤维中可能发生的相互作用，但这无非是一种主观臆想，最终很有可能是赫尔巴特思维空间的生理学结果。于是，这些印象要能被灵魂接收到并形成需定位的感官的运动倾向。

"假设我们用 A、B、C 标记三种不同的刺激，p、q、r 是某种感官上的三个点，π、κ、ρ 代表了三种特定的潜在印象，p、q、r 会把这几个潜在印象与 A、B、C 产生的主要感觉联系起来，那么被联系起来的 π、κ、ρ 这几个部位记号之间的差异就成为一条线索，顺着这条线索我们便可直观到作用于 p、q、r 上形成的感觉在空间中错落而置。"① 洛采以感官作用为中介关联起了刺激与潜在印象，不同的刺激与不同的潜在印象的联结可以构成相异的空间秩序，比如 Aπ、Aκ、Aρ 的联结意味着对感官上 p、q、r 三个点上三种相同的刺激，部位记号不同，三者便不会形成同一种感觉，同样也不会出现位置的重叠；Aπ、Bκ、Cρ 的联结

———————————

① Hermann Lotze, *Metaphysik*, Felix Meiner, 1879, S. 550.

意味着同时对感官中那三个不同位置的三种不同的印象，刺激程度不同，印象性质不同，各个位置自然存在很大差异；A_K、B_K、C_K 的联结同样也是三种不同的刺激，不过只作用于感官中同一个点 q 上。当现实的空间秩序集中在灵魂统一中时，所有的几何关系消失，灵魂便会在部位记号的引导下建立起空间表象下的秩序。这一说法可以试图解释康德空间的"体"对"用"的建构过程。为了定位某一块颜色的位置，颜色作为外在信号对主体产生生理刺激，最初构成的印象在主要的神经过程中引发潜在的过程并伴随潜在印象。依赖主要的神经过程决定了颜色被表象的位置：灵魂感受到潜在印象的刺激，形成特殊的运动感觉，进而确定对象位置。洛采已经明确将那些伴随主要印象的潜在印象称为"部位记号"，早在 1852 年出版的《医学心理学或灵魂生理学》一书中，他提出了这样的假设，即内在印象刺激触觉或视觉神经纤维的每个点都带有独特的情感或印象，也正因此，施通普夫把眼球运动倾向的感觉称为视觉的"部位记号"。伍德沃德也作出如下总结，洛采在 1852 年提出的空间知觉理论就已经"将许多领域中的元素融入一种科学解释中，将生理学、医学心理学和心理哲学联系起来。视觉上，反射性眼球运动倾向（Bewegungstriebe）会自动将任何末梢区域的刺激定位到视网膜中心；这是物理因素。从心理学上讲，'运动感觉'包括通过练习表示延展的交叉连续。洛采将运动倾向及其伴随的感觉称为'部位记号'"[1]。

我们可以大致描述定位的过程：外在刺激→刺激神经过程形成主要印象→引发潜在的神经过程形成潜在印象→作用灵魂→反射性眼部运动倾向→定位。第三至第五阶段是关键，上文提到当万物要能适应空间网，

---

[1]　William R. Woodward, *Hermann Lotze: An Intellectual Biography*, Cambridge University Press, 2015, p. 210.

必然存在思维关系以某种方式为充实空间提供了动力与可能性，而思维关系中被关联的对象指向万物，刺激主体感官的物自身彼此间且物自身与主体之间处在这种多变的思维关系中（在这里，赫尔巴特设想的思维空间有了明确的说明），每个思维关系在转变为空间表象时必然会需要一种特定的空间关系而排除其他所有的关系，若将潜在印象关联起来，眼部受到感觉便会做出反射性定位的反应。洛采设定了每个神经点都有独特的情感或印象，并不会因外在刺激感觉的差异而有所不同。"无论什么特定感觉内容占据了它，它都将标记同样的位置……作为部位记号的潜在印象是特定的眼部运动的结果，它有其独特的方向、速度和能量。为了在空间中找到一个点，灵魂通过在一系列或连续的潜在情感或印象中找到它的位置，将一个记号与其他记号联系起来。"[1] 但由此可能招致两种反驳：其一，部位记号虽被视为神经末梢点的独特情感，在灵魂视域下作为感觉却不同于受外在刺激引发的内在感觉一般，它有着自己的广延。这就使得这些潜在印象被规定为一些无形式的内容，不是一些符合某种先验观念形式的杂多。无方向、无空间、无维度，威廉·詹姆士称潜在印象为无空间位置的感觉；赫尔巴特学派则认为是灵魂内在视域的占有，不是感官的最初感觉特征。洛采可能给出的答复是，灵魂对潜在印象有直接的不同感觉是由于它们自身至少有能量差异，否则即使灵魂有极致的先天定位能力以对它们有所区分也不可能产生"一蹴而就"的感觉指向。至于无形式的内容，洛采强调的是灵魂与潜在印象之间的共鸣，而不是被动性的符合。其二，外在感觉不同，引发的主要印象也有差异，神经纤维点的潜在印象虽为前者所独有，但势必会因主要印象

---

[1] Frederick C. Beiser, *Late German Idealism, Trendelenburg and Lotze*, Oxford University Press, 2013, p. 231.

的不同而在不同时刻下发生变化。因此，上述过程的第四环节则尤为重要，洛采思想中的灵魂向来不作为自在存在，生理过程且伴随于此的心理过程也从来不是自我产生，相反任意一过程都有主体作支撑，在此清晰地呈现出作用—反作用机制：潜在印象附着的独特的神经纤维点为灵魂视域下的表象活动，形成的外在顺序固定下了相应的位置，这就好比直观到的不同点 A、B、C，由于伴随着各自特定的情感，对 B 的表象一定会出现在 A 和 C 的中间，因为 B 所伴随的情感始终处在 A 和 C 之间。这已达到了洛采提供定位之形而上学明证性的极致，对于灵魂而言，无法进一步说明为何这类潜在印象一定会形成这种特定的顺序，如果能满足洛采哲学思想的最终标的，所谓的潜在印象的顺序必然只有符合终极之善才能被理解。

从潜在印象到客体定位，有三点要特别注意。首先，思维关系中被关联的对象，确切地说应当是各神经纤维点所特有的情感或印象，而万物不过是眼部运动后形成的内在表象的外在结果。谢勒认为，在晚年的《形而上学》中，现象获得特定位置的原因是思维关系，但在这里"思维关系仅是一种假说，只是目前对标记某个神秘者的正确陈述，尽管这一神秘者并不像其他物体一样也是某个物体，但是它也有它特有的实在类型……然而这些关系没有什么作用，因此，这一神秘者的唯一效用便是对我们灵魂的刺激"①。思维关系充当了潜在印象获得关联的主体动态活动，或者说是灵魂受到潜在印象这一所谓的神秘者的刺激后在其视域下实施的比较行为。

其次，对于定位至关重要的是，应当始终牢记，洛采思想中的灵魂

---

① Walther Scheller, Die kleine und die grosse Metaphysik Hermann Lotzes, Inaugural-Dissertation zur Erlangung der Doktorwürde der hohen Philosophischen Fakultät der Friedrich-Alexanders-Universität Erlangen, 1912, S. 95.

不是因为自身的纯然不变且统一而统领各种杂多，而是因为实施类似于比较、协调这般的活动状态才能被视为统一。人们通常认为："流经三根纤维分别传导的三种印象足以解释它们分离了的空间感知。即使不需要部位记号，这种分离也是将它们视为三种不同印象的充分条件，若果真如此，这三种印象被表象为一个三角形的三个角还是在一条直线上，这只能由灵魂来决定，因为，灵魂已经拥有了我们试图要解释的定位能力……如果伴随而生的部位记号仅仅有所不同但无法同时比较，那么上述这种情况就不可能发生，而且部位记号也不可能产生出实际的感觉定位。因此，部位记号一定是一个系列或一个系统系列中的必要环节，其中，各个部位记号之间便存在着共同普遍特征中某些可测量的差异。"[1] B 因伴随的独特情感而使灵魂将其置于 A 和 C 之间，从终极目的来说，是价值作为善的目的引导；而灵魂本身的定位能力似乎是其背后充满善的凝结。这一点借用胡塞尔的意向性观点会更易理解：知觉的任何一次朝向都隐藏着不为人所察觉的活动或意义的沉淀。因此灵魂并非如同赫尔巴特所说是融合机械合力的统一实体，而是受目的驱使，在自身活动状态下，在直接感觉中的受动者和施为者。同时，我们记住 A 与 B，并得出 C 时，对 A 与 B 的记忆表象的强度并非出自自身而是源自对其的关注度，由此潜在印象诱发的反射性眼部运动倾向则不被意识引导，而是被意识所关注。施通普夫认为："空间正如质性一般并非源初性的，这仅仅表明了，另一个被意识到的印象，一种通常意义上的感觉作为心理条件而先于它。"[2]

最后，"关联性活动"是实现秩序、获得空间表象的重要思想。贝歇

---

[1] Hermann Lotze, *Metaphysik*, Felix Meiner, 1879, SS. 553–554.

[2] Carl Stumpf, *Über den Psychologischen Ursprung der Raumvorstellung*, Leipzig: Verlag von S. Hirzel, 1873, S. 90.

尔在《赫尔曼·洛采与他的心理学》（*Hermann Lotze und seine Psychologie*）和贝劳在《洛采论人类灵魂生命中机械化过程界域》（*Über die Grenzen des Mechanischen Geschehens im Seelenleben des Meschen nach Lotze*）中分别谈到了这一概念，他们主张，若要把诸多单一表象关联起来，整合为相互关联的整体，灵魂就要实施一种新的活动，即"关联性活动"，它不同于机械作用中各个力的合力这一集中的结果，它可以将相似的表象连接起来，亦可作出分离。这一观点既反映出与赫尔巴特的数学机械观念之差，同时将莱布尼茨的前定和谐扭转为一种经验和谐，以及用这种经验统觉证明了意识的统一与同一（这一点看似类似于赫尔巴特，即以被建构者证明建构者的统一存在，但是赫尔巴特的灵魂是不变且绝对的，为排除干扰则势必要维持自身的统一，但以不动来完成建构，便是一种痴心妄想）。① 正如奥伊根·芬克（Eugen Fink）所说，"意向性问题是要回溯到贡献意义的意向性成就的综合中，由此建构起一个'简单的'意识活动。"② 在洛采这里，定位问题的解决回溯到了发挥综合、协同作用的关联性活动，而思维关系则是关联性活动的潜在基础，即从思维关系—潜在印象到关联性活动—空间表象（定位）存在相应的现实过渡，在此，笔者认同谢勒的上述观点。

———————

① 此外，洛采将其运用到音乐理论的分析中，他反对汉斯力克—齐默尔曼［爱德华·汉斯力克（Eduard Hanslick），奥地利美学家，音乐评论家；罗伯特·齐默尔曼（Robert Zimmermann），奥地利哲学家，师从数学家和哲学家伯纳德·波尔扎诺（Bernard Bolzano）］的音乐理论客观主义，提出音乐关联论。洛采承认音乐的客观性，但也指明主体可以对音乐现象作出不同解释。洛采要突出个体生命与普遍法则的共同作用，他并非有意塑造世界的真实统一，而是要设计出各个要素彼此独立但又同时发挥作用的模式。（参见 Franz Michael Maier, "Lotze und Zimmermann als Rezensenten von Hanslick Vom Musikalisch-Schönen," *Archiv für Musikwissenschaft*, 2013。）

② Eugen Fink, "The Problem of the Phenomenology of Edmund Husserl," in *Apriori and World, European Contributions to Husserlian Phenomenology*, edited and translated by W. McKenna, R. M. Harlan, L. E. Winters, Martinus Nijhoff Publishers, 1981, pp. 21-51.

"部位记号"并非洛采首创。施坦因布赫（Steinbuch）试图解决运动表象如何获取它们的空间特征的问题，他主张在人类胚胎时期，引起肢体活动的肌肉并不能构成肌肉群，只有引起多个不同肢体活动的肌肉才可以。相反，陶尔图尔（Tourtual）假设存在先天的空间感觉和先天的感觉法则；从先天的空间感觉和先天的感觉法则出发，关于物体的空间距离问题会存在不同的答案。前者采取经验实在的生理学角度，后者则以先天角度为主。随后出现的是缪勒提出的神经特殊能量论以及塞拉斯的"对应物特征"思想。部位记号说是塞拉斯的"对应物特征"思想的先驱，而洛采所认为的相邻空间点的概念并没有空间谓词。即使我们假设意识本身是空间的，并且意识中出现的思想确实具有空间性，我们对这一事实的认识（思想彼此相邻）本身也不是空间的。洛采之后，赫尔姆霍兹以肌肉运动无法校准定位为由拒绝动觉，认为激发眼部运动倾向的"意志努力"关联着视觉，将"部位记号"给予后者。海林（Hering）提出存在三个部位记号：与视觉点垂直协调的记号、与视觉点水平协调的记号以及鼻侧视网膜与颞侧视网膜对立值数的记号。罗斯认为洛采和他们一样，关联起了感觉神经元与运动神经元，在罗斯看来，洛采最初是一名笛卡尔主义者，坚持心物二元论，但这无法说明刺激物的位置如何被灵魂领会并有校准地表象出来，随后洛采提出的部位记号说解释了非空间性印象向空间表象的过渡。此外，罗斯指出，"如同这一时期诸多思想家所认为的，洛采受到了康德思想的影响：心灵必须拥有一种内在特性，使它能够设想空间"[1]。伍德沃德则认为，洛采对康德的"创新在于明确了（1）'直观形式'的生理机制背景，同时还主张（2）意识统

---

[1] David Rose, "The Historical Roots of the Theories of Local Signs and Labelled Lines," *Perception*, Vol. 28, No. 6, 1999, pp. 675–685.

一中空间定位的偏心表象（eccentric appearance）"①。但是笔者仍然坚持上述的观点：灵魂先天的定位能力不仅是物体的现实定位借以实现超感官实在的非空间秩序的内在中介，更是充满善的无数次凝结。

定位对象的前提是对象触发了我们的内在情感，而主体能恰好领会到对象，并准确地指认对象所在的位置，这是因为在对象与主体的内在联系中产生了令主体感到和谐的愉悦之情。价值有效，不单单是可感对象对理念世界的可知存在的"分有"，还是价值在事实世界的时空中以"有效"的方式现实呈现，每一可感对象都享有"价值"，不过价值整体的统一让每个个体承载着不同的价值职责。主体与客体达到的统一不是客体的有形空间符合先天直观形式的空间框架，而是享有不同价值的客体引发的潜在印象（神经末梢处的独特情感）促进了灵魂的发展，并令它感到舒适。享有价值有效的程度不同，主客体的价值统一程度也有所不同。具有正常视觉的人们，在共同面对梵高画作《向日葵》时，可以轻易地指出每朵向日葵的位置所在，这是毋庸置疑的事实判断。

我们不能只满足于对客体表象定位作出的事实判断，如果事实判断是有效的，它同时也是价值判断。客体的整体能满足灵魂的情感价值甚至是伦理价值，在此，主客体将达到符合价值整体的统一，体现出观念世界中完满的价值秩序。观念世界不再是可思的，可感的事实世界已不再是观念世界的"影子"，二者在个体主体的价值中融为一体，此时直观到的客体对象，表象于主体的并非数学几何图形的空间关系，而是带有绝对价值的价值秩序。由此，心物统一不是任何纯粹逻辑思维、理性

① William R. Woodward, "From Association to Gestalt: The Fate of Hermann Lotze's Theory of Spatial Perception, 1846-1920," *ISIS*, Vol. 69, No. 4, 1978, pp. 111-147.

所能表达的，二者只有在价值有效中才能达到真正的统一。"总之，通过洛采引入的永恒有效之'价值'，传统二元本体论中的'心''物'对峙便转化为'心'与'物'在'价值'中的相互引发。这不但没有取消其中某一方的'现实性'，反倒使对峙双方在和解中向永恒价值敞开。"①

---

① 郝亿春：《洛采与现代价值哲学之发起》，《哲学研究》2017年第10期，第85~91页。

第五章

超越机械论的价值统一

　　是否追寻世界统一是经验论者与观念论者的区别之一。洛采试图调和二者，既坚持事实世界的机械作用、因果关系，同时又将其视为达到世界统一目的的手段。不过，"手段"要经"批判"才能在实现目的的过程中成立。事件世界往往表现为机械活动，其中生成与变化是最常见的现象性活动方式。洛采认为物理过程及生命现象都遵循普遍法则，但生成与变化并非完全是事件的自发状态，而是包含四种因素：第一，生成者的生成，而不是逻辑理性推演出的生成；第二，生成一定是在主体心理表象过程中才具有意义；第三，生成与变化因观念世界中的价值秩序而发生，归根结底，它标志着同一本质存在的统一状态在不同时刻下的相互补偿；第四，生成与变化绝非外在作用而已，重要的是其内在效用。事件世界中的机械活动是一切现实活动，包括生命现象过程的原则，传统的物质论关注物质形态研究，忽略了事件形态的可能。相反，洛采否决了神秘的"生命力"这一形而上学因素用来解释生命现象的可能，一方面坚持机械活动于生命现象之必然，另一方面认为灵魂生命将发挥统一功能超越机械活动。而这种功能的关键在于价值整体所赋予的统一，并终将达到意识统一下的万物与精神的统一。

第一节　机械事件的生成与变化

1842 年夏天，已获医学博士学位四年之久的洛采才出版了他的第一部医学著作《普通病理学和作为机械自然科学的治疗学》（*Allgemeine Pathologie und Therapie als mechanische Naturwissenschaft*），其中充满了病理治疗的机械论指导原则的意谓，他甚至提出了"一切有机事物均是机械统一的某种确定形式"这样的一般论断。这种朴素的机械论的出发点并不复杂，它优先考虑有机体的各组成部分而非有机体整体，似乎每个部分只要遵循机械论严格划定的界限就能维持有机整体的平衡状态。疾病的发生恰恰在于各部分在受干扰时缺乏相应的补偿机制，用赫尔巴特的思想来解释，可以理解为先前的阈值不能满足灵魂表象这一自我维持状态。但读者不能对这种论断太当真，因为洛采说："机械论的普遍观念及其各种手段是要持有更高的统一性的。"① 拜塞尔也认为："将《普遍病理学和作为机械自然科学的治疗学》视为物理主义者的著作，就是大错特错。洛采对其机械法则的规定达到了它们被给予极为有限的运用及有效性的程度。《形而上学》中对机械论的责难又见于《普遍病理学和作为机械自然科学的治疗学》，其中，洛采再次指出，无论是在物理学中还是在生理学中，自然法则的释义都无法解释生命或物质的起源。"② 在 1841 年洛采出版了他的第一部哲学著作《形而上学》，其中指

---

① Hermann Lotze, *Allgemeine Pathologie und Therapie als mechanische Naturwissenschaft*, Leipzig, Weidmann'sche Buchhandlung, 1842, S. 262.

② Frederick C. Beiser, *Late German Idealism, Trendelenburg and Lotze*, Oxford University Press, 2013, p. 166.

出，一切机械过程不过是刺激因素罢了，没有什么权利作为内在表象世界的事因，因而他要寻求能适用于机械过程这种世俗发生事件的范式理念，即在建构机械过程或提出普遍有效的机械论之前寻求一种超验的范导原则，如某种以机械过程为手段而达到内指机械法则的最高统一。夏洛特·莫雷尔（Charlotte Morel）一针见血地说道，在洛采看来，唯物主义仅仅意味着其适用于"现象"和它们的基础，而不是自然科学自身的统治"原则"，而我们要求的是最高法则的统一性。如此，机械论无论如何都无法满足世界目的的终极解释，也"正是他的两部《形而上学》著作，尤其是 1841 年的《形而上学》，清楚地表明了，世界的物理—机械概念对他来说远远不够"[①]。当然不仅是在 1841 年的《形而上学》中，在 1879 年的《形而上学》中洛采也在严格遵循机械论的基本要义即万物相互作用的基础上，避免作用活动中为证实力的守恒而计算出相关作用客体中各比例关系的变动，进一步提出自然观察下的物理作用要满足的形而上学条件。

事件世界中最常见的是生成与变化。洛采思想的任务之一是调和目的论与机械论，在洛采看来，机械过程是达成目的的必然手段，但我们并不希望诉诸物理学而获得多样性现象的科学知识，"我们现在想知道，如何思考寓于每一变化中的生成，但这并不意味着我们想要知道生成状态的发生过程；很显然，未被领会的生成必然要以我们想要领会它的过程为前提"[②]。这是洛采从观念世界的内在关联对事件世界的生成与发生所构成的充足理由律的详细探讨。

①　Walther Scheller, Die kleine und die grosse Metaphysik Hermann Lotzes, Inaugural-Dissertation zur Erlangung der Doktorwürde der hohen Philosophischen Fakultät der Friedrich-Alexanders-Universität Erlangen, 1912, S. 31.

②　Hermann Lotze, *Metaphysik*, Felix Meiner, 1879, S. 87.

一 生成作为生成者的生成

生成结果存在的原因并不令人怀疑，持存的实体也是存在的，它是进行自然科学研究的不变前提，而正因有实体，其显相才能作为内容呈现表象于我们，但切不可将它作为同一律的底层逻辑阐明生成。生成作为一种现实实在，其何以实现绝非仅仅潜藏于根据中。首先排除思想内容间的逻辑连接和逻辑推论：我们不能诉诸这样一点，假设 G 的内容可以在逻辑推论中决定 F 的内容，F 便实在地随 G 而来。可万物为什么会陷入逻辑推论的关系中，并让处于它们当中的根据 G 实在地获得其所要求的结果 F？这种存在与非存在的统一问题，涉及了黑格尔的逻辑学开端：有—无—变（在黑格尔思想中，这种非精神层面的物理或化学反应都是一种低层次的质变）。逻辑学中提出的变易是"质"的范畴推演的前提，作为逻辑学中第一个具体的思想范畴，"它是片面的有和片面的无的真理，有无的差别在它之中第一次得到了确定的表达和规定"[1]。如果试图将 G 和 F 代入其中，变易过程可以分解为 G 的存在、-G 的非存在和 F 的非存在、-F 的存在（变易）；黑格尔已经尽力摆脱了一切预设，从无任何规定的规定出发，但他仍作出了无规定的预设以及有规定的目的预设。这一过程会螺旋式地被导向辩证法建构，因为辩证法的开端已经被预设为正确的以及由它规定的目的是真的。纯有在向内指涉时将自己一分为二，并设定了"无"。然而，思维在对纯有进行思想观照反思到的只能是它的存在，尽管"无"从中推演出来，但并不能绝对表征变易的发生，更遑论从"无"再到规定性存在。有与无不过是那一本质存在在同一时刻（如当下存在与非存在的统一）或不同时刻下是否可

---

① 杨祖陶：《德国古典哲学逻辑进程》，武汉大学出版社，1993，第 221 页。

被思维得到，而与客体对象是否发生变易没有什么关联。如果以辩证法求解生成与变化，洛采要质问的是：纯有为何是形而上学意义上变化的开端，如果作为原因，它的正确性体现在何处。如果思维能推演一切变化，那么现象世界可以无条件地成为最初变化过程的复刻。这一观点早在《逻辑学》中就有所展露：

> 如果有可能找到整个系列的第一个成员和决定第一个循环形式的规律，那么构成后面周期成员的内容的变化就可以用它们与起点的距离和初始成员在每一步中所经历的变化来解释。于是黑格尔要求我们承认，形而上学的前提——这个形而上学的前提的正确性在逻辑上是无法判断的——即世界不是一个接一个地发生的事物和事件的总和，前者是静止的，直到它们受到外界的刺激而发生变化，后者在它们的相互作用中，在它们的整个过程中，由始终有效的普遍规律所决定，但是，与此相反，世界的一切变化只是一个永不停息的统一体的发展，一切事件只是这个发展的各个阶段或它的次要影响，事物本身只是表现出来的东西，或暂时的，或随时重新产生的，事物的全部存在在于这个统一体的积极运动中，它们彼此交叉，在这些运动中集中起来，成为这种发展的附属工具。[①]

很显然，黑格尔以辩证法在思想中求得的变易很容易满足观念与其对象或是关系的一致性，但严格来说，要保"真"并且能从思维中寻求真值的意义，这当然不是一个好方法。洛采认为，这更像是非主体化的

---

① Hermann Lotze, *Logic*, Vol.Ⅰ, English translated by Bernard Bosanquet, M. A. Oxford, at the Clarendon Press, 1888, p. 263.

图式，或是普遍的框架，按图索骥，我们就会有信心期待这种寻找并且认为其不会令我们失望；而我们会始终误以为，预设中带有辩证特征的关系可能是，甚至必然是现象世界要永恒遵循的权力法则，连不断地生成过程也只能走上这一抽象法则早已指明的道路。可是生成的原因为何会以这种方式发生作用，或者说，如何判定原因已经发生作用？这种逻辑推论只能生成严谨但非实在的思维图像，是对其本源呈现的直接复刻。若要构成对生成与变化有充足认识，就要试图对生成过程实施逻辑解蔽，不仅要放弃逻辑界定，还要放弃实质构建，把生成，如同存在一样，看作宇宙秩序中可直观、可设想的所予事实。要完成对生成的理解，必然是生成者的生成，而非是逻辑产生的生成。

生成必须是生成者的自我完成及实现，因而必须是在内在效用中的而非被"断定"的设定。正如不是"存在"存在，而是万物存在一样，不是"生成"生成，而是特定的生成者生成。a、b、c 的质性也会发生变化，它们在任何时候都提前指明了继续生成的方向。一旦设想 a 被"断定"所设定，"断定"将会一直存在。除非把某一时刻中的 a 看作下一时刻中 a 的条件，由此 a 最终会变为 a，否则，没有任何根据说明事情为何必然如此。生成与变化是对绝对纯然的设定的有力批判，也是对"赫尔巴特们"所坚持的畸形的同一律的无情嘲讽。由于他们的纯存在回绝了一切关系，缺乏任何非我的活动空间，因而当他人把运动看作各种自然过程变化的普遍事因，而把持存的不变视为某种特例时，他们恰恰相反，所谓的特例便是他们眼中的理所当然。同一律往往要求事物在每一刻都与自身同一，而"赫尔巴特们"却希望每一刻都是同一的。洛采批判道："断定（Setzung）和设定（Position）不仅需要说明被设定者，而且还要说明它被设定的位置，因而，对于设定，要想赋予纯存在以意义，有别于非设定、纯粹的非存在，就要回绝赫尔巴特所认为的存在者不应具备的关系的设想。"① 关系是事物间实在的关系，而非思维对它们"之间"的抽象，否则便极易偏向赫尔巴特学派：往往用概念的思维方式理解存在，这就致使存在抽象的观念性特征不容置疑。值得注意的是，赫尔巴特认为，思想最初恰恰就是由于灵魂抵抗干扰而在自我维持时产生的，灵魂在觉知干扰到来之前就已经发生自我维持行为从而形成整个表象，这就是概念。洛采坚持认为，生成与变化一定是生成者与变化者的生成和变化，而不是灵魂在自我维持的前提下的生成变化。尽管赫尔巴特承认各个如此多的感性特征对应着各个如此多的原因，但原因终究盘踞在思维中。从这个角度看，连自然的机械生成过程都无法用赫尔巴特思想来解释，因为赫尔巴特将思维中构造出来的经验现象上升至存在领域（但又不同于纯存在的存在领域），如此由于后者的无关系特征，前者在脱离了后者的情况下，其中所谓的生成与变化中的因果关系都不过是在思维限制下的不可收回的想象（并非这种想象不可收回，而是思维必然性的不可收回）。

现实的生成与变化作为形而上学的对象显然与观念世界相应的状况有所不同，"在观念世界中，b 的内容是由 a 的内容引起的，但并不是由于 a 的湮灭而产生的，而是与 a 同时保持永恒的有效性而产生的"②。在形而上学的语境下，它们不是已实现的逻辑界定或是一种外在构建，而是如存在一般，是宇宙中可感知可设想的既定事实。在此可能遇到的矛盾是，生成作为新的实在应当从旧的实在中产生，实际上却是要以消除

① August Haeger, *Lotzes Kritik der Herbartischen Metaphysik und Psychologie*, Inaugural-Dissertation der hohen philosophischen Fakultät der Universität Greifswald zur Erlangung der Doktorwürde, 1981, S. 3.

② Hermann Lotze, *Metaphysik*, Felix Meiner, 1879, S. 87.

旧的实在为前提作为自身的起始。为了解决实际的变化行为或变化中的生成过程的矛盾，洛采明显采取以理论应当代替实际发生的路径，从根本上假设了存在（旧实在）与非存在（新实在）的统一，且"统一"暗含的不是无序的集合，而是两种状态的观念过渡。如果说生成与变化的形而上学角度与观念世界角度存在差异，那么完全可以从"应当"范围中寻求弥补。事实上，生成者与变化者向来都是以观念世界中的价值秩序为根据在事件世界中生成与变化。这要求不仅以规范性目的为导向，也要现实地发生相互作用。如果恩格斯熟知赫尔巴特的思想，那么在《自然辩证法》中一定不会遗漏对他的批判，"相互作用是事物的真正的终极原因。我们不能比对这种相互作用的认识追溯得更远了，因为在这之后没有什么要认识的东西了"①。这是那个时代的思想主流，洛采关于生成与变化的思想也正是对它的应和。

二　心理表象作用的介入

当把内在心理表象视为判定生成与变化的其中一个因素时，首先，洛采试图给予的论证是，我们要摆脱因果效应上过度的理性主义色彩，它会致使普遍观念在事件世界中无效；其次，洛采要提出一种不同于先前的认识理由的路径。笛卡尔混淆了理由与原因，斯宾诺莎提出泛神论解决事实的理由，沃尔夫提出的充足理由律可以应用到事实的理由以及认识理由上，休谟将事实的理由直接归结为惯性的经验感觉。洛采则认为，生成的原因是观念世界的内在关联，内在心理表象不作为各因果因素之间生成关系的认识理由，而是满足普遍观念的内在关联在事件世界中被现实地表象为有序的个体差异且连续流动的条件（但是这种情况并

---

① 〔德〕恩格斯：《自然辩证法》，人民出版社，2015，第96页。

不是生成与变化的特有表征，我们同样可以将其看作发展，因此第三个因素便是相互作用，尤其是内在效用，这将在后文论述），并且这一条件仍然要受制于其他外在条件才能表象生成关系。"即使结果 F 的表象由其原因 G 的表象引出，那也仅仅因为，我们灵魂特有的统一性受制于相伴随的情况 p，哪怕不依赖于 G 的表象，且不存在其他情况 q（使统一性有所不同），就其本性，也必然转到 F 的表象而不是其他表象。若没有那些伴随条件 p，也就缺少了这一活动行为的动因，由此无数表象在我们的意识中消失，却没有唤起那些无数结果 F 的形象——这些结果的内容根本上与表象内容有关。如果，出现的不是条件 p，而是那些和 p 等效的其他条件 q，尽管会产生运动，却没有获得 F 的表象，反而会随时可能偏离这一目标；因此我们往往会思想涣散，有所迷失。思想过程并非直接由思想内容的逻辑联系和连接关系所决定的，而是由我们表象的心理联系所决定的。"① 洛采显然是在避免认识理由这一逻辑学要素对事实理由这一形而上学要素的强行干扰——他甚至认为形而上学比逻辑学更为重要，伊斯特伍德对此有所论证——否则会再度失足于黑格尔的无效方法。

　　按照约翰·沃尔夫的观点，洛采提出的内在心理表象可以归于那一亲我的本质存在，即自我（das Ich），他必须以不同的方式感知到观念世界的内在关联，并受其影响，从一种状态过渡到另一种状态以期呈现出生成与变化的现象。生成与变化是主体必须承认的，普遍观念的必然有效也是在其中实现的。而主体在连续地表象这一序列时，遇到的另一阻碍是，他如何能对对他产生干扰的 a 采取保存形式 α，而对 b 采取其他保存形式 β。这可以从两个方面来阐述：其一，物是能够在自身中引起

---

① Hermann Lotze, *Metaphysik*, Felix Meiner, 1879, SS. 91–92.

实体的显相而存在的，物自身（德文为 die Dingheit，英文为 a thing as such）是表象于我们的实体显相内容的实在形式。赫尔巴特认为，康德犯下的错误是让呈现于主体的物的形式完全源自主体，但这仅仅是一种普遍的形式起源，而特殊形式仍在于物。洛采继承了赫尔巴特的思想，明确表明主体是可以表象出独立于他的物自身的关系的，这种杂糅了康德与赫尔巴特立场的思想使先验性认识有了根据。其二，表象行为会进一步引起灵魂的比较统一行为。洛采接受了雅克布·弗里德里希·弗里斯（Jakob Friedrich Fries）的理性心理学，同时将其改造为灵魂心理学。根据康德的理论，弗里斯不否认外部领域与内部领域的二元之分，他同样将后者视为理性活动的一部分，但自我作为内在知觉对象，缺乏严格的科学解释限度，然而理性心理学可以将这些表象所予，以恰当的方式统一起来。在这一过程中，我们仍然可以运用心理学中的数学法则从量的形而上学尺度测量每个被表象的量的密集程度，其幅度波动可以表示为连续性。不过弗里斯似乎并没有对"统一"作过多的阐述。对于洛采而言，"意识统一这种情况，就是在我们观察自己时，除了在我们之中所发现的同时存在的表象总体外，还能让我们意识到该总体的统一"[①]。纳特却指出赫尔巴特与洛采借此对灵魂的论证几乎如出一辙。需补充一点，洛采所说的"统一"是先于灵魂自我持存的，即灵魂的自我持存在于理性灵魂做出的比较统一行为既是可变的又是持存的。变化适用于不断感知的主体，是先于干扰而进行自我保存前的觉知状态，接连不断的生成与变化状态"至少在我们灵魂中预设了一个主体，它不仅相继拥有这两种状态，而且还对它们进行比较，并能意识到它们的这种相继性，

[①] Max Nath, Die Psychologie Hermann Lotzes in ihren Verhältnis zu Herbart, Inaugural-Dissertation verfasst und mit Genehmigung der hohen Philosophischen Fakultät der vereinigten Friedrich-Universität Halle-Wittenberg, 1892, S. 8.

那么这个实在存在者至少必须是存在着的。因此，现象只有在实在存在者可变的前提下才有可能显现，但也只有在其持存的前提下才有可能显现"①。内在心理表象联结着普遍观念的必然效用以及现实的变化现象，如忽略，那便可能会倒退到不知哪一种思想中。

正因如此，洛采强调了柏拉图理念论中真理的永恒有效性，无论事物是否存在抑或发生变化，如此的普遍观念被视为带有我们能感知其意义的内容，如果说普遍观念可以不关乎现实事物而被视为普遍有效，那么它被主体感知、表象、思维而获得的普遍便是必然有效。马克萨恩指出："在洛采看来，精神最初的行为就是在事态本身（Sachverhalte）的实在意义中产生真理。主体借助必要的范畴便能构建精神所经历的有序的外部世界……在这个意义上，精神产生真理作为逻辑判断，并且精神是真理的前提……我们知道有效性及其特征只是因为我们已经思考过它。"② 有效性必然独立于思维主体，但被主体中介，才能使普遍法则转变为事件生成与变化中必然实现的法则。

三 观念世界中的内在关联

洛采曾因同一律带来的生成与变化的解释困境，试图采纳赫拉克利特的流变说，认为变化必须侵入存在的内部，努力把一切存在消散为生成，把显现出的存在的持久性仅仅领会为一种特殊的生成形式，领会为一种完全同一的东西不断产生和消亡，而非同一东西静止不动的延续。当下的一切都是消逝和流动的，不存在任何形式的永恒和同一。但洛采不满足于赫拉克利特的流变说，因为这种学说的出发点，除了在感性质

---

① Johann Wolff, "Lotze's Metaphysik (1), " *Philosophisches Jahrbuch*, 2018, SS. 138-160.

② A. Maxsein, "Der Begriff der Geltung bei Lotze, " *Philosophisches Jahrbuch*, 1938, SS. 457-470.

性和关系的不断变化的组合中，在其他地方是找不到的，其结果是，一切思想规定的普遍不稳定性会使一切探究和肯定都变得不可能，这自然包括科学研究。相比较而言，柏拉图的理念世界能为我们对现象世界形成确切的认知领域给予更大的信心。洛采在《逻辑学》中也这样表示，从我们仅仅体验到情感这一方面而言，"赫拉克利特或伪赫拉克利特似乎能够把普遍概念一起卷入永不停止的事件之流中，其中每一事件仅仅就在它发生的那一瞬息，世上没有什么能拥有某一固定住所或永恒意义，因为我们无法解释任何东西，一旦发生了，为何无须以相同的形式再次重复出现"；相反，就普遍概念被区别为一种带有我们能够表象其自身意义的内容来说，柏拉图"则把我们单纯的感性情感转化为独立的客观内容，其意义一旦生成，便一劳永逸，并且它与其他内容之间的关联也拥有一种永恒且自我同一的有效性，即使它与这一关联都不会在我们的感知中一再出现"。[①] 所谓的赫拉克利特的流变说似乎要被限制在精神主体中才是可能的。变化流动是必然的，但它不能为自身而存在，而只能是持存者的存在。这是洛采坚持柏拉图理念论的意义所在，对变化的认识要依赖某种固定的因素，因这种因素的持久性，才能将变化揭示为是变化，"固定的因素"便是观念世界。

我们需要明确判定洛采要区分的观念世界的内在生成以及观念世界的内在关联所转变为的事件世界的生成过程。亚里士多德规定的形式因很容易使之后的哲人们纷纷寻得事物可以被真实复刻的先在模式，洛采自然也不例外，但逻辑推论的分析显然无法实现这一目的，观念世界的目的性关联法则则可以被视为生成实现的有效模板。对有序的渴望从未

----

① Hermann Lotze, *Logic*, Vol. II, English translated by Bernard Bosanquet, M. A. Oxford, at the Clarendon Press, 1888, p. 203.

让我们接受过完全无规则的生成和变化，就连赫拉克利特以生成的流动性代替不变的坚固性也必然会表明：生成中自然蕴含着实际流向的根本原因。尽管现实世界的实在性的生灭不会完全实现观念世界中的永恒有效，但是"在 m 的实在性消失与 μ 新的实在性产生之间并没有裂隙，也绝不存在不可弥合的空隙；因为，m 仅仅是消失了，其本身相当于其他任意的 p 或者 q 的消失；由此其他新的实在性 π 和 κ 才或多或少地有权利出现在消失的 m 之后，就如同 μ 一样"[1]。这并未按照辩证的扬弃过程规定实际的生成结果，某一实在的消失也会致使其他任意的实在的消失，但无论这一序列过程会发生何种程度的延续、流动，它总是遵守观念世界中"真"的关联范围，永远不会出现序列混淆的情况。洛采似乎认同了赫尔巴特的"连续乃流动"的主张，但是这一主张存在"连续性悖论"。此外，赫尔巴特向来满足于抑制关系形成的无限意识序列，可又无法像黑格尔那样运用辩证法，至少通过预设的扬弃运动获得所谓的"真"。赫尔巴特尊重经验，又未赋予经验过多的权力，而诉诸的经验主体面对实在经验表现出既保守又有无规则的僭越行为，因此，赫尔巴特思想中的这一矛盾永远无法消解。洛采在坚持连续乃无缝隙的流动时，认为使"连续"成为"连续"的校准性基础是那观念世界中的内在关联，其具有不可错性、规范性及永恒性，即观念世界始终在事件世界中实现自身。

由此要注意前文提到的两个问题。其一，如在一定条件下，液体水的实在性消失生成为固体冰的新的实在性，这仅仅是事件世界中的机械事实，如果要确保新的实在性的"真"，必然要诉诸观念世界。"世界进程并不在于一个实在性消失与另一个实在性产生的相互连接，并且，当

---

[1]　Hermann Lotze, *Metaphysik*, Felix Meiner, 1879, S. 93.

每一次努力把自然的发生顺序领会为仅仅是遵循法则的连续现象时，这只能被证明为有时是恰当地在方法上放弃了对内部联系的探索，但是不可能作为一项关于实在的真正构成的理论。"① 其二，这进一步解释了液体水为何生成为固体冰，而非仅仅处于它自身的存在中，它不单单是赫尔巴特思想中整全的经验特征复合体，更是观念世界之有效性的现实效果，而这又可以成为连续流动且避免序列混淆的解决方法之一。"这将是解决恒定存在与不断变化之间的矛盾的方法，即 α1、α2 等以某种方式不断继承的 α，它在现实中永远只有一个，但它将为接下来的所有成员定下基调。恒定不变的只能是所有情况下的行为规则，这将是每个事物区别于其他事物的特殊本质。"② 由此，观念世界将事件世界中要满足的"真"纳入内在的有效范围中并且成了后者的先验根据。

洛采承认生成与变化表现出来的机械作用是抽象分析出来的，其所根据的是一种观念性存在，而不是主体自指涉的内在推论。这种观念性存在已经超脱于逻辑法则之上，代表着一种更高的原则，班贝格将其称为实践性原则（ein praktisches Prinzip），它"将普遍性指定为我们实在性的特殊性"③，并且洛采将这种原则视为"价值"特征。现实是价值的一种实在呈现，是价值之应然与有效的实现。因而洛采所说的生成与变化这类机械作用的必然，终究是经由主体抽象分析出的至上的价值必然，且机械作用的必然是有条件的必然，而真正的必然是普遍性的必然，不发挥任何所谓的现实性原因的推动作用，因而新的效用得以实现，从根据上来说，向来不是被决定的，而效用本身就是根据的实现。遵循这种

① Hermann Lotze, *Metaphysik*, Felix Meiner, 1879, S. 93.

② Johann Wolff, "Lotze's Metaphysik(1)," *Philosophisches Jahrbuch*, 2018, SS. 138–160.

③ Fritz Bamberger, *Untersuchungen zur Entstehung des Wertproblems in der Philosophie des 19. Jahrhunderts*, Verlag von Max Niemeyer, 1924, S. 61.

实践性原则表现为对立于规定性活动的反思性活动，将普遍性指定为实在性的特殊性后，后者不再是机械作用中被动性的存在，而是在与普遍必然的同一共在的关系中，构建出了包含根据的整个体系。

从原因本身洞察整个自然科学，应当发现科学必须以可变的内在关系体系为导向，其中一端内指超验的普遍价值根据（目的性秩序），另一端向外呈现特殊的存在关系。纯粹的逻辑同一关系仅仅构成生成与变化中原因—效果之间的异己性存在，但是在价值领域内却给予了它们真正同一性以最大程度的包容度。这种"机械过程将最严格地限制在伦理领域中。于他（洛采）而言，形式世界与价值世界二者不可分；在此，前者仅仅为了后者而存在。在洛采这位美学家的脉搏中，我们感受到了一位伦理学家的脉动；以道德为背板，便成了我们哲学家们形成世界观的一种特征"①。生成与变化的机械活动在事件世界中是必然的，但这种必然是在伦理领域的范导下的必然，并且似乎在以可变关系为导向的基础上，人们才能在自然科学中发现这三种可能性："以当下预测未来"，"回溯并以分析的方式发现过去"，"从观察中获得的东西中设想从观察中获得不了的东西"。② 观念是生成与变化且主体认知生成与变化的顺序及秩序的前提，反之，观念也在其中实现自身，根据自身意义规定一切事物及事件，包括生成与变化。

四　事件世界中的内在效用

存在与现象并非彼此对立而是同时产生，万物存在在关系中是成立

① Karl Belau, Ueber die Grenzen des mechanischen Geschehens im Seelenlehen des Menschen nach Lotze, Inaugural-Dissertation zur Erlangung der Doktorwürde der hohen Philosophischen Fakultät der Friedrich-Alexanders-Universität Erlangen, 1901, S. 24.
② Gerhard Müller-Strahl, "Metaphysik des Mechanismus im teleologischen Idealismus," *Journal for General Philosophy of Science*, Vol. 44, No. 1, 2013, SS. 127–152.

的，这同时就意味着因果联系的存在，即二者并非同一却统一。当灵魂在表象出它们的前后生成与变化关系时，它们就已经发生了内在效用。这是洛采对亚里士多德"潜能"与"现实"问题的深层解答。若石头是房子的潜能，且是动作的现实对象，石头为何恰恰能实现为房子？或者要想 α 之后是 β，而不是 β1 或 β2，α 和 β 就要处于因果关系中；但是，β 要真正产生，而不是永远白白地被假定为是 α 的结果，那么充足理由（die ratio sufficiens）就要变为动力因（causa efficiens），即从根据（die Begründung）变为动因（die Bewirkung）："动因概念的一般性描述就在于，一本质存在的实际状态会引起之前不存在的另一本质存在的实际状态。"① "引起"不能被当作动作意谓的机械类比，而是用来说明石头作为 α 是如何对作为 β 的房子发生越界行为的。否认动作这般的外因同时也就否认了偶因论，就连作为潜能的生命体因某种冲动的驱使而转变为现实的灵魂，都会被洛采抛弃。因此，我们需回到相互作用中，但原因不能只是一种存在而无效用的原因，其发挥效用必须处在特定的关系中。洛采预设了同一本质存在，为内在效用关乎的生成前提与生成结果提供了统一体系。米尔考夫认为："为了明确这种关系，洛采借用了阿谟尼乌斯（Ammonius）的术语外在作用（effectus transecunt）（经过作用'action in passing'，粗略作用'cursory action'）。外在作用是要素 A 和要素 B 在实体 M 中相互作用的最小作用，并让它们处在 M 中。通过外在作用，实体中原本独立的要素变得相互依赖。质言之，外在作用发挥了'本体论黏合剂'的功效，把这些要素整合为一个有机体。"② 这种观点表明了：生成与变化的前因和结果需在有机体中彼此产生内在效用才存

---

① Hermann Lotze, *Metaphysik*, Felix Meiner, 1879, S. 96.
② Nikolay Milkov, "Rudolf Hermann Lotze（1817 – 1881）," *Internet Encyclopedia of Philosophy*, https://iep. utm. edu/lotze/, 1997.

在并被理解。我们无需探究一物的状态如何引起随后的状态，因为在同一主体中状态必然相互影响，这是毋庸置疑的事实。一旦予以否决，再没有什么方法来解释任何一件事情了。生成与变化不再是两种实在性的生灭交替，不过是同一本质存在自身状态在不同时刻下以维持自身恒定的相互补偿。"倘若在 α 中发生了变化 a，这事实上是 A（绝对者）的一个状态，且它不必首先成为这种状态。现在，这个我们先前视为个体的 A，它试图通过另一种状态 β 来补偿其性质的这一变化，以恢复其恒定的本性。该后续状态在我们看来是在 b 中发生的，而 b 正是处在某种形式下的 A 本身。由此可得，事实上并非物之间相互作用，而是绝对者作用于自身，为了使自身始终保持与 A 相同的状态，每个局部的变化 α 必然有一个相对应的 β。就此而言，洛采既非要否定作用的发生，亦非解释作用如何发生，他只是想说明，这种作用的发生究竟在怎样的条件下才是可以设想的。绝对者（das Absolute）才是质性之实存与事物之间关系的恒在理由。"① 同一本质存在为维持自身恒定而产生的状态转变，解决了两个问题。其一，其异质状态之间的生灭无需额外的中介来联结，正如洛采关于身心关系的观点，即任何将二者联结在一起的纽带都是多余的；其二，这一本质存在与各不同状态间不存在"之间"的关系，而与其相对应的同一律这一形式逻辑不过是抽象的想象，没有任何相应的实在性。同一律本身不值得质疑，因为这始终是同一者的自在存在；但它既不能作为生成与变化现象发生的本源，同时也无法满足这同一本质存在的不同实在性接续的可想象条件。

生成与变化绝不是主体直接直观到的客体对象的经验状态，而是同一本质存在在其内部力的恒久性规律下，各种实在性之间的补偿。在此

① Johann Wolff, "Lotze's Metaphysik(1)," *Philosophisches Jahrbuch*, 2018, SS. 138–160.

需要区分这种"力"与亚里士多德思想中的本能冲动，后者更倾向于完满的终极性，其中有合目的性的牵引；洛采所说的"力"是不同于纯然"断定"的那一存在的根本特征。"现在，若我们并不把形而上学中的'存在'称为可能指向某种内容的空洞'断定'，而是称为充盈且绝对确定的实在性（其已经涵括了'断定'实际指向的东西），那么我应该会毫不犹豫地谈及万物存在的不同数量或者不同强度，并根据力的程度，每个量都会在变化进程中积极地发挥自身有效性并抵抗其他因素。在这种情况下，我（洛采——引者注）绝非要为备受质疑的表述进行辩解；而我之所以极其倾向于这种表述是因为它能让我清楚地记得我所认为的正确观点：存在确实是万物持续不断的能量，一种活动或是效能，而不是被动规则强加于它们的命运。"① 在绝对之善的目的对现实实在的规范引导下，万物的存在本身就是一种不断满足自身不同实在性的自指涉。关于斯宾诺莎的"以一物的质性实在性衡量物的实在性"，洛采采取了与赫尔巴特相对的立场，认为物的实在性便是其质性实在性，质性实在性的生成与变化是物的实在性维持统一的内在补偿机制；存在不仅与自身共在，也与各个质性实在性实例同一。

皮切·克劳德（Piché Claude）指出："洛采的形而上学的基本架构采取了三元模式：1. 普遍且必然性法则，完全不同于实在性，却自始至终统治着实在性；2. 实在性本身可能被指认为某种合力（有效因）；3. 目的王国和价值王国为世界未来指明了方向。"② 生成与变化就是第二种和第三种模式：观念世界内在关联向事件世界转变时，是各个质性实在性彼此间内在效用的接续结果。

---

① Hermann Lotze, *Metaphysik*, Felix Meiner, 1879, SS. 101-102.
② Piché Claude, "Hermann Lotze et la genèse de la philosophie des valeurs," *Paris, Les Études Philosophiques*, Vol. 4, 1997, pp. 1-28.

第二节　机械活动与生命现象的关系

洛采于 1841 年和 1879 年出版了《形而上学》，1841 年《形而上学》侧重于目的论，1879 年《形而上学》则重点讨论相互作用，包括第四章提及的心物间特殊的相互作用以及普遍的相互作用，尤其是机械活动中的相互作用。先前的哲学研究往往是自然科学基础上的抽象思考，如单子间的不可入及其前定和谐下的空间关系变动源于微积分的思考，其中，康德的"哥白尼式的革命"最具代表性。这类典型的唯理论旨在寻求普遍必然的知识。寻得普遍必然的过程是自然科学核心被扬弃的过程，它需要我们从中窥探出主体理性要素，最终达到理性对自然科学的认识论掌控。经验论力倡"凡是在理性中所有的，最初无不在感觉中"，主体感觉对一切自然科学现象发生直观且直接的反映，这表现为外在于主体的实在发生过程。二者以获取准确的客体对象知识为目的，而生命现象则不是其探究的对象。19 世纪，面对自然科学、生理学、医学及心理学的迅猛发展以及思辨理性之衰落，洛采明确承认了用于提供自然运作机械解释的自然作用，认真审视了事件世界中机械活动与生命现象之间的关系，指出机械活动在解释有机界与无机界中相似的法则与可能的事件的同时，生命本性将是它回归生命现象的出发点。生命有赖于机械活动，但背后仍有另一种活动，那便是统一。

一　机械活动于生命现象之必然

19 世纪三四十年代见证了生理学、生物学与医学等学科的兴起，这对传统的物理学等自然学科产生了一定的冲击。19 世纪中期，一场"唯物主义之争"席卷德国科学界，自然科学的发展如日中天，它的胜利压缩了宇宙的价值空间。洛采的哲学便始于对二者调和，随后便有了学界熟知的"目的论机械论原则"。

洛采从始至终都对自然科学保有尊敬，做出让步，在那个强调生命力的时代，他不但放弃了生命力，更是将机械活动视为生命现象之必然，这似乎是一件大事。"洛采所捍卫的机械论，正如他所说，在范围上是普遍的，在意义上则是从属的。在世界的构成中，他承认三个不同的因素：原始物质，运动和变化的规律，和这种发展的目的或最终原因。"①如同纯粹存在与现实实在的关系一般，这些法则是普遍的、假设的，还必须有它们所运用的经验所予。洛采在调和机械论与终极信仰时，表明了机械论在与终极目的结合时所发挥的应有效用。洛采将"价值"作为哲学的核心范畴，其一，是为濒于崩溃的形而上学危机做出的观念论挽救；其二，是为了解决从莱布尼茨到黑格尔存在的事实世界与道德世界的关系问题。当洛采认同费希特的伦理唯心主义时，他创生出的道德世界与事实世界的关系思想指涉出事实世界中机械论的规范性图景。施特拉尔认为，在洛采的机械论思想中，机械论概念一方面是作为部分—整体解释的形式原则，另一方面则作为一种解释所得到的因果性论证。二者虽缺少独立的形而上学基础，但纷纷表明机械论具有一种规范性与标准性。规范有序并非事实世界中机械活动的本有性质，洛采在《小宇宙》第四卷第二章中详细论述了有序的世界从混沌中而生，前定和谐本就不存在，和谐有序则是因价值才存在。机械论之必然性的意义就在于在价值秩序下体现了宇宙实体中更为复杂的时空论证，"目的是要表明它只考虑那些行为的一般形式和模式，从而使我们能够向自己表象出多

---

① G. Santayana, "Lotze's Moral Idealism," *Mind*, Vol. 15, No. 58, 1890, pp. 191–212.

种现象如何联系在一起，形成一个有序的宇宙"①。

先前观念论是解释生命现象的理论屏障，它为事实世界中每一个普遍的运行方式补充普遍必然性，同时也依赖于事实世界中发挥作用的计划，但"由于我们对该计划一无所知，因此，我们也同样无法表明这个只能依赖于该计划的发生事件的具体形式和有机生命的具体形式，就是一个系统发展的要素和阶段。观念论曾经抱有这样的希望；轻与重、磁与电、化学过程和有机生命，都被认为是绝对发展的必要阶段，并且认为我们已经获得了绝对发展的最内在的动机"②。观念论者会让人们相信，在普遍必然性的引导下，人们绝不会束缚于世俗的手段，普遍的信念会引领人们超然于对自然之善的追求，因而无需任何想象力帮助我们描绘出不曾关注的生命现象。普遍信念从未给予事实世界更多的特殊关怀，而只能提供普遍价值。假设物理科学有理由主张同质性过程可以运用整个事实世界，那么我们便不必渴求从中获得任何真正的、哪怕是错误的、可以得到证明的活动方式。洛采遵循斯宾诺莎的"以物的质性实在性衡量物的实在性"，更愿意相信我们没有理由让这些实在性的具体形式遵循普遍的统一信念，即观念论无法推出具体形式。

生命现象是最高存在对个体的、有生命的及爱的实现，一切普遍的伦理道德都要呈现为特殊的伦理个体。价值，作为高于纯粹逻辑原则的实践原则，作为终极目的，一旦实现，那便不是如同物质存在或事件发生一般的实在存在，而是具有特殊价值的"应当所是"的存在。先前观念论所赋予这种存在的一切科学认识，在价值面前统统失效，呈现于主体的不是孤立的存在者，而是承载着与周遭一切他者的关系，甚至是情

———

① Hermann Lotze, *Metaphysik*, Felix Meiner, 1879, S. 423.
② Hermann Lotze, *Metaphysik*, Felix Meiner, 1879, S. 423.

感价值。生命现象作为一种具体形式，需要得到解释。如果目的不是直接地实现，如果机械论具有规范性和标准性，机械论的解释势必会在终极目的下变得更加充分。洛采"所说的机械论既不是指一种物质机械论，也不是指一个可以决定所有现象的单一的准数学公式。他所说的机械论仅仅强调通过任何形式的法则进行管制。机械论可以是心理的，也可以是物理的；物理机械论有多种形式和原理，如重力、磁、电和化学亲和力"①。一切遵循机械活动法则的都视为法则的有效运用，包括生命现象。洛采在《小宇宙》中首先证明了机械世界观，其中对"自然的最高评价就表明了，普遍法则的有效就是一种机械世界观的主要因素，似乎是一切事件、一切实际的实在以及物理合力中某种合规律运作的一种可靠性。这所有的一切都同样适用于生命领域，适用于人类有机论的建构和生命活力、生命肉体。即人类的生命肉体就像机器一样，都要遵循机械法则（包括其他所有往往表现自己的存在物）"②。机械法则是最高目的以"价值"的身份发挥有效的"代理者"。第五章第一节已经充分论证了机械活动中生成与变化的内在效用问题，指明了其是同一本质存在的同一状态在不同时刻下的相互补偿。洛采指出，能够详细解释自然过程的分别是现象性空间以及事物的内在活动。空间直观是绝对者的一种要素，但在灵魂处得到了具体规定，它是灵魂的本质。事实世界中的一切现实实在都必须在这无限的空间直观中为普遍空间图像的表现形式、运动、处所找到空间位置，包括生命现象的生命活动。此外，洛采还指出，对生命现象的解释不单单在于要素之间的外部关系变化，更重要的是事物的内在活动。要确定内在活动，就必然要把这些内在状态当作机

---

① G. Santayana, "Lotze's Moral Idealism, " *Mind*, Vol. 15, No. 58, 1890, pp. 191-212.

② M. Kroneberg, "Fechner und Lotze, " *Die Naturwissenschaft*, 1925, SS. 957-964.

械活动事实来看待，毕竟它们遵循的就是机械活动的普遍法则。

在 1879 年的《形而上学》中，洛采基本上已经将注意力转移至"相互作用"上，它可以用于对完满的观念秩序、事实世界中的万物存在、事件世界中的生成与变化、身心普遍关系以及生命现象的解释。此时，洛采完成了观点的转变：关于"万物有灵"，"在《医学心理学或灵魂生理学》中，洛采认为这一观点完全正确，在《小宇宙》中，显然已很少提及，在《形而上学》中，则似乎认为是可有可无且无效的，因为实在事物的假设完全可以被无数作用的交互性所代替，且这些作用在一个真正的存在者中相互交叉，彼此影响"①。尽管如此，早在 19 世纪三四十年代，洛采就反对以灵性、生命力来解释生命现象。拜塞尔认为，在洛采看来，生物学要想取得科学进步，必然要沿着和现代物理学一样的道路前进，"它必须机械地解释现象，用精确的数学规律来表达现象之间的关系。因此，洛采谴责当时仍广为流传的观点，假定以生命力解释生命物质的自成体系的特征。由于这些力量被认为超越了实现它们的机制，它们无法被测量或定义，因此是神秘的和蒙昧的"②，它只能让我们无头绪地回到最普遍的形式特征中。洛采要求将这种活力扩大到有生命生物之外的范围，撇开道德、审美及宗教因素，人们热衷于为每个胚芽的生长寻求一个固定的独特起源，"生长、营养和繁殖的特殊现象，持续有效的功能之间相互交错进行，以及在反复干扰的情况下自我保存的普遍事实，所有这一切似乎都要求那个更高的原则的继续存在和持续发挥作用，而这个原则最初只被认为是胚芽最初形成的原因"③。一切有机物与无机物

---

① Carl Stumpf, "Zu Gedächtnis Lotzes," *Kant Studien*, 1918. SS. 1–26.

② Frederick C. Beiser, *Late German Idealism, Trendelenburg and Lotze*, Oxford University Press, 2013, p. 141.

③ Hermann Lotze, *Metaphysik*, Felix Meiner, 1879, S. 441.

都需要特有的生命力，既然人们普遍认为"万物有灵"，生命力便是充斥于空间与时间中的普遍力量，它取决于一切物质条件，却高于物理与化学规律，甚至能作为它们所不能解释的现象的事因。然而，生命力不能成为洛采实施"目的论机械论原则"的要素，它只能是一种形而上学原因，我们无法用它给予世界自然进程以机械描述和目的论解释。价值思想强调的不是被感觉给予的实在之物，不是现象，而是实在之物之间形成共同秩序的某种特定形式，确切地说是万物的关系、行为以及遭受。施特拉尔认为，洛采要想达到目的，需采用以下两种可用的形式，"其一，寻求万物的自由活动及其所有可能的相互关系；其二，在自由活动中，寻求万物的系统化内容"①。我们无法通过生命力来实现任何一种形式，它的解释苍白无力，既不像现象内容一般具有直接的经验性，同时也只能作为生命现象过程的事因，而绝不可能在其中发现任何生命现象的本质。生命力甚至超出了物理学中的力的解释范围。物理学中的"力"往往会要求效果形成的总和取决于条件差异。力，是由万物间的作用与反作用的对抗与守恒所得出的，不被万物自身而决定，因而是普遍法则。在普遍法则下，物理学中的力绝不会产生法则所不允许的结果，也不会增加任何现存条件所不可能产生的影响。但是生命力显然不受条件限制地放弃它本能之事，开始做新的事情。米尔科夫认为，洛采宣布"机械论原理不是一个形而上学原理，而是一个主要属于自然科学的纯粹的方法论原理……作为纯粹的方法论原理，洛采的'机械论原理'并没有声称要领会这些过程（周遭环境的发展进程）的全部性质，甚至也没有开始描述它们的来源。也不意在解释——或澄明——生命、心灵与

① Gerhard Müller-Strahl, "Metaphysik des Mechanismus im teleologischen Idealismus," *Journal for General Philosophy of Science*, Vol. 44, No. 1, 2013, SS. 127–152.

目的"①。当将生命现象视为最高存在的生命呈现时,机械活动便是实现目的的手段。

生命现象表现出的相互作用可以通过机械活动来解释。生命力并不能成为支撑生命现象的唯一基础;自然界中极为不同的生物都是由同一个物质元素库构成的。无论生命原理是多么奇特的表述,生命现象中的各种物质都不可能不发生相互作用。生命原理可以脱离作用关系,但生命的实际存在总是机械原因的结果,最初出现的物质仅仅是生命现象中的首要要素,在一般规律下,与其他要素的作用才能产生实际的结果。

> 这些事实所表明的自然结论是,生命现象是由各种物质元素的特殊组合而产生的,没有一种物质元素……有资格被称为特别的生命原理;同样旨在表明一种特殊生命原理的事实就在于,生命只有通过连续地自我繁殖才得以维持,那么我们必然得出的结论是,物质元素的特殊结合,作为生命发展的萌芽,只能不断地连续下去才能维持并再生产自身。因此,我们能否成功地命名这种具有生命力的物质结合的一般形式特征,或详细说明这种物质结合的发展,都是无关紧要的事;关键是,对于真正的生命原理的另一种假设,其本身既不可能,也不会有什么结果,而机械论所不能解释的,只有生命的最初起源……然而,根据普遍规律,机械作用的概念能够扩展到将精神活动和物质状态联系起来。②

---

① Nikolay Milkov, "Rudolf Hermann Lotze (1817–1881)," *Internet Encyclopedia of Philosophy*, https://iep.utm.edu/lotze/, 1997.

② Hermann Lotze, *Metaphysik*, Felix Meiner, 1879, S. 445.

　　洛采从不像赫尔巴特一样以孤立的、无关系的视角看待一切存在。正如能体现价值有效的运动形式那样，现实运动一定不是运动物体隔离于所谓的绝对空间的简单位移，而是运动物体与周遭之间的整体关系变动。生命现象也同样如此，一种要素不可能只获得一种已定的条件而持续存在，它总是以其自身的性质，规定所接受的撞击效果。一个由要素相连而成的系统在受到刺激之后产生的效果，随着中介机制的复杂化也会变得更加多样且显著。机械活动可以将部分间的不同相互作用纳入整体，有机的生命现象能够在利用完满构建的整体法则的运动方式下得到解释。终极目的必须以机械过程形式直接实现自身。机械论作为它的代理者，是一切事件发生的基础，是一个系统以及一个与目的相对应的秩序。

　　不过，机械活动于生命现象之必然终究是归于普遍法则中的。显然，生理学不具备物理学抽象方法的优势。物理学方法表明，对对象的分析以分析现象为开端，旨在寻求一种普遍的关系法则。机械论能以部分间的相互作用解释整体，并能使具体的东西回归到抽象的普遍法则中。按照"法则如不是抽象的，则要运用到实在中"的立场，生命现象作为具体形式势必因系统间的法则以及系统间的各部分法则而得到规定。"生命现象只能在机械论中获得解释"与"生命现象是最高存在的个体呈现"有着不可分的逻辑关联。机械论遵循的普遍法则最终将指向至上的行为主体。如果"自然进程遵循机械法则，那这就是上帝的行为本身，正如我们常说的那样，它遵守这些法则，但实际上它每时每刻都在创造这些法则。因为它们不可能先于上帝而存在，并作为上帝服从的准则；它们只能是他工作方式的表达"[1]。生命现象遵循的机械论法则，便是上

_____

① Hermann Lotze, *Metaphysik*, Felix Meiner, 1879, S. 449.

帝的行为法则。它不是逻辑—数学法则，所谓的逻辑—数学法则不过是将事物的逻辑—数学关系带到普遍法则中所呈现出来的。依据价值秩序，普遍法则"表述的是依赖（关系）的普遍方式。这样，在任何情况下，要素的特殊性质以及可变的前设的关系类型及关系量都可以规定出结果类型"①。普遍法则绝不是外在于机械活动（包括生命现象）的独立存在，只有实在地运用于各作用物体及其关系中才是有效的。准确地说，"一切发生事件中最普遍、最高的法则的统一，从一开始便是确定的——尽管他（洛采）一再承认，这些法则的相互联系只有在世界最高观念的共同意义中才能被发现。然而这种联系无需是逻辑的联系，而是具有感性确定性和合理性的联系"②。普遍法则关联起了最高观念以及事实世界中的机械活动，它们的现实有序不再是前定和谐的理论结果，因为没有任何充分的理由让万物遵循普遍法则。世界本就是混沌的，因普遍法则才被规定为有序。

二　高于机械活动的灵魂生命

克罗内伯格（M. Kroneberg）曾表示，在观念论繁盛、实在论萌发的19世纪，洛采和费希纳的哲学都以自然科学为基础，却有各自的思想旨趣，"对于前者来说，主要关注有机体、生命等领域，而后者则指向无机物、物质领域。由此洛采特别进一步探究了肉体与灵魂的关系问题，

---

① Max Wentscher, Lotze's Gottesbegriff und dessen Metaphysische Begründung, Inaugural-Dissertation zur Erlangung der philosophischen Doktorwürde, welche mit Genehmigung der hohen Philosophischen Fakultät der vereinigten Friedrich-Universität Halle-Wittenberg, 1893, S. 53.

② Max Wentscher, Lotze's Gottesbegriff und dessen Metaphysische Begründung, Inaugural–Dissertation zur Erlangung der philosophischen Doktorwürde, welche mit Genehmigung der hohen Philosophischen Fakultät der vereinigten Friedrich-Universität Halle-Wittenberg, 1893. S. 28.

总的来说是关于'人'的全部问题，而费希纳则着重致力于宇宙论问题"①。如此的哲学旨归势必会让洛采谨慎思考灵魂的结构化活动。在承认肉体外在刺激可能固定地、特定地引发相应的感觉量的情况下，洛采认为这种活动外在作用不外乎是唤醒真正规范秩序的一种信号。洛采在《小宇宙》中表明，恰恰是因为出现了这种信号，灵魂才能依照各个不变的法则从其本质存在的本性中产生出特定的内在状态。其中从两个不同层面传达出同一种目的旨趣。首先，外在作用表征为某种信息的物理量，并未对主体发挥任何程度的实质性功能，不过这不代表其物理作用的纯化，而是其中要表达的潜在意图在与主体的内在关联中获得激发，相互异质的灵与肉在同质的意图与目的中发生融合。其次，灵魂凭靠的不变法则是在信号发挥作用这一基础上，达到目的的机械手段，即使世界遵循机械法则，世界整体也仍然通往至高目的。

洛采所谓的"机械"，"与笛卡尔的或者德谟克里特的都相去甚远！倘若在《普通病理学和作为机械自然科学的治疗学》中，他已经强调，生命体所需要的力自然是不同于物理学中所应用的力，那么在《小宇宙》与《形而上学》中，我们可以了解到，一切机械作用都要以有生命的，用我们的话说，以精神性的背景为前提"②。一切机械法则只有在内在目的的反向加成中，从而持续发挥作用力时才可以被想象。必然发生的法则过程被给予了某种生命之源，"它的存在不是为了它本身，而只是作为达到遥远目的的一种手段：只是为了它的意愿，活生生的、活跃的世界意识奠定了数学力学定律的基础，作为将所有个体现实作为综合

---

① M. Kroneberg, "Fechner und Lotze," *Die Naturwissenschaft*, 1925, SS. 957-964.

② Otto Frommel, Das Verhältnis von mechanischer und teleologischer Naturerklärung bei Kant und Lotze, Inaugural-Dissertation zur Erlangung der Doktorwürde der hohen Philosophischen Fakultät der Kgl. bayr. Friedrich-Alexanders-Universität Erlangen, 1898, S. 44.

诚命连接起来的基础"①。外在作用在此发挥出了潜在意图，一切实在之关联的部分呈现在与主体相关联、相融合时，其现实表征是至高目的采取并规定法则机制，由此才能使自然过程有序发展，这表明了洛采式的机械法则并非先于目的而存在，相反却是目的规定下的被设定的法则。同样，生命现象表现出的有序系统也属于体现这等法则的运用范围，后者具有普遍的重要性及广泛性。但生命现象绝不依赖于机械法则下的机械活动，如果说生命力是可以解释生命冲动的一切观念的首要形式特征，那么机械活动则是包括生命现象的事件发生形式，需要完全表现出各种宇宙论形式。机械活动仅此而已，相反，其因果次序依赖于终极目的，甚至事实世界中的一切偶然结果都被视为目的的现实有效。尽管这些结果同样依普遍法则由特定原因产生，但这些原因也并非为自身而是为了实现要共同实现的目的。洛采强调，如此的机械活动的普遍重要性及广泛性需要以更高的视角予以审视。

　　洛采区分了机械活动中的原因与根据。"首先，必须比在日常语言中更精确地区分'根据'和'原因'。有了原因之后，依据该词的来源，我们便总是能理解所有那些实在的万物或事件，因为它们之间已经明确了的关系就会产生之前并不存在的一些事实。我们把这些新的事实统称为效用，并将这个模糊的名称指定为已产生的结果而非产生结果的过程；对于后者来说，凡是似乎有必要且有可能注意到这种潜在差异的地方，我们都将保留'起作用'（Wirken）这一不定式名称。但根据既不是事物，也不是事实，而是万物与其本性间存在着的一切关系的总和，从中

---

① Karl Belau, Über die Grenzen des Mechanischen Geschehens im Seelenleben des Meschen nach Lotze, Inaugural-Dissertation zur Erlangung der Doktorwürde der hohen Philosophischen Fakultät der Friedrich-Alexanders-Universität Erlangen, 1912, S. 4.

可以得出新效用的内容，作为必然的逻辑结果。"① 原因之为原因不是不
证自明的，并且对每一效用的解释，除了指出各种原因外，还要证明我
们有根据，这样，原因才有资格成为这种效用的原因。看似原因与效用
之间存在直接关系，但实际上原因是实现根据的构成部分——施特拉尔
将原因视为实现部分根据的手段——由于在自然观察中的直观性及实验
性，我们往往误将其假设为效用的直接条件。可是在从过渡到效用之间
永远存在空间性断裂，从原则上讲，对现象原因的探究永远也找不到最
终原因，因为在每个原因之前还会有一丛丛的原因。"要在科学范围内
探究原因，就势必要设定界限，方法是'无论在何处，都要把特定的状
态倾向框定为在经验中获得真实可靠的事实，且这些状态允许普遍法则
运用其上'。"② 这种界限意味着在逻辑范围内人类认知以及可论证的界
限，科学往往能告诉我们普遍法则下的机械活动能产生什么结果，却
无法说明结果的诱因何在，以及结果与原因是不是单向线性关系。洛
采看到了机械论对这类问题解释的局限，他提出原因与根据的区分，
是为了使原因发挥"作用"具有必然性，如果万物皆可成为原因，则
万物间的一切关系都将作为整体秩序或系统而成为根据。某一种机械
事件的因果链只是一种手段，因果次序仍然无法脱离根据，无论机械
论何等重要，始终是普遍的宏观理论。而洛采要寻求的是现象的动因：
小宇宙。

　　生理学不具有机械论的抽象优势，机械论也不是生理学的唯一解释
限度。假设一切事件都只能满足于机械论解释，问题仍然是机械规律运

---

① Hermann Lotze, *Metaphysik*, Felix Meiner, 1879, S. 105.

② Gerhard Müller-Strahl, "Metaphysik des Mechanismus im teleologischen Idealismus," *Journal for General Philosophy of Science*, Vol. 44, No. 1, 2013, SS. 127–152.

用于实在事件的意义是什么。世界除了是机械的，也仍是有目的的。"我们不能机械地解释所有的现实，因为所有的机械解释都是假设的——它假设'如果 X，那么 Y'——所以它不能解释初始条件 X 的存在。如果我们把整个自然界视为一种机械装置，我们仍然必须解释它最初为什么会出现；换句话说，我们必须假设它有目的或意义。洛采认为，最终的科学理想是一个有机系统，其中每个部分在整体中发挥必要的作用，所有部分形成一个统一体；然而，系统化的前提是，事物的整体是按照作为事物意义和目的的观念来组织的。"[①] 这就暴露出机械论的弊端，即澄明现象时表现出一定的局限性。对此，超越于此的将是灵魂生命以及目的统一。

洛采虽放弃了生命力这一形而上学解释，但并不否认灵魂生命的真正存在。在承认一切事件服从机械规律的前提下，洛采重新回到了原初的灵魂生命，最终唤醒了莱布尼茨的精神，遵循了莱布尼茨的单子论，这预示着物理机械与外部世界终将不过是证明灵魂生命存在的现象性的中介体系。机械论简单的运作过程无法统合万物与精神，要完成此任务唯有通向精神之路，包括人类生命和历史生命的全部存在和生命，它们作为精神领域将是真正的存在。我们没有充分的理由相信，因类似的机械作用方式，生命体可以被视为一台极为精妙的机器或是自动上了发条的时钟，同样也没有理由夸大生命机器优于机械装置，从而认为能够提供给我们进行创作的简单的机器模型只是生命体。对外部作用产生相应的作用补偿，抑或发生应激反应，是生命体与机械装置的普遍特征，但

──────────

[①]　Frederick C. Beiser, *Late German Idealism, Trendelenburg and Lotze*, Oxford University Press, 2013, p. 161.

不能从外部刺激推出相应的作用补偿及应激反应。显然，机械活动方式可以用于描述生命体的发生过程，也可以通过各个结构的要素间的相互作用解释有机结构的维持，却无法阐明为何会首次出现这类结构。最早提出机械论局限性的著作是洛采的《小宇宙》第一卷，但他并未给予阐释，直到第二卷第四章才深入探讨机械论的利弊。早年的洛采是目的论者，他将机械论者比喻为歌德笔下的梅菲斯特，即"我是永远否定的精灵"，虽然没有明确表明灵魂生命的"浮士德"特征，但洛采建议从有机体的结构和存在而非一般的自然生命中寻求最高的目的。他追随歌德，宣称每一个被造物的目的都存在于自身的存在中，一切有限之物作为与无限相对的非独立存在者，只存在于与永恒观念的价值关联中，并且只有在使它实体化的世界灵魂中才能发现它活动的根据。在严格区分了原因与根据后，灵魂生命将被赋予最高的价值根据，它所表现出的一切精神终将淹没"梅菲斯特的否定力量"（机械活动）。洛采嘲讽道："钳子的形状只有在动物的颚部才能找到，杠杆可以在可移动的四肢上找到。在其他任何地方，都没有像肌肉在关节表面处产生运动的实例，也没有像韧带引导确定方向的实例：只有生命体才能利用真空的产生和随之而来的大气流体的吸入，容器壁对其内容物的压力，以及规定由此产生的运动方向的阀门。（但）这一切都与人们以最热情的生命力占有的精神活动无任何直接的相似之处！"① 有机体现象是机械活动方式，而唯独精神不产生于它。

机械活动最终遵循的普遍法则指向更高的力量，即上帝，他是宇宙中机械活动的行动主体。但无论这一观点多么无懈可击，"无论世界有多么依赖于上帝，人们都希望，世界也应该包含着一些次要的以活动为

---

① Hermann Lotze, *Metaphysik*, Felix Meiner, 1879, S. 446.

目的的中心点，而这些中心点并不是由普遍的机械定律之间的关系来决定而获得它们的整个效果的，反而是它们本身也为这个体系提供了新的发展活动动机"[1]。这就是我们要指明的除上帝外的另一个主体：灵魂。唯有灵魂生命才具有精神本质，而这种本质才是解决机械活动问题的核心。

洛采的机械论并非狭隘的机械观，而是不包括静态物质论活动的理论。自然科学设定了不可分的广延物质。莱布尼茨将物质的本质视为力，广延因力而存在，力作为内在精神统觉到的是物体的形态；洛采则视广延为不同杂多相连的物质的可见属性，作为实体的灵魂，其精神本质发挥统一功能，洛采不关注物质形态，而关注活动方式的具体形态，确切地说是相互作用关系问题。在他的形而上学体系中，本体论是心灵对"实在存在"的思考，与其说是对它们的普遍假定，不如说是完成了对始终变化着的实在存在的统一，或者说，实在存在，抑或彼此作用、遭受的实在之物，抑或事件过程，它们均是同一本质存在的同一状态在不同时刻下的相互补偿。那么，是什么东西如何将它们领会为统一的整体的？马克斯·温切尔（Max Wentscher）指出，这种变化表现出的统一性，只有在我们观察主体中才显现，对于观察者来说，同一本质状态可被理解为统一，对于本质本身来说，统一就是在维持自身。要能使机械活动中的相互作用是有序的、整体的、统一的，我们就要借助灵魂生命的精神本质。灵魂生命是被绝对者给予有机体的，它瞬间进入有机体中，并具备不同于依附于有机体时的功能。洛采反对唯物主义的一点是，所谓的整个世界原则可以证明灵魂生命是如何从中推出来的。实际上，事实世界的统一在于彼此间的外部作用，而灵魂生命的精神本质在于内在

———

[1]　Hermann Lotze, *Metaphysik*, Felix Meiner, 1879, S. 449.

作用。灵魂可以调动意识统一功能，而在此之前，则要发挥无意识部分，即"既要受神经中枢部分的影响，又要把这里接收到的印象加工成感觉，以及把感觉的内容转移到外面"[1]。这是从外向内的直接过程，是一种无意识的适应性活动。"我们向来都是通过各种差异来区分万物的；尽管我们无法形象地表述出任何单一事物的本质特征，但当两个事物受到同一外在条件的制约，一个事物将以简单而一致的反应来表现它的本性，另一个事物则以复杂而多样的反应来表现它的本性时，没有什么可以阻止我们在它们之间假定一定的等级差别，后一种反应中每一反应可能都能引起事物的某种全新的能力，或者它们联合起来形成一个依特定目标而发展的整体。在这种情况下，我们在灵魂中就拥有了一个真正的原则，它既积极地追求目标，又无意识地不违背机械法则。"[2] 这其实就表明了灵魂生命的关联性活动，旨在形成具有感觉程度等级差异的整体，没有它，灵魂生命的精神本质便不能被认为是统一的持存。机械活动中有序的因果链，以及由此形成的系统整体，便是灵魂生命中精神本质的外在表现。洛采曾不止一次地表达过他的信念：一切事物都服从机械规律，但这并不意味着在世界被创造之前，就已经存在着绝对的机械规律，并有一种组织力量充分利用这些资源。相反，事实必然是，生命本性将是一切的出发点，是统一，也是本质，更是思想意义的表达。

洛采开启的机械活动与生命现象的视域划分推动形成了自然科学与人文科学的两种研究方法。在某种目的论机制的预设基础上，描述与解

[1] Max Wentscher, *Lotze's Gottesbegriff und dessen Metaphysische Begründung, Inaugural-Dissertation zur Erlangung der philosophischen Doktorwürde, welche mit Genehmigung der hohen Philosophischen Fakultät der vereinigten Friedrich-Universität Halle-Wittenberg*, 1893, SS. 69–70.

[2] Hermann Lotze, *Metaphysik*, Felix Meiner, 1879, S. 450.

释两种方法分别适用于阐释事物的发生方式及发生原因，即"人们可以科学地描述世界，但只能用目的论来解释"。洛采显然承袭了阿那克萨戈拉关于科学描述宇宙秩序与努斯作为动因的理性论的自然判别，在苏格拉底及之后的哲学家之伦理视角的转向指引下，价值作为终极目的终于回归到洛采提出的个人精神世界的灵魂小宇宙中。在形而上学层面，身体与心灵不是独立的实体，而是不同却协调一致的物质概念；在价值层面，与生命关联的灵魂超越并引领心灵，实现了将"善"作为描述科学知识的解释根据的意图，也正因如此，科学知识本身的准确性在洛采思想中始终是含混的，却获得了世界价值规范赋予的明晰性。洛采在《小宇宙》中一再重申上帝活生生的个人精神和他所创造的个人精神世界是真正的实在，"它们仅仅是善与善好存在的地方；因它们才会存在一个外在的物质世界，通过物质世界的种种形式与运动，宇宙的整体思想才能通过直观被每个有限的心灵所理解"[1]。直到晚年，洛采才寻找到价值依托于心理学方法论的实现路径：灵魂生命起初并不存在，既非自我产生，也非源自有机体，而是伴随着普遍法则孕育而生。绝对价值是事实世界的根据，而价值秩序在事实世界中的有效实现绝非直接的，如同机械活动是终极目的的代理者一般，灵魂生命则被洛采称为价值有效的"执行机构"，是世界秩序中不可缺少的中间环节。事实世界中的一切都处在机械关系中，这种关系必然被给予我们而非我们产生。为了在这之中产生主体个体，灵魂生命将被赋予价值中的一切，如果一切现实指向的最高目的是绝对价值，事实世界中的最高原则将是具有精神本质的个体灵魂生命。

---

[1]　转引自 Karen Green，"Hermann Lotze's Influence on Twentieth Century Philosophy，written by Nikolay Milkov，"*History of Philosophy & Logical Analysis*，Vol. 27，No. 1，2023，pp. 151-159。

第三节　价值整体下的万物统一

国外学界就洛采早年和晚年的思想似乎达成了某种共识，尤其是1879年《形而上学》不过是1841年《形而上学》的差别性重复，而差别体现为价值思想的求证手段之别。在两个时段同时主张世界作为宇宙是一个被意义充实的有序整体，相较于年轻时提出带有幻想般的目的论思想，晚年的洛采好似如梦初醒，回归现实，尊重科学、经验，从事实本身真实的自我活动出发，如此便易于造成世界有机体是纯粹的机械运转的假象，甚至当机械因果作用于现象是相对于主体的"关联性"活动才有效时，会形成该活动是作为其意向对象的表象相互作用而成的机械结果这一谬论。的确，晚年洛采没有表现出明显的目的论倾向，准确来说，没有更多的目的论思想论述，但基于观察对经验作出的事实判断中蕴含了目的论甚至是价值倾向。晚年的洛采成为一名成熟的心理学家，当价值思想最终锚定在有生命的个体存在时，万物不再是单纯的万物自身，而是带有意图性、主观性辨识的统一整体。

"统一"表现出了带有价值矩阵模式的目的的实现，是洛采秉承观念论传统时的终极追寻。当我们在不停追问事实与价值的关系时，简单的齿轮运动、海绵中的水渗透到干燥的物体中等这类朴素的日常经验都是事实与价值相结合的例证，一方面是感知到的普遍价值内容，另一方面则是被觉知的特殊经验形式，在伪辩证法的模式下达到了与黑格尔所设想的同层次的目的，即宇宙整体的完整性与确定性。在此面临的问题是，背离了莱布尼茨提出的严谨的形而上学后，洛采应当如何整合起丰富的杂多与整全的"一"。这便是本节着重探讨的问题。

一　价值整体意义上的统一

万物的相互作用，本作为不争的事实，按照赫尔巴特的理解，万物却是彼此独立的。呈现于我们面前的万物，其多样性似乎最便于我们解释同样多的现象，而必然作为相对存在的活动进程之基础的绝对存在，会让我们轻易地把它立即归于所发现的多样性的要素本身之中。但我们不会放弃一开始所假定的事物彼此的相对独立性：在众多独立的统一体中，每个存在彼此间会建立适当的关系，这也是它们自足的本性所必需的。空无的纯存在被赋予于孤立的存在时，孤立状态如何达成形而上学的结合？赫尔巴特提出一元论实在论的解决方法，当他将黑格尔的思辨方式转变为带有心理意义的意识阈、统觉团而形成的思维活动时，实在论便偏向观念论。K. 西田（K. Nishida）是认同这一点的，"赫尔巴特认为世界是实在的结合体。莱布尼茨的单子被赫尔巴特理解为感性的实在。在赫尔巴特的哲学中，它是从给定经验的形式开始的，在逻辑上是加以适应的概念。在这一点上我同意他的看法。赫尔巴特的思维世界对我来说是绝对存在的空间，即绝对空间。从我的这个观点来看，与自我同一性相对的绝对之逻辑是绝对的设定，不是作为感觉之统一的实在，而是作为自我特殊化的时刻，即在此刻确定他自己"①。根据西田的论述，洛采与赫尔巴特的共同点是，都将意识视为向外投射的过程。洛采更倾向于规范性价值前提下的意识行为投射，后者并不构建被给定的经验，实在存在是经由感觉致幻中介而成，或者用西田的话说是作为感觉

① 转引自 Shoko Suzuki, "The Kyoto School and J. F. Herbart," in Paul Standish, Naoko Saito eds., *Education and the Kyoto School of Philosophy*, Springer, 2012, p. 48。

之统一的存在。反之，赫尔巴特是以意识过程的直接投射而构建出实在，它是感觉感知后的意识产物。如此，相较于洛采的观念论，"一元论实在论"便是拼凑而成的复合体，各自为"证"：实在具有实在性，不置可否，被感知到的实在对主体的刺激形成的是主体内在的感觉心态，由此必经意识阈的新观念构成无限延伸的统觉团不过是观念在逻辑上的无限统一。

洛采在其中找不到任何能够解释一与杂多有机结合的合理理由，此时的洛采比以往任何时候更能意识到知识的有限性，单凭观念对经验杂多形成的无限统一，首先不足以向我们指向未来方向，其次也不足以对实在经验进行绝对无遗漏的洞察，并获得我们最坚信不疑的绝对普遍，尽管主体有足够的勇气运用它作出自认为的真正判断，得到无一例外的证实。伊斯特伍德敏锐地觉察到洛采思想中这最为明显的特征，他一再强调洛采主张的思维表征对象时的程度问题，在此基础上，洛采坚持一元论的态度甚至不及坚持二元论那么绝对。从赫尔巴特到洛采，意识从绝对的一阶性降至相对的二阶性；面对意识与现实经验实在对立，洛采所诉诸的更高的价值规范在弱化建制性意识的同时，以价值整体之意义统合起了丰富的杂多。

洛采断言事物的统一是出于原因与效果之间的形而上学结合，外在作用是存在的，是经验观察的直观表象，但不能成为形成因果关系的动因甚至是根据。这种立场只能保持如此朴素的机械作用的解释力度，但凡无穷追溯，要么是至上超验绝对的终极因，要么本身不被视为因果作用中的自在承担者，或者说它们只是因果形式的附着内容，因果形式则是带有时间图式的知性范畴。洛采既想要保证个体的独立存在，又要证明因果关系且保持和谐的秩序，诉诸前定和谐只能是理性根据的独断，或

者会陷入费希特所说的"可怕的跳跃"的困境。因此，统一不外在于任何
的因果关系中的自在承担者，对关系的判定便是统一的实现。统一本就
与杂多共存，"B 和 R 的变化跟随 A 变化的唯一方式在于 M 是与自身保
持一致的并且受它的影响，除非产生 b 和 R1 的平衡性变化从而恢复同
一的性质 M，否则 a 是无法承受 M 的影响的。通过观察，a 似乎是先于
孤立要素 A 发生的事件；b 是后一个发生在同样孤立要素 B 中的事件。
根据这种表现，我们把其称为是 A 对 B 的'外在'影响，实际上，这不
过是 M 对 M 的一种内在活动罢了"①。洛采在《宗教哲学》（*Philosophy
of Religion*）中坦率地将这种统一称为绝对的统一，借助这种统一，一切
外在作用都归于内在活动，并由此被认为已经得到了解释。统一通过自
我活动获得了最大稳定程度的自我维持，尽管统一与杂多不能被任何时
间中断，但相较于作为活动结果且关联起来的现象性杂多，统一具有绝
对的逻辑先在性，并且在其中，一切要素都不再作为纯粹的独立性存在
而受到同一绝对本质存在的实在性的制约。细心的读者应该会意识到洛
采在此暴露出的矛盾，笔者已经在前文中论证了个体独立存在的必然性
及其自我设定活动，此时谈到的受真存在的制约是否又是"分有"的
"复辟"？回答了这一问题，矛盾也就消失了。

　　洛采将善之存在转变为善之有效，即"实体的特殊本性通过造物主
而显现于世"，不过不是"存在着"的显现，而是"有效"的显现。如
果万物间的任何关系是对最完善的"关系"理念的分有，现象性的关系
这一东西便趋向于真、趋向于善。这是一种外在视角下的"关系"判
定，即关系存在于万物"之间"而非"之中"，意味着万物独立且异质，

———————————

① Hermann Lotze, *Metaphysik*, Felix Meiner, 1879, S. 139.

在它们"之间"构建统一关系已不再是现实的状态或过程，仅仅是思想活动的外在表征，这完全背离了洛采的思想。从分有到有效的转变是各个承担善的实在存在在现实中对价值的有效实现，与其说是一种硬性制约，不如说它们获得了价值规定，成为"有价值的东西"。洛采将"实现"用于被赋予最高价值的万物，就已经非常明显地表现出时间性规定（目的论）而非空间性规定（机械作用），抽离掉统觉统一所运用的知性范畴中一切知性因素，让万物自然回归到时间中。万物是独立的且是自我设定的吗？有效论给予了最大的肯定，如果万物"之间"不分有"关系"的理念，它们作为诸多样式，在意义这一最高根据的统合下，就会使自我设定的符合目的的实在性彼此和谐地指向至上的完满实在存在。由此万物是在价值范导下进行自我设定，这是对万物必然处在依赖关系中，规定自身实在性的原则性要求。反之，不同独立程度的万物又时刻充盈着价值统一体，任何东西都无法阻止我们去描述这种统一体：一切要素在不同时刻不同紧密的程度下都可以得到解释，哪怕是在极端的情况下，比如，只有两个要素，它们毫无作用、彼此独立，或者在彼此作用中，从世界的其他一切组成部分中分离出来，结合成一对，彼此归属。"这些细微变化并不取决于，起初独立着的要素之间的关系从零加强、集中起来，而是取决于统一的意义。"① 杂多是价值统一下的杂多，但价值整体（或价值统一）不是一个量化范围，在 1841 年的《形而上学》和 1846 年的《灵魂与灵魂生命》（*Seele und Seelenleben*）中，价值范围意味着观念内容与意义的实现，价值便是系统的整体价值。

这可以视为类泛神论立场——施通普夫也认为："洛采实际上也独

<hr>

① Hermann Lotze, *Metaphysik*, Felix Meiner, 1879, S. 142.

立提出了新泛神论的单子论。"① ——一方面是整体价值在世界中的普遍有效，有机物不是在空的空间里生长起来的，不是在一个与一切事物都没有联系的世界中生长起来的。"凡是可塑性物质存在的地方，绝对物质也同样存在，它并不是一种可以设想的观念，不是一种不能发挥作用的等级类型，不是在一组要素之间、之外或之上的命令、愿望或是理想；而是存在于每一要素内的一种真实发挥作用的本质存在，它也不像可分割的物质，以不同的比例分布在它们之中，而是在每一个要素中都表现为一个整体，作为一个包罗万象且具有决定性的统一体，并凭借其整体的一致连贯性，为每一个非独立的要素委派那些确保它们朝着确定的目的而集中发挥作用的活动。"② 在事实世界中，生命现象与机械活动并非只遵循机械原则，就好似在生命背后没有其他任何东西。反之，在生命背后有着价值整体现实呈现的活动，它与事实世界的每一次的结合都将以现象形式表现出真正的活动。这显然突破了纯粹的机械活动的极限。另一方面则是诸杂多依据它们在整体中的位置而拥有的部分价值。主体对杂多的任何认知，哪怕是最初的感觉感知都不仅仅是对单个杂多的独立判定。其一，单个杂多可以是独立的，但绝非孤立的；其二，即便是源初的感觉感知也非独一的，而是复合而成的。个体只有在整体中才有价值，且其价值程度取决于最高的善在它之中的实现程度。个体的概念界定包含了最高价值的内在置入，但个体由此拥有的部分价值绝不在于概念本身的自为完善以及它抽象包含的如此丰富的具体规定，而在于超越个体的个体与整体的关系。当我们试图像罗素一样，将洛采同莱布尼茨都归为"关系主义者"时，洛采已经超越了莱布尼茨意义上有限实体

---

① Carl Stumpf, "Zu Gedächtnis Lotzes," *Kant Studien*, 1918, SS. 1-26.

② Hermann Lotze, *Metaphysik*, Felix Meiner, 1879, S. 142.

视角——现象性关系是实体知觉清晰程度的外在表征——提出了一切个体杂多都与最高价值有着最紧密的价值关联的论断。从历史角度来看，情感价值维度比理性逻辑更有说服力。莱布尼茨曾认为，这个世界是上帝创造的最好的世界。何为最好？好（das Gute）即善（das Gute），而善不再是古希腊传统遗留下的理性逻辑模型的构造，而是能现实实现被感知到的有序的目的。班贝格认为洛采提出的这类关系是对赫尔巴特关系法的认同，"只有通过关系才能规定一切实在：所有存在都是在关系中存在：对存在的认识便是对存在所处的关系的认识"①。根据拜塞尔的观点，赫尔巴特的关系法适用于主词谓词的逻辑关系，这更倾向于莱布尼茨的概念包含说；若要认同，洛采也只能认同赫尔巴特提出的被给定物的特殊关系形式，这是赫尔巴特对康德的先验普遍形式的勇敢挑战。

个体与最高价值的价值关联是洛采对有机体系设定的最高目标。不过由此往往误将统一作为整全的"一"，完全是通过自我的内在运动、介入、规范并引导现实个体。误解原因之一是将"一"视为自在的统一，要清楚统一既非"一"也非"多"，并且需要阐明统一要完成规范、引导这一系列必然行为与其作为价值整体对现实个体的意义是如何结合的。因此统合"一"与"多"、行为与意义的是实施领会行为的主体，即灵魂。"洛采提醒我们在我们看到灵魂能力的多种多样的同时，'记住'在'的统一性来源于灵魂'。万物只是流变，进入我们意识的现象却是具有统一性的，否则我们与外物发生价值联系时，价值就无所依着。"②因为主体同样是现实个体范围内的，且是有生命的特殊个体。

---

① Fritz Bamberger, *Untersuchungen zur Entstehung des Wertproblems in der Philosophie des 19. Jahrhunderts*, Verlag von Max Niemeyer, 1924, S. 68.

② 杨晞帆：《思维、灵魂、情感——洛采价值哲学疏解》，硕士学位论文，复旦大学，2006。

二　意识统一下的万物统一

当代中国价值哲学研究往往遵循文德尔班提出的二分法，明确区分事实判断与价值判断。但洛采作为价值哲学的开创者，将价值作为哲学的根本与核心，他认为作出某个"真"的事实判断，完全归因于价值。思维是盲目的，无法体验到价值与意义，而它追求的"真"是价值的一种，思维揭示实在之物之"所是"而与它达到的同一，不过是因价值的促动而发生的。

同一律要求排除思维的模糊性以保证准确性，思维连接就要使可想象的内容 S 和 P（行为事实）或者 S 和 Q（行为效用）构成逻辑等同。同时需考虑到 P 和 Q 是否矛盾，因为排中律明确提出矛盾双方必有一真，即 Q 是否等同非 P。洛采将思维仅仅视为脚手架，只要不存在矛盾，便可当作一致："S 是 P"以及"S 不是 P"，系动词本身是矛盾的，则两个命题必然不一致；如果不存在"非 P＝Q"这样的命题，那么"S 是 P"与"S 是非 P"这两个命题便是一致的，除了逻辑关联词互不矛盾外，坚持非矛盾原则，也能证明两个命题是相一致的。在这种情况下，关于主词 S 的行为事实以及其意义便能获得逻辑一致。但此处只能进行形式逻辑比较，因为 P 和 Q 没有任何实质性的共同范围，前者属于事实领域，后者则属于有效领域，逻辑关联词只能作出等同判定，但无法予以解释。况且同一逻辑不能同时运用于这两个领域。比如"是"，可以用于事实谓述，却不能用于描述行为效用，描述行为效用需要另一个它所属的逻辑关联词。因此，（事实）存在与有效同时满足共同所属的主词需要什么条件，抑或二者不同的关联词如何共存于同一主词中？单从行为事实讲，"是"往往表达的是两个观念内容的一致性，"一"便是"一"，"多"自然不是"一"而是

"多"。但要使"一"是"多"这样的命题成立，"是"应该是形而上学系词，这样才能将不同意义下的主词和谓词连接起来。于是，整全的"一"与"多"不能通过前者作为第三者将后者统一起来，从而向"多"安排不同的职责，因为行为事实与行为有效中的系词不同一。此外，行为事实中的系词应是形而上学系词而非逻辑系词。因此，"一"与"多"是对立的，而非统一的。如果 M 是统一，则它不能不"是"其中一个（"是"不是逻辑系词，而是形而上学系词），它是其中一个时，必然与另一个相对。因为，M 既不能外在于多个 m，也不能表征为它们的总和，它应该具有属于每个 m 的同一个本质存在，并且它成为"一"时的活动不可能是成为"多"时的活动。相反，如果要达成统一，就要明确地以统一与杂多所属的主体的本质统一为前提。这一主体主要作为行为效用的前提，即"一"始终是"多"，因为只有有效"成立"，行为事实才能"成立"。正如前文所说，在纯粹逻辑之上存在实践原则这一更高原则，能详细实现从普遍性到特殊性的介入过程——而非纯粹逻辑的普遍自足，因而物体的概念包含价值，而价值就在于个体与整体之间的价值关联。

灵魂统一类似于康德的统觉统一，但前者不具有先天综合判断的功能，而是凭"部位记号"对外在刺激要素形成反思性的综合判断，将不具有几何性质的混乱图像表象出相应的几何图像。灵魂统一是系列事件完整统一的基础。但在讨论"一"与"多"的统一问题时，洛采更多地诉诸被运用于表象内容之上的意识的统一，因为灵魂统一无法完成更高层次上的统一活动。对此，桑塔亚纳和昆茨说道：

> 于是，我们看到洛采经常谈到的对象——个体的东西、灵魂、世界的统一性——在他的体系中出现了。它们是法则，是关系图式，

并由法则所描述的要素（在意识状态下）的连续实现所实现。除了一种情况外，它们的统一都只是一种描述的统一，一种只存在于观察者心灵中的统一。这些连续的状态不会拥有它们自身的统一；但是，在第三者的思想中，这些共同存在的状态的形象，在他看来，相互从属，并符合一种相继和发展的法则。然而，有一种情况使洛采的概念免于退化到这种令人失望的形式，那就是这些相关的状态本身是有意识的；既然它们是有意识的，它们就可能包含着将它们与前因状态和结果状态联系起来的法则的表征。这样，只有在其思想中才能使法则存在的第三者，现在便可以不存在了；法则可以存在于与它自身有关的思想之中。一个事物的统一，灵魂的统一，宇宙的统一，因此成为一个投射的统一，生命的统一，在每一个时刻都是或可能意识到它自己的法则和指向。因此，对于洛采来说，人格，或包含自己品格和力量的意识的统一，是真正统一的类型；这就是构成宇宙的统一，也是构成宇宙作为自我存在的统一体的东西。①

人格，或者包含自己品格和力量的意识的统一才是对"一"和"多"的真正统一，"只有意识的统一才能让我们理解万物的统一"②，它实现了先前的空的全体性向特殊个体性的转变，拯救了个体性，只有在经验和思想教导我们认识到生活的严肃性、创造的意义、美与善的价值以及个人神圣的至高价值时，绝对的空洞概念才会变得生动和有意义。"一"在统一之中对"多"有效才会产生"多"，此时看到了形而上学意

---

① George Santayana and Paul Grimley Kuntz, "The Unity and Beauty of the World," *The Review of Metaphysics*, Vol. 19, No. 3, 1966, pp. 425-440.

② Carl Stumpf, "Zu Gedächtnis Lotze," *Kant Studien*, 1918, SS. 1-26.

义上的而非逻辑意义上的系词含义，并且所谓的"真"只有在这种方式下获得意义，才会是"真"。

　　冯·哈特曼曾指出，洛采吸收了莱辛和赫尔德的思想。赫尔德曾从三个角度讨论统一思想："遗传的，即智力的实际个体发展；逻辑的，即在达到真、美、善的最终概念时所涉及的判断过程；以及感官知觉与抽象概念关系的功能观。在这三种观点中，逻辑观点体现了对他那个时代哲学的新贡献。"① 赫尔德主要出于经验的生理学心理学，认为遗传个性是首要，理性也只是人性的功能之一。再比如，对实在、美学和伦理的判断，既不服从所给出的普遍规则，也不来自某种本能冲动，而是一种带有历史和人性的遗传标准。"人性"不是相对于"兽性"简单朴素的区分，是一切人类历史总和的全部活动结果。在洛采思想中，个体行为也同样构筑了趋向共同目的的历史，但个体是最高存在的有生命的呈现，是体现着最高伦理道德价值的现实人格。1896 年，F. C. S. 席勒（F. C. S. Schiller）发表了《洛采的一元论》（Lotze's Monism），次年 W. J. 莱特（W. J. Wright）同样发表了《洛采的一元论》（Lotze's Monism）以回应席勒。席勒认为，洛采在追溯万物之统一时，只需要使统一成为超越于它所统合的杂多，统一就可以得到理解。"多"的统一足以满足相互作用，根本无需"一"对"多"的行为事实甚至是行为有效，并且统一无需成为秩序范导下的有机整体（unity），只作为"多"之间不证自明的联盟（union）。"洛采没有看到因果关系的一般抽象形式的可能性是不需要推演的，他只得拒绝把先验的作用当作不可解释的，而企图用内在作用来代替它。"②

---

　　① Martin Schutze, "Herder's Psychology, " *The Monist*, Vol. 35, No. 4, 1925, pp. 507–554.

　　② F. C. S. Schiller, "Lotze's Monism, " *The Philosophical Review*, Vol. 5, No. 3, 1896, pp. 225–245.

席勒对洛采充满了误解，他不承认"一"的作用，因而一切现实杂多便在机械式的连续相加的统一活动中，又不得不需要某个先验的解释根据，这样得出的无目的性联系才不至于陷入空无中。他以自己承认的不证自明的因果关系解读洛采的思想，认为洛采想当然地用内在的作用代替先验的作用。但是洛采一再强调，"条件、效用、活动等概念会要求我们以万物的联系为前提，且其结构将超越一切思维……当有了世界，我们才在世界中，当世界如它所是的那样存在着，我们才有思维区分普遍情况下的不同情况：在一切都是如此之后，我们才可能会产生出关于实际并不可能的可能性之物的图像及概念……只有在世界中，存在的统一才有可能使表面上看起来相分离的世界组成部分相互作用，因此，存在的统一排除了多重孤立的且带有宿命论规定的观念，因为这些规定在不考虑彼此的情况下，把一些事件联系起来"①。内在相互作用不是因果关系一般抽象形式的现实替代，而后者只有在现实的作用关系中才能被指称为因果关系。此类型的相互作用处于"一"对"多"的行为效用中。但席勒否认"一"后，空洞的因果关系形式只能依附于某个统一来构建，而洛采提出的意识统一是在"一"与"多"的对立关系下发挥协调性作用，因而它是主体不可把握的量，或者说"并非我们可以用来科学计算的'被给予的'量（被给予的只是那个'一'所变成的机械作用）；我们无法认识我们必然接受的最高根据的具体内容"②。我们不能从中推论出任何东西。我们只允许作出"目的论判断"，这种"回溯性解释"使杂多回溯性地指向非所予起源。而席勒说的统一将是在"一"

① Hermann Lotze, *Metaphysik*, Felix Meiner, 1879, SS. 149, 163, 169.
② Otto Frommel, Das Verhältnis von mechanischer und teleologischer Naturerklärung bei Kant und Lotze, Inaugural-Dissertation zur Erlangung der Doktorwürde der hohen Philosophischen Fakultät der Kgl. bayr. Friedrich-Alexanders-Universität Erlangen, 1898. S. 61.

空缺后建构"多"，且建构者一定不是有限的，而是永恒无限的。由此他看到了洛采所说的人格的不完美，"以至于完美的人格能够形成一个可以归因于神的观念。但这一切与事物的统一有什么关系呢？这样的论点与他的形而上学一元论毫无关系，并且仅仅将万物统一称为上帝，也不会与一元论形成任何逻辑联系"①。不容置疑，席勒如此的解读必然误解了洛采。

莱特也认为席勒误解了洛采关于"一"与"多"的思想。席勒肯定的统一是自明地存在于"多"之中，"但这是一种对直接感知的天真预设……因为，如果多元论包含了它自身的充分统一，它就必须作为一个独立的整体而存在。这个整体是独立的，但其中的各环节是相互依存的；因为根据定义，它们通过相互作用相互决定。因此，仅仅通过加法的过程，一组相互依赖的元素就构成了一个独立的整体。那么，这个'加法'的基础是什么？'联盟'本身该如何解释？"②莱特为洛采的辩护是，统一的根据就是事物的根据。事物的有效之源也是生命的有效之源，生命和事物都没有脱离无限的实在性。无限以两种方式来设定它的统一：其一，在因果关系的范畴内，所以他的活动在我们看来是有次序的，在我们的头脑中产生自然的统一性的信念；其二，在现象的产生中，使事物，或更确切地说，使存在的形象出现在我们的心中，并证明"多"中有"一"的内在性。最高存在之有生命的个体呈现，其现实的意识行为投射，有意义地统合了"一"与"多"。其中不是类机械化的运动，而是永不停息的生命涌动，它打破了思辨的逻辑束缚，让价值成为特殊的生命感受而不是普遍言说的知性范畴。正是这样的一种精神存在，通过

---

① F. C. S. Schiller, "Lotze's Monism," *The Philosophical Review*, Vol. 5, No. 3, 1896, pp. 225–245.

② W. J. Wright, "Lotze's Monism," *The Philosophical Review*, Vol. 6, No. 1, 1897, pp. 57–61.

自身的统一把一切世界发生事件联系起来，如此，洛采便寻找到了一个万物被视为精神实体的统一的精神世界之基。

现实世界的总和究竟是有限的还是无限的？无限的设想令我们感到满足，人类常常惊叹于现实世界的无边无际，而我们不过是沧海一粟。正是这种无限，让我们难以把它领会为一个整体。同时，我们又渴求世界是有限的，因为这样我们可以轻易把握它，可是这样便无法认识和把握宇宙整体外一个更大且无边际的存在。这一观点，着实荒谬。实际上，现实世界才是唯一的存在，其本性就存在于感知着现实世界的精神中。洛采感叹于机械法则的必要性与价值，我们现有的自然科学知识都将归功于恒常性的抽象概念、力的守恒、物体惯性及不变性的计算，并在主体可观察的范围内，严格遵守着这些观点。与此同时，不应忘记事实世界也同样是有道德的、有目的的世界。如果洛采成功解决了先前观念论无法解决的事实世界与道德世界的关系问题，那么价值居于其中的观念世界构成了事实世界的实在性，观念便已无所谓是有限抑或无限，因为这相当于被迫回答说运动是甜的或是酸的，毫无意义。关键在于，因观念世界中的价值有效而不断在关系中实现自身的东西，它们也从不是绝对的有限或绝对的无限，任何数量都无法安置于其中。因为在每一时刻，现实实在终将是意识统一下，价值有效所需要的及绝对价值的生命呈现所产生的。

洛采把自然的生活设想依托于个人生活的推理。"因此，他很容易把这种宇宙生命看作神圣的人格的生命，即上帝的生命。同时，如果宇宙过程是个人的神圣生活，我们的生活和其中的事件似乎属于两个人格，灵魂的地位，人类个体性也会变得非常不确定。为了避免在这个问题上的混淆，最好考虑一下'统一'一词可能有哪些不同的含义，以及在何种意义上，更小的整体可以存在于更大的整体中，而不是成为独立和自我存在的现实。"① 一切之中包含着一切，价值不仅将"传统二元本体论中的'心''物'对峙转化为'心'与'物'在'价值'中的相互引发"②，而且化解了机械论世界观与浪漫主义之间的对立。

① George Santayana and Paul Grimley Kuntz, "The Unity and Beauty of the World," *The Review of Metaphysics*, Vol. 19, No. 3, 1966, pp. 425–440.
② 郝亿春：《洛采与现代价值哲学之发起》，《哲学研究》2017 年第 10 期，第 85~91 页。

结　论
洛采形而上学思想对价值哲学的贡献

先前的哲学理论总是善于对世界进行思辨或精于计算，而19世纪的哲学却已经乏于对自身周边的特殊科学进行无限追溯的探索。事实与价值，对二者不同的追问方式，使彼时的哲学在行进至绝对精神时还有回头的机会。哲学的定义便是哲学的本质，19世纪的哲学不再亦步亦趋地追问存在"是"什么，而是试问存在之所在。对方式的探究活化了"存在"的不生不灭、不变不动，当它富有活力而不断向外涌动时，受它浸染的世间一切都将是永恒价值的现实呈现，以行为有效带动行为事实，如此的存在则是真存在、是真正的实在。这是洛采价值思想的最高旨意。医学，让他始终对自然科学保持无上崇敬，却无法阻挡他对现实意义的渴求，也许1852年出版的《医学心理学或灵魂生理学》提出的部位记号说是他对价值予以哲学地位的体现。越过著作《小宇宙》，《形而上学》则是滋养价值的膏腴之地，于他而言，价值研究似乎不能再单纯地称为哲学思考，而是满于胸中、深切入骨的浓烈情怀。

"感觉"（广泛地讲，感性因素）与"关系"是《形而上学》的两大核心：前者以饱满的生命感受价值，如此，价值绝非可以严格规定的知性范畴；后者则是超越于思维、概念，在个体与最高价值的价值关联中被感受到的。二者的重要支柱便是价值有效。洛采一再主张，形而上学从不构建世界而是理解世界，理解行为的支点在于绝对价值的现实规范。在价值哲学还未盛行之时，洛采率先提出以价值为导向的范式理念，维德尔侯德认为，"规范"在自洛采开启价值哲学后起到了重要作用。不同于前人强调规范有效性，"洛采尝试将自然科学的研究方法和研究结果与'精神需求'相调和，从而以其现代形式提出了价值问题的基本假设是，所有科学都致力于对世界进行机械论解释。他试图证明，这种机械论以及归入因果律之中的全部现实，都不过是'一种实现精神现实最高目标的必要组织手段'。因此，他的'目的论唯心主义'不仅需要一种对自然规律进行的科学研究，还要求阐明'最高目标'。就此而言，整个体系'以价值为中心'"①。诸如此类的观点完全体现于《形而上学》中，就此维德尔侯德认为洛采缺乏细节论证，因模糊性无法界定明确的价值观念。综观《形而上学》，维德尔侯德的指责是无效的，洛采从未有什么野心提出"价值"概念，价值如柏拉图思想中的理念一般，是普遍有效的自为存在，超越了一切可被定义的概念框架，唯有在相互作用及行为实践中才能体现其至高的规范意义。在向有生命的个体呈现时，一切有序的伦理秩序都将被满足。因而，关于真存在的价值思想，"被称为'无主体的唯心主义'。这种价值哲学，把价值当作一种'价值存在'，因此也就肯定了价值之为本体，属于一种本体论的价值论"②。

作为洛采的弟子，文德尔班在《哲学史教程》中唯独没有单独列出

---

① 〔美〕W. H. 威尔克迈斯特：《维德尔侯德与作为一种综合性范畴的价值》，罗松涛、樊亚澜译，《当代中国价值观研究》2022 年第 1 期，第 120~128 页。
② 赵修义、童世骏：《马克思恩格斯同时代的西方哲学——以问题为中心的断代哲学史》，华东师范大学出版社，2008，第 607 页。

洛采的思想，但在笔者看来，他对 19 世纪哲学担负历史重任的描述却极为贴合洛采思想，"哲学只有作为普遍有效的价值的科学才能继续存在……哲学有自己的领域，有自己关于永恒的、本身有效的那些价值问题，那些价值是一切文化职能和一切特殊生活价值的组织原则。但是哲学描述和阐述这些价值只是为了说明它们的有效性。哲学并不把这些价值当作事实而是当作规范来看待。因此哲学必须把自己的使命当作'立法'来发扬——但这立法之法不是哲学可随意指令之法，而是哲学所发现和理解的理性之法"①。

回想起来，19 世纪中期，凭借医学、生理学方面的著作，"唯物主义之争"中的立场以及《小宇宙》三卷本的出版，洛采逐渐确立了其价值哲学之父的地位，挽救了濒于危机的形而上学，引流出了唯心主义的价值哲学流派。不过，我们一再强调，洛采只是将"价值"范畴作为其思想的核心，却从未系统阐发过价值哲学体系，开始这项工作的是其弟子文德尔班。那么，我们便有以下理由反观洛采形而上学体系为价值哲学所作的贡献。

首先，洛采是第一位将"价值"引入哲学核心范畴的哲学家，价值作为伦理性根据不仅包含道德要求，而且更广泛地包括审美、情感、意志等因素的内在要求。"价值"不是其哲学的唯一研究对象，与"价值"相重合的事实世界中的多元存在也在哲学的研究范围内，它们是"价值"的现实呈现、事实理解，比如物的现实实在存在、生成与变化、时空观、力与运动、世界统一等，这些要素进一步论证了"价值有效"，同时构成了形而上学体系的核心组成部分。其次，洛采在其哲学思想中运用了回溯分析法。米尔考夫指出，洛采的价值思想在于对人类的深切

---

① 〔德〕文德尔班：《哲学史教程》（下），罗达仁译，商务印书馆，2009，第 471~472 页。

关怀，但与当时的主流趋势相反，洛采并没有从技术等方面，而是通过人类教化的文明成果，即从人类整体的历史文化着手来理解人类，进而反推其他的部分，包括逻辑学、形而上学、科学等。"人类文化中主要的教化成果（Bildungsgüter）是通过诗歌和宗教来传达的。它们提供了'看待事物的更高视角'，即'心灵的视角'。这意味着科学关注的机械过程不是理解世界的唯一钥匙，它们甚至不是最重要的钥匙。"[①] 而理解洛采的形而上学思想能够让我们回溯到他的价值思想，洛采主张，"价值世界同时是世界形式的钥匙"[②]。再次，洛采生前只针对两个领域写过不同版本的著作，一个是逻辑学，一个是形而上学。逻辑学更多关涉的是思维，形而上学则关注物，也包括对整个事实世界的感知，其中涉及了洛采的心理学方法。这是理解价值的关键。瓦尔特·谢勒在《赫尔曼·洛采的小形而上学和大形而上学》中阐明了洛采 1841 年和 1879 年的《形而上学》之间的差异，即前者更关注目的论原则，后者则讨论万物之间活跃的相互作用，其中包含了伦理要素，价值世界成为主要的信仰对象。洛采的形而上学不同于传统形而上学之处是在目的论唯心主义基础上，满足了科学未曾满足的真正的"形而上学之需"，即形而上学的重构确立了价值思想。可以说，在弥合西方传统价值理念与现代资本主义功利性价值原则的二元对立中，洛采以非自然科学视角重建超越性的价值规则，"面对现代资本主义社会的价值秩序，如果不首先在'经验'的层面上阐释社会价值关系的对抗性框架和逻辑规则，如果不以此为基础建立超越（现实缺陷）性的历史视角，关于未来社会的价值追求

---

① Nikolay Milkov, "Rudolf Hermann Lotze（1817－1881），" *Internet Encyclopedia of Philosophy*, https://iep. utm. edu/lotze/, Wege, 1997.

② 转引自赵修义、童世骏《马克思恩格斯同时代的西方哲学——以问题为中心的断代哲学史》，华东师范大学出版社，2008，第 568 页。

要么是模糊的，要么就是一种新的'施魅'"①。

综上，我们仍需系统总结出洛采形而上学对价值哲学的重要贡献。这种重要贡献体现在三个方面：关系秩序，是对传统形而上学存在概念的解构；感官感觉，是对情感感性要素的探求，也是价值的内在展开；生命呈现，是价值哲学的终极目的。洛采从康德的普遍伦理主义中脱离，更加关注个体伦理主义，这也将成为近代哲学的宏大叙事向现代哲学的个体关怀的重要转向。正如施通普夫回忆道："洛采的影响之为广泛，不仅仅在于洛采的形式化艺术，更在于他熠熠闪烁的精神，强烈的宇宙情感和生命情感，无法摆脱的青春欢畅，还有那对全人类的温情感怀。"②

自然科学的萌发到蓬勃发展不过百余年的时间，然而这一过程却让人类遁入无限的价值空场中，个体的情感诉求被深深地淹没在技术理性的浪潮中，残酷的现实背景让我们不得不再度关注价值哲学。

一　关系秩序——传统"存在"概念的解构

传统形而上学史是一部关于"存在"之思的发展史，但是海德格尔指出"形而上学史就是一部'存在'的遗忘史"，因为从未被记起，所以被遗忘。于是，重提存在之问便是重提存在问题的形式结构，对存在的无休止地追问就是对存在的自身领会，"我们不知道'存在'说的是什么，然而当我们问道'"存在"是什么?'时，我们已经栖身在对'是'（'在'）的某种领会之中了，尽管我们还不能从概念上确定这个

① 温泉、郑伟：《现代性视野中的洛采思路及其意义》，《山东社会科学》2019年第9期，第14~18、80页。
② Carl Stumpf, "Zu Gedächtnis Lotzes," *Kant Studien*, 1918, SS. 1–26.

‘是’意味着什么”[1]。发问，乃此在对存在的自身领会，是在存在之中且与存在发生具身交涉，通过与其他存在的具体关系而现世呈明。这是一种从“思”的澄明到“在”的直接呈现的转变，其中始终包含着对此在的用心关切，只需对存在有明确性的领会，便自然构筑出关于“存在”的形而上学之网，这是传统形而上学本体论之存在向存在论之存在的过渡。在这一过程中，洛采思想中显现的关系秩序观点是对传统形而上学“存在”概念的解构，并构筑起形而上学“存在”的整体架构。

洛采的“实在”包括他所承认的事实世界中现实实在存在的物，但洛采不关心“存在”的生成问题。哲学不是建构体系的基础，反之其理论核心是对世界予以理解与关切，了解物之间的相互作用规律，在彼此的作用关系中确立万物之“存在”。“洛采认为，Sein 指的不是被我们所感知到的具体物，也不是思考的抽象物，如绝对位置[2]等等。他认为，从物的现有现实出发来看，Sein（存在）无非意味着‘于某种关系之中’。正是以此为基础，我们才可能把尚不能感知的东西称为存在。”[3]“存在”概念是洛采形而上学思想的核心。在观念论中，康德的著名论断是，存在不是实在谓词；黑格尔虽然肯定了存在是实在谓词，但认为纯粹的“存在”也即“无”。赫尔巴特反对观念论者过分地以认识形式强调“存在”的做法，并要求恢复康德的物自身在形而上学中的根本地位，忽略并反对“存在”的任何对立面。比如关系，他只在两个层面上

---

[1] 〔德〕马丁·海德格尔：《存在与时间》，陈嘉映、王庆节合译，生活·读书·新知三联书店，2006，第 7 页。

[2] 笔者对这一说法有异议。根据第一章第二节的内容，洛采要批判的是“绝对设定”（position）而非“绝对位置”，前者是赫尔巴特借用费希特思想中“设定”一词的极端表述。

[3] 靳希平、吴增定：《十九世纪德国非主流哲学——现象学史前史札记》，北京大学出版社，2004，第 218 页。

强调关系：其一，由于反对康德的先天形式的普遍立法，他提出被直观对象不仅构成知识的内容，同时也提供内容本身的特殊形式，此类形式是该对象内容被给出时的关系复合；其二，提出形而上学方法，即关系法，也是解决隐藏于主词中要素之间的矛盾的方法，这不过是思维构造的改造。赫赫巴特提出坚持科学的形而上学，保持存在的实在性，以此确定事实世界的现象性确定性。他要求"存在"是绝对设定的、无任何变化的，在严格意义上没有任何时间和空间的规定。因此，真实发生并不是实在存在，在区分了相对存在与绝对存在后，他指出前者对应着发生的变化，后者则意味着真正的实在，即纯粹且不变的。但赫尔巴特的实在论的缺陷在于，对现象性的相对存在的解释必然是观念论的，这与根本的"存在"发生了脱节。

洛采既反对观念论者的解决方式，也批判赫尔巴特的论断。如果万物存在是在关系中成立的，并且是一种自我设定的关系性存在，那么传统形而上学中追寻的名词化的终极存在（being）应当被释义为"去存在"（to be）（动词形式），而"去存在"的本质含义就是"处在关系中"。这在赫尔巴特思想中是绝对不可容忍的，他要确定的是"不可收回的设定"。可是这一立场不能使概念有效，虽然逻辑学与形而上学分属两个不同的领域，但洛采需要澄明思维抽象出来的概念能够发挥效用，区分其所指与非所指。黑格尔概念论的方法并不可取，因为他预设了思维与存在同一，进而辩证式地演绎而成。洛采在吸收了魏塞对黑格尔的批判后，坚决反对黑格尔那一套自然的胡说，但为了证明概念是发挥效用的，即"至少"能表征物之存在，便需要"关系"的设定。"就每一个有可能有效运用的概念来说，我们一定希望，这一概念能使它意指的事物与它无法意指的事物明确区分。"①

①　Hermann Lotze, *Metaphysik*, Felix Meiner, 1879, S. 33.

只要我们在万物彼此依存的关系的实在性中寻求万物的存在，我们便在这一关系中拥有某种通过对其肯定就能区分存在者存在与不存在者不存在的东西；我们越是从存在的概念中清除掉关系（存在在于对关系的肯定）的思考，上述差异的可能性也就越会消失。洛采在此解构了传统的"存在"概念，它可以是将一切存在与非存在区别开来的共同特征，符合思维合理的抽象行为，但这种抽象无法表征任何万物的存在。洛采在《形而上学》中多次表明这种立场，如在谈到运动和速度时，他表示："任何一个抽象都不可能直接地独自运用实在性，并且不与先前其他的抽象概念相联系——我们的思维可以任意运用它的特权把它们分离开来。没有速度就不会有方向，按照'方向'一词的实际意义来看，没有 ab 方向，就没有速度，是从 a 到 b，而不是 b 到 a。"[①] 若没有位置变化、方向和速度，最终也不会有运动。普遍观念并不具有普遍性，而是要运用于实在中，前提是每个未被规定的特征被限制在绝对个别的规定性中，或者被限制在需要构成完整定义的各部分概念中，一旦这一概念表达了某种关系，就要再度补充适用于这一关系的关系点。因此，洛采使"存在"脱离于"是"这一逻辑系词的限定，通过指向伦理价值，让万物处于关系中，设定"存在"之在。

伦理价值意味着它将成为主体与万物实在的最终根据，既超然于现象世界之上，又以规范伦理的方式介入，它的普适有效性填补了机械作用因果（原因与效果）关系之间的漏洞。这种立场不是主体心理的习惯性联想，也不再是带有时间图式的知性范畴在直观客体时发挥的先天综合判断的功能。在不否认甚至对自然科学怀有无比崇敬之意下，洛采要追问原因与效果、空间图像、时间感知为何会是和谐有序的现实呈现。坚持实在论，形而上学没有存在的意义（如赫尔巴特）；主张传统观念

---

① Hermann Lotze, *Metaphysik*, Felix Meiner, 1879, SS. 35–36.

论，则会无视机械作用关系；而以价值规范为导向，一切实在的因与果的关系都变得有章可循，现象世界不是算法结果，如果它们无须现象空间与刚性时间的强制约束而被主体所理解，那么它们不是"共存"于世，而是"共在"于世。这依据的是伦理价值给予的物之间的相互作用，若它们之间可以产生切身的交融，那便是"共鸣"。关系秩序在价值思想中的核心地位主要体现在以下几个方面。首先，洛采在一定程度上重复了贝克莱的论证，"存在即被感知"不是感知者对被感知者的任意辨识，而是有着上帝之意志的超验保证。心灵在感知到大他者的精神中只能体验到存在对象之表征，却无法认识科学的真正原因。那种精神有一种规律性秩序，我们无需探求异质因果性，而是要感知到什么关系具有规律性。事实上，由于消解了自然因果关系，这一论断只表述了众多关系中的一种，忽视了其他关系。但洛采一方面坚持自然科学因果关系的存在，另一方面在不认定非矛盾原则而选择充足理由原则时，他便打开了多元化路径。关系仍不是抽象的关系理念，而是它既表达了个体与最高的善之间的价值关联，从中实现最高存在的个体生命呈现，并且作为最高秩序的现象性存在，个体在与事实世界中机械作用发生观照时，不是形成纯粹的科学认识，而是带有价值感觉的体悟与感受。真存在具有伦理性及目的性秩序，在不认同前定和谐的基础上，洛采认为和谐秩序可以作为超然的存在，但必然是被主体感知到且在机械作用活动中实现的。应当承认物体的存在与规律的发生，二者不仅是达到终极目的的手段，也是目的性秩序的现实场域。它们并非没有关系，否则洛采便会拙劣地退回到先前观念论者的队伍中，并仍苦苦论证"存在"之所是。哲学的任务不是解释现象规律、现象关系，而是要寻求这样一种规律，"根据这种规律，一般说来，有可能在任何可能的内容中，使得一种非所予处于必然补充所予的关系中"①。而非所予所补充的内容便是目的性秩序，并形成了观念秩序—现实关系的模式。其次，"如果用更一般的术语来表示，'去存在'就是意味着'处于关系中'，而'被感知'本身仅仅是撤除了其他关系后的一种感知关系"②。由于逻辑思维与存在之间始终存在不可重合的时刻，黑格尔提及的思维与存在的同一才能完满解决这一问题。但判定"万物存在是在关系中成立的"是由主体在产生价值感觉后，意识发挥比较协调的功能所完成的。于是洛采提出比较关系与形而上学关系，后者是万物存在的真正关系，而前者则表征了观念世界中价值的有效性，这一点分别可以在时间形式与空间形式中得到论证，并且只有观念在外部世界中得以实现后，事物才能成为被我们理解的存在。可以说，逻辑思维以反思及推论的功用着力于普遍与一般，具体特殊的实在不是思维发用的领域。思维指向的"真"只是价值的一种，而价值是情感体悟到的。传统的认识论符合论无法证明认识之"真"，它不是人类寻求的最终目的，只能说因内容真实有效才能言说"真"。有效意味着持存，但持存不是"真"本身的持存，因为它将指向人类孜孜以求的至善，一种有秩序的、和谐的目的。

不同于传统形而上学的"存在思维"，洛采运用的"关联思维"是价值思想中心理学的重要方法，通过"关联思维"才能更好地理解洛采的部位记号说。"关系主义"克服了先前界定"存在"概念的不彻底性，在观念论与实在论的双重框架下，将"存在"与"关系"关联起来达到了海德格尔所说的重提"存在"之问的形式结构。洛采的"存在论"为海德格尔思考"存在"提供了思想灵感，尽管海德格尔认为，洛采的价

---

① Herbert Schnädelbach, *Philosophy in Germany 1831 – 1933*, Cambridge University Press, 1984, p. 172.

② Hermann Lotze, *Outlines of Metaphysic*, trans. by G. T. Ladd, Boston, 1884, p. 19.

值哲学并没有彻底地将问题揭示出来，但在价值哲学之名下，涉及的就是人生此在的存在问题。确切地说，洛采对关系秩序的关注不在于"任何被接受的信条或制度的具体公式，而只是作为其教条基础的道德或精神信念，而且这些教条的表达可能非常不完美。更广泛地说，他关心的是世界精神层面的安全"①。

二　感官感觉——价值内在展开之初探

传统形而上学体系崩溃后，首先遭到人们唾弃的是逻辑思辨；加之19世纪初生理学、医学、生物学等学科的兴起，对逻辑思辨方法的批判便愈加强烈。作为医学和自然科学研究者的洛采，既不主张纯粹的逻辑性原则，也并非完全采用科学实验法，从对万物的感知到对万物的理解来看，他是一名感觉主义者。

赫尔巴特认为，绝对实在是类似于物自身的一种存在，不可被感觉感知；洛采的观点是，真存在这一实在与现实实在是不可分的一体两面，前者包括对审美、情感、感觉及意志等在内的广泛要求。当洛采从两种路径实现人格化上帝这一目的，即经验的自然研究以及价值感觉对绝对价值的分析，那么对现实实在的确立就变得很有必要。思维内容的思维图像是呈现于主体的一堆形而上学范畴，但思维是主体通达对象实在性的必经却并非唯一的途径。洛采在1874年《逻辑学》中曾经将思维比喻为脚手架，认为思维是推理链的中间环节，仅仅具有形式，而推理的最终目的是与思维至少相对应的实在客体：思维犹如一名观赏者，沿途经过形式推理路线，最终达到了一个客观且实在的山顶；不同的观赏者有不同的路线，但山顶的风景对于所有人来说都是一样的。于是洛采重视黑格尔的感性确定

---

① A. Seth Pringle-Pattison, *The Philosophical Radicals*, World Public Library Association, 2010, p. 25.

性，这是对感觉的肯定，但并不认同随后的逻辑思维论证。在 1879 年的
《形而上学》中，洛采始终不厌其烦地论述着感觉领会实在的重要性："除
了感觉之外，可能没有什么能够证实实在性"，"若我们脱离于我们的感
觉，存在（Being）中还会留下什么"，"实在性概念的意义只能在感觉中
感受得到"。① 在主体与客体自然的临界处展开且直接呈现的便是感觉，在
感觉中，客观实在瞬时成为主体当下的意指性他者，并且在绝对目的规
范投射下，成了"有价值的东西"。这立刻向我们提出一项要求，这样一
种"真实"实在，只有在感觉、情感活动下事物获得价值意义时才能被述
说，由此洛采将我们从单向的事物智性方面引向了智性方面与道德、审
美、情感等关系中去，"我们心中的真理，不仅通过反思把握事实世界的
本质，而且迫使我们超越事实世界而去把握与意图、目的、理想相关的有
价值的东西，并且把它同无关紧要的东西区别开来"②。感觉是给予物之实
在的基本内容，是确定事实的开端。尼尔指出，洛采关于客观观念的主观
起源的论述与亚里士多德从感觉经验解释概念有明显的相似之处。"洛采
认为客观性是基于表象（Vorstellungen）的物化，而表象的物化又源于印
象（Eindrücke）。这一过程是一种思维的成就（Leistung des Denkens），它
实现了主观事物的客观化（Objectivirung des Subjectiven）。在这个过程的
底端是感官刺激，这些刺激最终来自实在，因为这是它们的诱因
（veranlassende Ursache）。因此，客观性是感情的客观化结果，因为感情
的客观化给予了我们独立的内容。"③ 洛采全面论述了黑格尔的感性确定

---

① Hermann Lotze, *Metaphysik*, Felix Meiner, 1879, SS. 28, 30, 32.
② 赵修义、童世骏：《马克思恩格斯同时代的西方哲学——以问题为中心的断代哲学史》，华东
师范大学出版社，2008，第 589~590 页。
③ Luis Niel, "Lotze's Concept of 'Wirklichkeit' in Dialogue with Herbart's Realism," *The New
Yearbook for Phenomenology and Phenomenological Philosophy XVIII*, edited by Burt C. Hopkins and
John J. Drummond, Taylor & Francis Group, 2022, p. 312.

性，主体思维的任何成就都是感觉、情感要素的铺陈。

感官感觉仅是开端，但也是洛采经由情感感受通向伦理情感的第一步。感官感觉是外部刺激在主体内部产生的无情感的知觉，"感官感觉'不带来任何认知'，指的就是感官感觉并不真正进入我们的意识，它们没有被置于灵魂跟前（或者几乎可以忽略不计），灵魂并不调动它的各个功能主动来对这些感官刺激作出反应，而只有肌体或者神经的一些反射活动"①。但这些感官感觉并非冷漠的知觉，往往是带有被主体所忽略的程度不同的愉快或不安的价值情感。"毕竟，人们不一定关注每一个印象的内容本身，人们只是关注和考虑那些对他们的生活目的具有重要性的印象。尽管情感和感觉总是彼此相联系的，但终究还是可以区分的。"② 感官感觉的不同，会让主体产生不同程度的情感体验，以及决定灵魂的内在之力与物体相互作用之间是否发生融合的潜在状态。"愉快或不安是由于刺激与神经活动一致或不一致，因而这就取决于在神经活动过程中是否以及如何弥补损耗。"③ 这可以视为空间作为先天直观形式的感性论证，被直观到的几何图形的不同不但基于先验性观念性的空间，其中仍有不可忽视的情感因素。这就明确了所谓的表象图像不是表象活动过程的直接结果，在表象时便已经缺少了属于感觉的强度大小，因而不是表象活动而是被表象的内容有强弱之分，以此凭借所附着的感觉之力，有权力排除掉其他表象。洛采进一步在生理学层面继续推进，强烈批判缪勒的神经特殊能量论后，吸收了贝—马定律，提出动眼神经运动的反射机制，建立视网膜上任何受刺激点的坐标。这种运动倾向及其伴

---

①　杨晞帆：《思维、灵魂、情感——洛采价值哲学疏解》，硕士学位论文，复旦大学，2006。

②　Hermann Lotze, *Outlines of Psychology*, trans. by Q. T. Ladd, Boston: Boston Ginn, Heath, &Co., 1886, p. 75.

③　Erich Becher, "Hermann Lotze und seine Psychologie," *München, die Natuewissenschaften*, 1917, SS. 325–334.

随的感觉就是洛采著名的"部位记号"。它可以被理解为定位外界刺激的感觉，这种感觉是由于我们的肌肉和神经状态的变化附加到我们的运动感觉上的，这样，我们就有可能将空间感觉转变为空间思想，即空间观念。而"可能"成为"现实"的必然条件是前文提及的主观性的比较关系，其意味着意识的重要功能。我们不能把对立的感觉当作不受任何物理影响的灵魂反应。我们无法正确地估量在多大程度上，噪声之后突然的寂静或者强光之后的黯然会显得格外深邃，而能够这样想象便在于它们不属于感觉，而是一种对比；即使在神经中，不同的刺激程度之间有同等的间隔，我们也能对可能性原因作出那种判断。这是绝对目的以其作为价值而将其目的性秩序规范性地投射到事实世界的空间理论证明，事实世界中万物的存在形式在心理学—生理学—哲学的明确联系下与绝对目的发生了重合。

"实践理性和理论理性严格的二元论几乎不再被认为是可行的。这有利于形成西方自我描述中更具防御性的形式。在先于理性的感觉中发展起来的'价值'确保了不安全的主体在一个事实和规范有序的世界中的位置。"[①] 这种感官感觉的内在展开确立了它在价值思想中的基础地位，狭义上说否定了存在形式的先验性观念性。仍以空间为例，洛采的论证拒斥了空间的源初地位，这意味着在空间之前，有另一个被意识到的印象，一种感觉，其通常被认为是一种心理条件。这是认识论转向的重要跨越，形成自然科学知识前不是观念性地建构，而是在感官感觉的基础上观念性地协调统一。洛采给予感官感觉的主动性以肯定，就像马尔库塞在充分肯定了康德针对先前唯理论抑制感性而赋予感性以能动性

———

① Jürgen Große, *Warum Werte? Über ein Gefühl im westlichen Denken*, Leiden: Koninklijke Brill NV, 2017, SS. 139–163.

的伟大贡献后，同时又由于这种能动的感性有一种主动建构的匮乏而予以批判，在马尔库塞看来，感性非但不是被动的，反而具有一种更具体且更"物质化"的综合方式。值得注意的是，洛采从不人为且刻意地将外部刺激与感觉一一对应起来，即心灵活动并不与外在现实之间存在绝对的对应关系，他更希望论证"有效"而非"符合"。洛采认同韦伯关于感觉实验的结论，认为心灵在感觉的基础上可以自由地产生表象，感觉的自发性与主动性使非决定性成为洛采思想的基础，这就使洛采与康德拉开了距离，因为空间不再是直观的先验形式，而是来自我们对客观刺激的重新阐述，这种客观刺激源于外部世界，因而具有经验的根源。"与康德的观念世界同样相去甚远的是，人类的感性是心灵的自发产物，它与外部世界不相对应，也与外部世界不相似。"[1] 这种自由使感官感觉有了至少与思维持平的地位，它甚至能够通过自身将一切情感都呈现于灵魂，不仅激发了灵魂的认知功能，并发展为情感感受与伦理情感，唤醒了强烈的情感意愿和伦理动机。感官感觉是基础，灵魂中丰盈的感受才是价值哲学中最重要的部分，"从灵魂中寻找情感价值功能，在情感的引导下，在灵魂的其他功能的同时作用下，灵魂朝向着至善发展和完善自身，从而赋予人们的生命以意义和价值"[2]。向往的自由不再是脱离于感官感觉的实践理性中的道德之存在根据，情感、欲望作为人类的自然倾向也不单单受自然规律的支配，反之，它们都是最高的伦理性根据作为规范而投射于现实中的个体人格化的内在。道德理性这一最高的善终将会在心灵中通过感官感觉而直接转变为伦理情感乃至伦理动机，并

---

① Michele Vagnetti, "The Mind-body Relation in Hermann Lotze's Medicinische Psychologie," in Burt C. Hopkins and John J. Drummond eds., *The New Yearbook for Phenomenology and Phenomenological Philosophy* XVIII, Taylor & Francis Group, 2022, p. 333.

② 杨晞帆：《思维、灵魂、情感——洛采的价值哲学疏解》，硕士学位论文，复旦大学，2006。

不断地表征着善所规定的绝对目的。批判"禁锢我们思维方式的旧唯物主义哲学观和技术化哲学诉求"① 是建构价值哲学的底线原则。

三 生命呈现——个体伦理主义的信仰

这是价值理论通向最终目的——与上帝同一的善这一绝对必然的尊贵——的个体的现实道路。应永远记得洛采在 1879 年《形而上学》中得出的结论，即"形而上学的开端在于伦理学"，它将作为洛采填补形而上学真空的"真存在"的证据。洛采的价值思想要探究个体生命的伦理学发展，他能清醒地看到，自然科学不能代表一切，人同时拥有着感情丰富的内心。一般的自然倾向情感尚可用物理、数学等计算方式加以计算，但复杂的价值情感不是任何数字方式、公式公理能精确计算的，如对美和善的价值判断，不是依据某一理论知识能作出的，反而取决于美的情感与道德情感。价值哲学的兴起是时代所需，此前的普遍主义伦理观以及衍生出的普遍法则只是道德彼岸世界的自我满足，若要真正能在事实世界中乃至独特的个体内在有所栖，不应将个别准则提升至普遍客观的道德法则，而应使法则深入事实世界，现实地成为个体行为的准则指南。如此，洛采的价值思想可以作为引领唯意志主义、存在主义，否定普遍伦理主义的个体伦理主义风向标。

西方哲学对普遍抽象有强烈的偏好，乐于将特殊性放置于普遍性之中，那么贬低特殊性的这类做法不免会带来对个体的偏见，柏拉图更是喜欢非历史的普遍性。基督教的道成肉身尽管在一定程度上改变了这种倾向，但仍难以从柏拉图非历史的普遍性中解脱出来；尽管德国观念论对具体特殊性有了更深刻的理解，但对达至顶峰的非历史的精神普遍性

---

① 冯平：《重建价值哲学》，《哲学研究》2002 年第 5 期，第 7~14、80~81 页。

本身的旧偏见，再次使具体特殊性的哲学思考受到阻碍。这一问题对洛采也产生了不小的影响。应当表明，在国外学界，有部分学者将洛采的个体伦理主义视为不彻底和保守的。他对现实所予的实在论描述，并对它们保持多种形式的实际尊重，不过是比赫尔巴特的纯粹逻辑观念让人更易于接受，不失为一种思想进步。但不得不说，这一切都背离了纯粹的伦理立场，在形而上学即将崩溃时，他没有从一个高度负载的思辨哲学中解放出面向未来的更科学的哲学，而是将克服形而上学本身的局限性的重任抛给了上帝，即"上帝知道得更多"。对上帝概念的把握从来都不是脱离人类精神实际需要的思维的产物，"从上帝的概念中比从任何其他哲学沉思的对象中更清楚地看出，'在作为驱动、指导、抑制因素的理解和推断的逻辑工作背后，有精神和历史的力量，它们本身在很大程度上是非逻辑性的，但比所有逻辑都强大'"①。诉诸上帝是洛采在采取二元论后以宗教哲学的一元论统合起二者的终极方式。他当然承认完美的人格只存在于上帝，且这类人格与有限的人格彼此对立；然而上帝的设定是洛采要实现人格化上帝这一假设的必然前提。前文已经提及通向这一目的的两条路径，其一是经验的自然研究，其二是价值感觉对绝对价值的分析。切尔利乌斯区分了洛采思想中绝对价值与最高价值，"绝对价值就是上帝的爱，这首先是在个体精神的愉悦中来达到目的的"②。愉悦之情是伦理情感的真实表现，同时也是绝对价值在个体中的内在体现，而这一切源于善作为价值的有效。切尔利乌斯继续分析道，善与上帝不可分，善是因上帝而存在的，它并非上帝中某种中立的力量，

---

① Kal Welt, Die Praktische Begrundung des Gottesbegriffs bei Lotze, Inaugural-Dissertation der Philosophischen Fakultät der Universität Jena zur Erlangung der Doktorwürde, 1900, S. 7.

② Franz Chelius, Lotzes Wertlehre, lnaugural-Dissertaiaion zur Erlangung der Doktorwürde der hohen philosophischen Fakultät der Friedrich-Alexanders-Universität, 1904, S. 64.

而是类似于我们之中的善。我们的善的意志的基本方向，善的行为的动力，其目标便是实现人类精神的幸福与极乐。洛采终究是要从超验的上帝回到现实的个体，他很清楚，在上述第二条路径下，个体受到价值感觉的刺激才能体现出价值，而此时每一个价值都将不是"命令式"的客观价值，而是揭示了主体性特征的价值。

把洛采的价值思想归为"以价值为中心的历史主义"似乎并不过分，因为其承认生命的最高表现是由普遍性所塑造的，或者更准确地说是由超越性所塑造的。就普遍性进入主体的经验而言，它是在具体的细节中进行的。这个观点在柏拉图主义者看来是自相矛盾的。"根据以价值为中心的历史决定论，善、真、美确实避开了不利于它们的历史特殊性，但普遍性也需要特殊性才能成其自身。"① 最特别的是，它需要特定的人。特殊性并不像柏拉图所说的那样必然是普遍性的障碍，而是普遍性的实例化所必需的。在形而上学意义上，这种立场是基于情感要素的，个体伦理主义便成为一种隐而不露的理想状态。康德提出的道德法则可以作为人对自然规律的"背叛"，但又必须在一定条件下得到兑现。在洛采思想中，法则是对万物真实状态的抽象，是我们对观念产生的思维图像，但不具有构成定言命令的权力。真正的个体就是真正的法则，是本身的现实活动，也是价值在与事实世界关联中的目的实现。因此洛采将神圣的道德法则内化为主体个体的伦理情感，这在一定程度上较为妥帖地假设了一种对抗主流现代性世界观的个人主义。

伦理情感经由感官感觉及情感感受达到了对绝对价值的最高体认，洛采将满足道德法则与否视为价值缺失与否的衡量标准，"我们只有在

---

① Claes G. Ryn, "Personalism and Value-Centered Historicism," *The Pluralist*, Vol. 3, No. 2, 2008, pp. 3–14.

情感中能够体验到价值，因此价值判断完全不同于单纯的认知判断，认知判断只关涉命题的真和假。为什么符合道德许可的操行就是有价值的，是因为这样的操行发生时情感体认到它与灵魂的和谐，诚然我们可以从社会学、心理学、道德规范等等角度对有道德的操行进行分析，但是道德的本质只有情感能够当下经验"①。道德从不是严苛的清规戒律，而是要与灵魂和谐。和谐是价值的标准，也是愉悦的对象。洛采将价值作为哲学的核心范畴、至高行为法则，同时将与价值重合的存在形式作为研究对象，因为人类产生的愉快感首先在客体对象中初步实现。如当我们直观颜色时，可以同时形成关涉命题真假的认知判断以及在情感中体验到价值的价值判断，美的情感感受便嵌入价值判断中。形而上学涉及的存在形式处处谈和谐、协调、统一，如在关系中被感知和理解的万物存在，在空间中，普遍空间图像与空间直观形式的统一，在感官感觉后，通过部位记号，意识协调统一功能的发挥等。那么，洛采在多大程度上将哲学和伦理学的研究结合在一起？从对真存在的释义来看，洛采对世界的统一观念至少在很大程度上受到了伦理因素的影响。将以上任何一种方式放置于个体事物中，都能带来不同的个体价值，"对价值的每一种理解都是真实的且具有不可重复的独特性，而且始终恰好是独特的价值"②。个体独特的伦理情感在道德法则下变得明朗，反之，也要时刻干预道德法则：显然，人类经历游牧时代进入了如今的法治生活，但又陷入了新的规则秩序中；道德法则意味着我们仍然处于一种绝对价值不充分的社会中，而它自身又无法提供有效的补救手段、清除内在痼疾，因

---

① 杨晞帆：《思维、灵魂、情感——洛采的价值哲学疏解》，硕士学位论文，复旦大学，2006。

② 〔美〕乔治·皮尔森：《洛采的价值概念》，田立鹏译，《当代中国价值观研究》2017 年第 5 期，第 121～128 页。

此普遍的道德责任仍然需要个人独特的美、善等情感价值实施干预。这是洛采个人伦理主义信仰的凸显，"因为只有良心的行动才是善的。良心体现了绝对道德法则的权威，其适用性是通过不断依赖生活的实际情况来保证的"①。在这个意义上，普遍的道德法则与特殊的个体价值变得难以区分，二者相互关联，前者的超越性特征成为内在的且独特的个人印记，个体价值也会受到道德法则的规定，而证明自身具有不同类型的独特情感，并且"个人必须使普遍适应他们独特的历史情况。只要实现了这一点，善、真、美就会被带入人类的体验世界"②。普遍的客观价值也同样成为个体范畴，因为它不关涉普遍规定，而必然与个体特征紧密相连。正如，"在对'崇高'与'无限'的敬仰与'活泼泼的爱'（living love）之中，我们这种'有限者'与至善这种'无限'的鸿沟在某种程度上也被跨越，而这也恰恰是'神圣'价值显现的过程"③。

　　洛采希望能在自然秩序和道德秩序中做到完全的公平。然而他的方式并非如康德一样限制理性为信仰留出地盘，或者更确切地说，是通过道德要求来建立一个独立于自然必然性领域的自由领域。形而上学不是关乎理性的谨慎证明，于洛采而言，"每一个主要的传统形而上学的概念都将化作尘土。绝对、实体、单子、无限、原因、力及物质，甚至空间和时间的一切，都是作为本质性的、作为语言形式的具体化而表现出来……（因此）对形而上学执行紧急政策旨在向读者表明，从虚无主义中解脱出来的唯一出路，即挺进形而上学的唯一道路，就在于伦理学。虽然我们不能认识实在本身，虽然我们不能证明任何事物的实存，但我

---

① Franz Chelius, Lotze's Wertlehre, lnaugural-Dissertaiaion zur Erlangung der Doktorwürde der hohen philosophischen Fakultät der Friedrich-Alexanders-Universität, 1904. S. 78.

② Claes G. Ryn, "Personalism and Value-Centered Historicism," *The Pluralist*, Vol. 3, No. 2, Focus on Jan Olof Bengtsson's <italic>The Worldview of Personalism</italic>, 2008, pp. 3–14.

③ 郝忆春：《洛采与现代价值哲学之发起》，《哲学研究》2017 年第 10 期，第 85~91 页。

们仍然对生活的目的有足够的认识，并且我们仍然应当相信事物的实在性以期达到我们道德的目的……洛采的形而上学革命就在于为我们对万物终极实在的信仰带来伦理价值"[1]。形而上学中个体对伦理价值的正向反馈使个体伦理主义信仰确证了洛采哲学中"价值"显现的广泛范围，他将客观价值与个体价值融为一体，二者彼此充实。在这一意义下，洛采大抵是没有区分普遍规范与具体价值，这是将价值等同于真存在遗留下的问题。随后，文德尔班主张区分应当与存在、价值与实在，并在此基础上要求与价值相对主义和唯意志论划清界限。自此，出现了明确的特殊的价值与普遍的价值，"所谓特殊的价值，就是具体事物相对于个别人所具有的'具体价值'，它取决于个别人的意志、情感，所谓普遍的价值，就是事物对于一般人都具有意义的'自在价值'，它取决于一般人的意志、情感是一种具有'普遍正当性'的价值'规范'。这种普遍的价值'规范'就是'应当如此'的价值，它是主体对事物进行评价的标准。这种价值'规范'，如果存在于人们的意识关系之中，就是'规范意识'"[2]。

只有善才能被视为所有存在和事件内容的充分理由，即应当所是。这不是因为任何外在的诫命或命运，而是因为与我们直接相关的最高和无条件的价值是所有现实及其内在规律的最终、最深刻的根源。

---

① Frederick C. Beiser, *Late German Idealism, Trendelenburg and Lotze*, Oxford University Press, 2013, pp. 154-155.

② 张书琛:《西方价值哲学思想简史》，当代中国出版社，1998，第156页。

参考文献

一 中文文献

(一)著作

[1]《马克思恩格斯全集》(第3卷),人民出版社,1960。

[2]《马克思恩格斯全集》(第13卷),人民出版社,1962。

[3]《马克思恩格斯全集》(第20卷),人民出版社,1965。

[4]〔古希腊〕亚里士多德:《物理学》,张竹明译,商务印书馆,1982。

[5]〔古希腊〕亚里士多德:《形而上学》,吴寿彭译,商务印书馆,1995。

[6]〔英〕霍布斯:《利维坦》,黎思复、黎廷弼译,商务印书馆,1985。

[7]〔英〕贝克莱:《海拉斯与斐洛诺斯对话三篇》,关文运译,商务印书馆,2017。

[8]〔德〕莱布尼茨:《莱布尼茨早期形而上学文集》,段德智、陈修斋、桑靖宇译,商务印书馆,2017。

［9］〔德〕莱布尼茨：《莱布尼茨自然哲学文集》，段德智编译，商务印书馆，2017。

［10］〔德〕莱布尼茨、克拉克：《莱布尼茨与克拉克论战书信集》，陈修斋译，武汉大学出版社，1983。

［11］〔德〕恩格斯：《自然辩证法》，人民出版社，2015。

［12］〔德〕康德：《纯粹理性批判》，邓晓芒译，人民出版社，2004。

［13］〔德〕黑格尔：《自然哲学》，陈维杭译，商务印书馆，2009。

［14］〔德〕黑格尔：《逻辑学》（下卷），杨一之译，商务印书馆，1976。

［15］〔德〕黑格尔：《小逻辑》，贺麟译，商务印书馆，1980。

［16］〔德〕费希特：《全部知识学的基础》，王玖兴译，商务印书馆，1983。

［17］〔德〕费尔巴哈：《费尔巴哈哲学史著作选》（第二卷），涂纪亮译，商务印书馆，1979。

［18］〔奥〕恩斯特·马赫：《感觉的分析》，洪谦、唐钺、梁志学译，商务印书馆，1986。

［19］〔德〕古斯塔夫·费希纳：《心理物理学纲要》，李晶译，中国人民大学出版社，2015。

［20］〔德〕文德尔班：《哲学史教程——特别关于哲学问题和哲学概念的形成和发展》（上卷），罗达仁译，商务印书馆，2009。

［21］〔德〕文德尔班：《哲学史教程——特别关于哲学问题和哲学概念的形成和发展》（下卷），罗达仁译，商务印书馆，2009。

［22］〔德〕文德尔班：《文德尔班哲学导论》，施璇译，北京联合出版公司，2016。

［23］〔德〕马丁·海德格尔：《德国观念论与当前哲学的困境》，庄振华、李华译，西北大学出版社，2016。

［24］〔德〕马丁·海德格尔：《路标》，孙周兴译，商务印书馆，2000。

［25］〔德〕马丁·海德格尔：《存在与时间》，陈嘉映、王庆节合译，生活·读书·新知三联书店，2006。

［26］〔英〕约翰·西奥多·梅尔茨：《十九世纪欧洲思想史》（第一卷），周昌忠译，商务印书馆，2016。

［27］〔英〕约翰·西奥多·梅尔茨：《十九世纪欧洲思想史》（第二卷），周昌忠译，商务印书馆，2016。

［28］〔新〕C.L.滕主编《劳特利奇哲学史》（第七卷），刘永红等译，中国人民大学出版社，2016。

［29］〔美〕亨利·E.阿利森：《康德的先验观念论——一种解读与辩护》，丁三东、陈虎平译，商务印书馆，2014。

［30］〔英〕安东尼·肯尼：《牛津西方哲学史》（第三卷），杨平译，吉林出版集团有限责任公司，2010。

［31］〔英〕查尔斯·狄更斯：《双城记》，宋兆霖译，中央编译出版社，2015。

［32］〔加〕马里奥·本格：《科学的唯物主义》，张相轮、郑毓信译，上海译文出版社，1981。

［33］〔美〕加勒特·汤姆森：《莱布尼茨》，李素霞、杨富斌译，中华书局，2002。

［34］〔英〕罗素：《对莱布尼茨哲学的批评性解释》，段德知、张传有、陈家琪译，商务印书馆，2010。

［35］陈乐民：《莱布尼茨读本》，江苏教育出版社，2006。

［36］杜任之主编《现代西方著名哲学家述评（续集）》，生活·读书·新知三联书店，1983。

［37］冯平主编《现代西方价值哲学经典·先验主义路向》（上），北京师范大学出版社，2009。

［38］郭大为：《费希特伦理学思想研究》，中国社会科学出版社，2003。

［39］靳希平、吴增定：《十九世纪德国非主流哲学——现象学史前史札记》，北京大学出版社，2004。

［40］〔德〕赫尔巴特：《赫尔巴特文集2·哲学卷二》，李其龙、郭官义等译，浙江教育出版社，2002。

［41］李秋零主编《康德著作全集》（第2卷），中国人民大学出版社，2003。

［42］〔德〕赫尔巴特：《赫尔巴特文集2·哲学卷一》，李其龙、郭官义等译，浙江教育出版社，2002。

［43］刘放桐主编《西方近现代过渡时期哲学——哲学上的革命变更与现代转型》，人民出版社，2009。

［44］舒远招：《德国古典哲学——及在后世的影响和传播》，湖南师范大学出版社，2005。

［45］孙伟平：《价值论转向——现代哲学的困境与出路》，安徽师范大学出版社，2010。

［46］孙伟平：《价值哲学方法论》，中国社会科学出版社，2008。

［47］吴晓明：《形而上学的没落——马克思与费尔巴哈关系的当代解读》，北京师范大学出版社，2006。

［48］杨祖陶、邓晓芒编译《康德三大批判精粹》，人民出版社，2001。

［49］杨祖陶：《德国古典哲学逻辑进程》，武汉大学出版社，1993。

［50］张桂权：《形而上学：经验论、唯理论与康德哲学》，中国社会科学出版社，2020。

［51］张书琛：《西方价值哲学思想简史》，当代中国出版社，1998。

［52］赵修义、童世骏：《马克思恩格斯同时代的西方哲学——以问题为中心的断代哲学史》，华东师范大学出版社，2008。

［53］郑昕：《康德学述》，商务印书馆，2011。

（二）期刑

［1］〔德〕赫尔曼·洛采：《最近四十年的哲学》，周凡译，《现代哲学》2019年第5期。

［2］〔美〕乔治·皮尔森：《洛采的价值概念》，田立鹏译，《当代中国价值观研究》2017年第5期。

［3］〔美〕W.H.威尔克迈斯特：《维德尔侯德与作为一种综合性范畴的价值》，罗松涛、樊亚澜译，《当代中国价值观研究》2022年第1期。

［4］〔日〕西田几多郎：《洛采的形而上学》，胡嘉明、张文译，《当代中国价值观研究》2022年第3期。

［5］冯平：《重建价值哲学》，《哲学研究》2002年第5期。

［6］戴茂堂、李若瑶：《重建当代中国价值哲学方法论》，《当代中国价值观研究》2018年第5期。

［7］郝亿春：《洛采与现代价值哲学之发起》，《哲学研究》2017年第10期。

［8］兰久富：《改革开放 40 年中国价值哲学研究：问题与出路》，《哲学评论》2018 年第 12 期。

［9］刘建岭：《现象学心理学与经验心理学的关系》，《武汉科技大学学报》（社会科学版）2009 年第 2 期。

［10］王克千：《现代西方价值哲学述要》，《辽宁大学学报》（哲学社会科学版）1989 年第 1 期。

［11］温泉、郑伟：《现代性视野中的洛采思路及其意义》，《山东社会科学》2019 年第 9 期。

［12］吴铁城：《亦谈价值评价的本质》，《湖州职业技术学院学报》2006 年第 4 期。

［13］吴向东：《中国价值哲学四十年》，《当代中国价值观研究》2018 年第 6 期。

［14］杨晞帆：《洛采价值哲学中的思维》，《江西社会科学》2014 年第 10 期。

［15］赵金元：《哲学对象论——价值论角度的探索》，《大理师专学报》（哲社版）1994 年第 2 期。

［16］张书琛：《现代西方一般价值论的兴起和发展》，《学术研究》1999 年第 3 期。

［17］张东辉：《论费希特伦理学的意义》，《伦理学研究》2016 年第 2 期。

［18］张柯：《真理与有效性——论洛采逻辑思想对海德格尔的影响》，《江苏社会科学》2008 年第 2 期。

［19］周凡：《论洛采的有效性概念》，《山东社会科学》2019 年第 9 期。

［20］周凡：《在"神秘信徒"与"浑圆天禀"之间——赫尔曼·洛采与19世纪中叶德国的唯物主义之争》，《学术交流》2019年第9期。

［21］周凡：《洛采生平及著作概述》，《当代中国价值观研究》2019年第2期。

（三）学位论文

［1］李旻嫱：《论洛采〈小宇宙〉中的灵魂概念》，硕士学位论文，北京师范大学，2021。

［2］林旭：《观念含义——从洛采到胡塞尔》，硕士学位论文，南京大学，2016。

［3］杨晞帆：《思维、灵魂、情感——洛采价值哲学疏解》，硕士学位论文，复旦大学，2006。

二　外文文献

（一）德文文献

1. 著作

（1）洛采著作

［1］Hermann Lotze, *Metaphysik*, Leipzig: Weidmann's sche Buchhandlung, 1841.

［2］Hermann Lotze, *Allgemeine Pathologie und Therapie als mechanische Naturwissenschaft*, Leipzig: Weidmann's sche Buchhandlung, 1842.

［3］Hermann Lotze, *Medicinische Psychologie oder Physiologie der Seele*, Leipzig: Weidmann's sche Buchhandlung, 1852.

［4］Hermann Lotze, *Mikrokosmus*, S. Hirzel, 1856.

［5］Hermann Lotze, *Mikrokosmus*, S. Hirzel, 1864.

［6］Hermann Lotze, *Metaphysik*, Felix Meiner, 1879.

［7］ Hermann Lotze, *Kleinen Schriften（1）*, S. Hirzel, 1885.

［8］ Hermann Lotze, *Outlines of Metaphysics*, Boston: Ginn, Heath, & Co. , 1883.

（2） 其他著作

［1］ Albrecht Ritschl, *Theologie und Metaphysik*, Bonn, 1881.

［2］ Carl Stumpf, *Über den Psychologischen Ursprung der Raumvorstellung*, Leipzig: Verlag von S. Hirzel, 1873.

［3］ Eduard von Hartmann, *Lotze's Philosophie*, Leibig: Verlag von Wilhelm Friedrich, 1888.

［4］ Fritz Bamberger, *Untersuchungen zur Entstehung des Wertproblems in der Philosophie des 19. Jahrhunderts*, Verlag von Max Niemeyer, 1924.

［5］ Gilbert H. Jones, *Lotze und Bowen*, World Public Library Association, 1909.

［6］ Herbart, *Allgemeine Metaphysik, Sämtliche Werke Ⅷ*, 1828.

［7］ Hermann Weiße, *Ueber den gegenwärtigen Standpunkt*, Leipzig: Barth, 1829.

［8］ J. Molesehott, *Die Lehre der Nahrungsmittel: Für das Volk*, Verlag von Ferdinand Enke, 1850.

［9］ J. Molesehott, *Kreislauf des Lebens*, Mainz, 1852.

［10］ J. Müller, *Zur vergleichenden Physiologie des Gesichtssinnes des Menschen und der Thiere*, Leipzig: C. Cnobloch, 1826.

［11］ Karl Rosenkranz, *Wissenschaft der logischen Idee*, Königsberg: Bornträger, 1859.

［12］ Michael Gerten, *Sein oder Geltung? Eine Deutungsperspektive zu Fichtes*

Lehre vom Absoluten und seiner Erscheinung, Leidun: Koninklijke Brill NV, 2019, SS. 204-228.

［13］ O. Caspari, *Hermann Lotze in seiner Stellung zu der durch Kant begründeten neuesten Geschichte der Philosophie und die philosophische Aufgabe der Gegenwart*, Breslau: Verlag von Eduard Trewendt, 1895.

［14］ D. Theoder Simon, *Leib und Seele bei Fechner und Lotze*, Göttingen: Vandenhoeck und Ruprecht, 1894.

［15］ Arthur Liebert, *Das Problem der Geltung*, Leipzig: Verlag von Felix Meiner, 1920.

［16］ Wilhelm Wundt, *System der Philosophy*, Leipzig: Verlag von Wilhelm Engelmann, 1897.

［17］ Wladyslaw Tatarkiewicz, *Über die natürliche Weltansicht*, Berlin: Verlage Bruno Cassirer, 1921, SS. 24-43.

2. 学位论文

［1］ August Haeger, Lotzes Kritik der Herbartischen Metaphysik und Psychologie, Inaugural-Dissertation der hohen philosophischen Fakultät der Universität Greifswald zur Erlangung der Doktorwürde, 1981.

［2］ E. Hermann Simon, Lotze's Verhältnis zur Leibniz, Inaugural-Dissertation zur Erlangung der Doktorwürde der hohen Philosophischen Fakultät der Friedrich-Alexanders-Universität Erlangen, 1904.

［3］ Franz Chelius, Lotze's Wertlehre, lnaugural-Dissertaiaion zur Erlangung der Doktorwürde der hohen philosophischen Fakultät der Friedrich-Alexanders-Universität, 1904.

［4］ Georg Pape, Lotzes religiöse Weltanschauung, Inaugural-Dissertation zur Erlangung der Doktorwürde der hohen Philosophischen Fakultät der Friedrich-Alexanders-Universität Erlangen, 1899.

［5］Hans Pöhlmann, Die Erkenntnistheorie Rud. Herm. Lotze, Inaugral-Dissertation, 1897.

［6］J. H. Powers, Kritische Bemerkungen zu Lotze's Seelenbegriff, Inaugural-Dissertation zur Erlangen der Doctorwürde vor gelegt der hohen Philosophischen Fakultät der Georg-Augusts-Universität zu Göttingen, 1892.

［7］Karl Belau, Über die Grenzen des Mechanischen Geschehens im Seelenleben des Meschen nach Lotze, Inaugural-Dissertation zur Erlangung der Doktorwürde der hohen Philosophischen Fakultät der Friedrich-Alexanders-Universität Erlangen, 1912.

［8］Kresto K. Krestoff, Lotze's Metaphysischer Seelenbegriff, Inaugural-Dissertation zur Erlangung der philosophischen Doktorwürde an der Universität Leipzig, 1890.

［9］Kal Welt, Die Praktische Begrundung des Gottesbegriffs bei Lotze, Inaugural-Dissertation der Philosophischen Fakultät der Universität Jena zur Erlangung der Doktorwürde, 1900.

［10］Max Nath, Die Psychologie Hermann Lotzes in ihren Verhältnis zu Herbart, Inaugural-Dissertation verfasst und mit Genehmigung der hohen Philosophischen Fakultät der vereinigten Friedrich-Universität Halle-Wittenberg, 1892.

［11］Max Wentscher, Lotze's Gottesbegriff und dessen Metaphysische Begründung, Inaugural-Dissertation zur Erlangung der philosophischen Doktorwürde, welche mit Genehmigung der hohen Philosophischen Fakultät der vereinigten Friedrich-Universität Halle-Wittenberg, 1893.

［12］Otto Frommel, Das Verhältnis von mechanischer und teleologischer Naturerklärung bei Kant und Lotze, Inaugural-Dissertation zur Erlangung der Doktorwürde der hohen Philosophischen Fakultät der Kgl. bayr. Friedrich-Alexanders-Universität Erlangen, 1898.

［13］Sali Levi, Lotze's Substanzbegriff, Inaugural-Dissertation zur Erlangung der Doktorwürde der hohen Philosophischen Fakultät der Friedrich-Alexanders-Universität Erlangen, 1905.

［14］Walther Scheller, Die kleine und die grosse Metaphysik Hermann Lotzes, Inaugural-Dissertation zur Erlangung der Doktorwürde der hohen Philosophischen Fakultät der Friedrich-Alexanders-Universität Erlangen, 1912.

［15］William T. Raub, Die Seelelehre bei Lotze und Wundt, Inaugural-Dissertation der philosophischen Facultät der Kaiser-Wilhelms-Universität Strassburg zur Erlangung der Doctorwürde, 1901.

3. 期刊

［1］Arnold Berliner, August Pütter, "Hermann Lotze und seine Psychologie," *Die Naturwissenschafen*, 1917, SS. 325-334.

［2］A. Maxsein, "Der Begriff der Geltung bei Lotze," *Philosophisches Jahrbuch*, 1938, SS. 457-470.

［3］A. Classen, "Über die räumliche Form der Gesichtsempfindung," *Archiv f. pathol. Anat,* Vol. 38, 1867, SS. 91-128.

［4］Carl Stumpf, "Zu Gedächtnis Lotzes," *Kant Studien*, 1918, SS. 1-26.

［5］Erich Becher, "Hermann Lotze und seine Psychologie," *München: die*

Natuewissenschaften, 1917, SS. 325-334.

［6］Franz Michael Maier, "Lotze und Zimmermann als Rezensenten von Hanslicks 'Vom Musikalisch-Schönen'," *Stuttgart, Franz Steiner Verlag,* 2013. SS. 209-226.

［7］Gerhard Müller-Strahl, "Metaphysik des Mechanismus im teleologischen Idealismus," *Journal for General Philosophy of Science,* 2013, SS. 127-152.

［8］Johann Wolff, "Lotze's Metaphysik（1）," *Philosophisches Jahrbuch,* 2018, SS. 138-160.

［9］Johann Wolff, "Lotze's Metaphysik（2）," *Philosophisches Jahrbuch,* 2018, SS. 26-41.

［10］Johann Wolff, "Lotze's Metaphysik（3）," *Philosophisches Jahrbuch,* 2018, SS. 133-151.

［11］M. Kroneberg, "Fechner und Lotze," *Die Naturwissenschaft,* 1925, SS. 957-964.

［12］Reinhardt Pester, "Lotzes Berufung an die Philosophische Fakulität," *Aus unveröffentlichen Dokumenten und Briefen. Deutsche Zeitschrift für Philosophie,* 1987, SS. 806-815.

［13］Rudolf Bocksch, "Zur Raumtheorie Hermann Lotzes," *Julius Abel,* 1889, SS. 1-62.

（二）英文文献

1. 著作

（1）洛采著作

［1］Hermann Lotze, Logic, Vol. I, English translated by Bernard Bosanquet, M. A. Oxford The Clarendon Press, 1888.

［2］ Hermann Lotze, Logic, Vol. Ⅱ, English translated by Bernard Bosanquet, M. A. Oxford The Clarendon Press, 1888.

（2）其他著作

［1］ A. Seth Pringle-Pattison, *The Philosophical Radicals*, World Public Library Association, 2010.

［2］ Andrew K. Rule, *Theistic Philosophy of Hermann Lotze*, Edinburgh, 1923.

［3］ George Berkeley, *Three Dialogues Between Hylas and Philonous*, Reprinted Edition by Chicago, The Open Court Publishing Company, 1906.

［4］ Borden P. Bowne, *Metaphysics*, New York: American Book Company, 1910.

［5］ Borden P. Bowne, *Metaphysics—A Study in First Principle*, New York: Phillips & Hunt, 1982.

［6］ Borden P. Bowne, *Studies in Theism*, New York: Phillips & Hunt, 1880.

［7］ Burt C. Hopkins and John J. Drummond, *The New Yearbook for Phenomenology and Phenomenological Philosophy XⅧ*, Taylor & Francis Group, 2022.

［8］ C. L. Ten, *Routledge History of Philosophy Volume Ⅶ: The Nineteenth Century*, Tylor & Francis Group, 1994.

［9］ Evan Edward Thomas, *Lotze's Theory of Reality*, London, New York: Longmans, Green, and Co. , 1921, p. xxvii.

［10］ E. H. Reck ed. , *From Frege to Wittgenstein: Perspectives on Early Analytic Philosophy*, Oxford: Oxford University Press, 2002.

〔11〕 Johann Eduard Erdemann, *A History of Philosophy. German Philosophy since Hegel*, London: George Allen & Compant, 1913.

〔12〕 Edewin Proctor Robins, *Some Problems of Lotze's Theory of Knowledge*, New York: The Macmillan Company, 1900, pp. 324-327.

〔13〕 Frank Huch Foster, *The Doctrine of the Transcedent Use of the Principle of Causality in Kant, Herbat and Lotze*, Leipzig, 1892.

〔14〕 Frederick C. Beiser, *Johann Friedrich Herbart: Grandfather of Analytic Philosophy*, Oxford University Press, 2022.

〔15〕 Frederick C. Beiser, *Late German Idealism, Trendelenburg and Lotze*, Oxford University Press, 2013.

〔16〕 Frederick C. Beiser, *The Genesis of Neo-Kantianism, 1796 - 1880*, Oxford University, 2014.

〔17〕 Frederick Gregory, *Scientific Materialism in Nineteenth Century Germany*, D. Reidel Publisching Company, 1977.

〔18〕 George Berkeley, *A Treatise Concerning the Principles of Human Knowledge*, Edited by David R. Wilkins, Dublin, 2002.

〔19〕 G. Santayana, *Lotze's Moral Idealism*, Oxford University Press, 1890.

〔20〕 George Santayana, *The Lotze's System of Philosophy*, Bloomington: Indiana University Press, 1971.

〔21〕 Helmut Ernst Wilhelm August Uhe, *The Role of Value in Lotze's Relational Philosophy and It's Significance for Ritschl's Systematic Theology*, University of Southern California, 1979.

〔22〕 HenryJones, *A Critical Account of The Philosophy of Lotze*, Glasgow, 1895.

［23］ Henry Jones, *The Philosophy of Lotze*, Glasgow, 1894.

［24］ Herbert Schnädelbach, *Philosophy in Germany 1831－1933*, Cambridge University Press, 1984.

［25］ Herdrei Vanmassenhove, *The Anthropology of Lotze*, Gent University, 2011.

［26］ James Anthony Messina, *Kant's Hidden Ontology of Space*, University of California, 2011.

［27］ Johann Eduard Erdmann, *The History of Philosophy*, English translation edited by Williston S. Hough, London, George Allen & Company, 1913.

［28］ John Locke, *An Essay Concerning Human Understanding*, Oxford University Press, 1690.

［29］ Leroy E. Loemker ed. , *Gottfried Wilhelm Leibniz, Philosophical Papers and Letters*, Kluwer Academic Publishers, 1969.

［30］ Nellie Marian Goodlander, *A Study in Personalistic Concept of Reality in the Philosophies of Lotze*, Bowne and Brightman, 1937.

［31］ Betrand Russell, *Principle of Mathamatics*, Taylor & Francis e-Library, 2009.

［32］ William R. Woodward, *Hermann Lotze, an Intellectual Biography*, Cambridge University Press, 2015.

［33］ Vida F. Moore, *The Ethical Aspect of Lotze's Metaphysics*, New York: Macmillan Company, 1901.

［34］ Zvi Rosen, *Bruno Bauer and Karl Marx: The Influence of Bruno Bauer on Marx's Thought*, International Institute of Social History, 1977.

［35］ Robin D. Rollinger, *Lotze on Sensory Representation of Space*,

Universität Freiburg, 2001, pp. 103-122.

2. 析出文献

[1] Eugen Fink, "The Problem of the Phenomenology of Edmund Husserl," in *Apriori and World, European Contributions to Husserlian Phenomenology*, edited and translated by W. McKenna, R. M. Harlan, L. E. Winters, Martinus Nijhoff Publishers, 1981, pp. 21-51.

[2] Graham Bird, "The Neglected Alternative: Trendelenburg, Fischer, and Kant," in Graham Bird ed. , *A Companion to Kant*, Blackwell Publisching, 2006.

[3] Shoko Suzuki, "The Kyoto School and J. F. Herbart," in Paul Standish, Naoko Saito ed. , *Education and the Kyoto School of Philosophy*, Springer, 2012.

[4] Dean R. Melmoth, Marc S. Tibber & Michael J. Morgan, "Hermann Lotze's Theory of 'Local Sign': Evidence from Pointing Responses in an Illusory Figure," in Nivedita Gangopadhyay, Michael Madary & Finn Spicer eds. , *Perception, Action, and Consciousness: Sensorimotor Dynamics and Two Visual Systems*, Oxford University Press, 2010, pp. 95-104.

3. 期刊

[1] A. Eastwood, "Lotze's Antithesis Between Thought and Things (I)," *Mind*, Vol. 1, No. 4, 1892, pp. 305-324.

[2] A. Eastwood, "Lotze's Antithesis Between Thought and Things (II)," *Mind,* Vol. 1, No. 4, 1892, pp. 470-488.

[3] Charles S. Myers, "Vitalism: A Brief Historical and Critical Review," *Mind*, Vol. 9, No. 34, 1900, pp. 218-233.

［4］ Charlotte Morel, "Lotze's Conception of Metaphysics and Science: A Middle Position in the Materialism Controversy, "*Philosophical Reading*, Vol. 10, 2018, pp. 90-100.

［5］ Claes G. Ryn, "Personalism and Value-Centered Historicism, " *The Pluralist,* Vol. 3, No. 2, 2008, pp. 3-14.

［6］ David E. Leary, "The History Foundation of Herbart's Mathematization of Psychology, "*Journal of the History of the Behavioral Sciences,* Vol. 16, No. 2, 1980, pp. 150-163.

［7］ David Rose, "The Historical Roots of the Theories of Local Signs and Labelled Lines, " *University of Surrey*, Vol. 28, No. 6, 1999, pp. 675-685.

［8］ E. B. Titchener, "An Historical Note on the James-Lange Theory of Emotion, " *The American Journal of Psychology*, Vol. 25, No. 3, 1914, pp. 427-447.

［9］ Erik C. Banks, "Kant, Herbart and Riemann, "*Kant Studien*, Vol. 96, No. 2, 2005, pp. 208-234.

［10］ E. C. S. Schiller, "Lotze's Monism, " *The Philosophical Review*, Vol. 5, No. 3, 1896, pp. 225-245.

［11］ E. E. Thomas, "Lotze's Relation to Idealism (1), "*Mind,* Vol. 24, No. 94, 1915, pp. 186-206.

［12］ E. E. Thomas, "Lotze's Relation to Idealism (2), "*Mind,* Vol. 24, No. 2, 1915, pp. 367-385.

［13］ E. E. Thomas, "Lotze's Relation to Idealism (3), "*Mind,* Vol. 24, No. 3, 1915, pp. 481-497.

［14］ Friedrich Jodi, "German Philosophy in the Nineteenth Century, " *The Monist*, Vol. 1, No. 2, 1891, pp. 263-277.

［15］ Gerald Holton, "Ernst Mach and the Fortunes of Positivism in America, "*ISIS*, Vol. 83, 1992, pp. 27-60.

［16］ G. Santayana, "Lotze's Moral Idealism, " *Mind*, Vol. 15, No. 58, 1890, pp. 191-212.

［17］ George Santayana and Paul Grimley Kuntz, "The Unity and Beauty of the World, " *The Review of Metaphysics*, Vol. 19, No. 3, 1966, pp. 425-440.

［18］ Ian Mitchell, "Marxism and German Scientific Materialism, " *Annals of Science,* Vol. 35, No. 4, 2015, pp. 379-400.

［19］ Iain Stewart, "Commandeering Time: The Ideological Status of Time in the Social Darwinism of Herbert Spencer, " *Australian Journal of Politics & History*, Vol. 57, No. 3, 2011, pp. 389-402.

［20］ J. Ellis McTaggart, "The Individualism of Value, " *International Journal of Ethics*, Vol. 18, No. 4, 1908, pp. 433-445.

［21］ J. E. Turner, "Lotze's Theory of the Subjective of Time and Space, " *The Monist*, Vol. 29, No. 4. 1919, pp. 579-600.

［22］ J. K. Majumdar, "The Idealism of Lebniz and Lotze, " *Philosophical Review*, Vol. 38, No. 5, 1929, pp. 456-468.

［23］ John T. Noonan, "Hegel and Strauss: The Dialectic and the Gospels, " *The Catholic Biblical Quarterly*, Vol. 12, No. 2, 1950, pp. 136-152.

［24］ Kai Hauser, "Lotze and Husserl, " *Archiv für Geschichte der Philosophie*, Vol. 85, No. 2, 2003, PP. 152-178.

［25］ Karen Green, "Hermann Lotze's Influence on Twentieth Century Philosophy, written by Nikolay Milkov, " *History of Philosophy & Logical Analysis*, Vol. 27, No. 1, 2023, pp. 151-159.

［26］ Kuno Fischer and Benjamin Rand, "The Centennial of the' Critique of Reason'," *The Journal of Speculative Philosophy*, Vol. 17, No. 3, 1883, pp. 225–245.

［27］ Peter Andras Varga, "The Missing Chapter from the Logical Investigations: Husserl on Lotze's Formal and Real Significance of Logical Laws," *Husserl Studies*, Vol. 29, No. 3, 2013, pp. 181–209.

［28］ Martha Brandt Bolton, "Locke, Leibniz, and the Logic of Mechanism," *Journal of the History of Philosophy*, Vol. 36, No. 2, 1998, pp. 189–213.

［29］ Matthew R. Broome, "Philosophy as the Science of Value: Neo-Kantianism as a Guide to Psychiatric Interviewing," *Philosophy, Psychiatry, & Psychology*, Vol. 15, No. 2, 2008, pp. 107–116.

［30］ Mary Whiton Calkins, "Kant's Conception of the Leibniz Space and Time Doctrine," *The Philosophical Review*, Vol. 6, No. 4, 1897, pp. 356–369.

［31］ Michele Vagnetti, "The Logik by Rudolf Hermann Lotze: The Concept of Geltung," *Philosophical Readings*, Vol. 10, No. 2, 2018, pp. 129–137.

［32］ Nils Goldschmidt, "Walter Eucken's Place in the History of Ideas," *The Review of Austrian Economics*, Vol. 26, 2013, pp. 127–147.

［33］ Nikolay Milkov, "Hermann Lotze and Franz Brentano," *Philosophical Realinge*, Vol. 10, No. 2, 2018, pp. 115–122.

［34］ Nikolay Milkov, "Russell's Debt to Lotze," *Studies in History and Philosophy of Scienee Part A*, Vol. 39. No. 2, 2008, pp. 186–193.

［35］ Nicholas Rescher, "Fallacies Regarding Free Will," *The Review of Metaphysics*, Vol. 62, No. 3, 2009, pp. 575–589.

[36] Ori Belkind, " Leibniz and Newton on Space, " *Foundation of Science*, Vol. 18, No. 3, 2013, pp. 467-497.

[37] Patrick McDonald, "Philosophy of Science—Nineteenth-Century Developments. Naturalistic Methodology in an Emerging Scientific Psychology: Lotze and Fechner in the Balance, " *Zygon*, Vol. 43, No. 3, 2008, pp. 605-625.

[38] Peter Myrdal, " Force, Motion, and Leibniz's Argument from Successiveness, " *Archiv für Geschichte der Philosophie*, Vol. 103, No. 4, 2021, pp. 704-729.

[39] Richard T. W. Arthur, "Leibniz's Theory of Space, " *Foundetioo of Science*, Vol. 18, No. 3, 2013, pp. 422-446.

[40] Robin D. Rollinger, "Hermann Lotze on Abstraction and Platonic Ideas, " *Poznan Studies in the Philosophy of the Sciences and the Humanities*, Vol. 82, 2004, pp. 147-161.

[41] Robert Palter, "Absolute Space and Absolute Motion in Kant's Critical Philosophy, " *Synthese*, Vol. 23, 1971, pp. 47-62.

[42] Rodolfo Fazio, "Leibniz on Force, Cause and Subject of Motion: From de Corporum Concursu (1678) to the Brevis Demonstratio, " *Manuscrito*, Vol. 44, No. 1, 2021, pp. 98-130.

[43] Rupert Clendon Lodge, "The Division of Judgments, " *The Journal of Philosophy, Psychology and Scientific Methods*, Vol. 15, No. 20, 1918, pp. 541-550.

[44] Martin Schutze, "Herder's Psychology, " *The Monist*, Vol. 35, No. 4, 1925, pp. 507-554.

[45] Stephen A. Satris, "The Theory of Value and the Rise of Ethical

Emotivism, " *Journal of the History of Ideas*, Vol. 43, No. 1, 1982, pp. 109–128.

[46] Timothy Crockett, "Space and Time in Leibniz's Early Metaphysics, " *The Leibniz Review*, Vol. 18, 2008, pp. 41–79.

[47] Volker Peckhaus, "Language and Logic in German Post-Hgelian Philosophy, " *The Baltic Intrenational Yearbook of Congnition Logic and Communicatior*, Vol. 4, 2009, pp. 1–17.

[48] W. C. Keirstead, "Metaphysical Presuppositions of Ritschl, " *The American Journal of Theology*, Vol. 9, No. 4, 1905, pp. 677–718.

[49] W. J. Wright, "Lotze's Monism, " *The Philosophical Review*, Vol. 6, No. 1, 1897, pp. 57–61.

[50] William R. Woodward, " Fechner's Panpsychism: A Scientific Solution to the Mind–Body Problem, " *Journal of the History of the Behavioral Sciences*, Vol. VIII, 1972, pp. 367–386.

[51] William R. Woodward, "Lotze, The Self, and American Psychology, " *The Roots of American Psychology: Historical Influences and Implications for the Future*, Vol. 291, No. 1, 1977, pp. 168–177.

[52] William R. Woodward, "Hermann Lotzes Gestalt Metaphysics in Light of the Schelling and Hegel Renaissance (1838 – 1841), " *Idealistic Studies*, Vol. 40, No. 1–2, 2010, pp. 163–188.

[53] William R. Woodward, "From Association to Gestalt: The Fate of Hermann Lotze's Theory of Spatial Perception, " *ISIS*, Vol. 69, No. 4, 1978, pp. 111–147.

[54] William R. Woodward, " Hermann Lotze's Critique of Johannes Müller's Doctrine of Specific Sense Energies, " *Medical History*, Vol. 19, No. 2, 1975, pp. 147–157.

4. 电子文献

［1］Joshua Woo, "Two Interpretations of George Berkeley's Idealism," https://philpapers.org/archive/WOOTIO-25.pdf.

［2］Nikolay Milkov, "Rudolf Hermann Lotze（1817-1881）," Internet Encyclopedia of Philosophy, http://www.iep.utm.edu/lotze/. Pester, Lotze. Wege, 1997.

（三）法文文献

［1］Arnaud Dewalque, "Idée et signification Le legs de Lotze et les ambiguïtés du platonisme," *Bibliothèque philosophique de Louvain*, 2012, pp. 158-182.

［2］Arnaud Dewalque, *Le mond du présentable: De Lotze à la phénoménologie*, Chapter published in F. Boccaccini, *Lotze et son héritage. Son influence et son impact sur la philosophie du XXe siècle*, PIE Peter Lang, 2015.

［3］E. Rehnisch, "Hermann Lotze: Sa vie et ses écrits," *Revue Philosophique de la France et de l'Étranger*, T. 12, 1881, pp. 321-336.

［4］Fréchette Guillaum, "L'intentionnalité et le caractere qualitatif des vécus. Husserl, Brentano et Lotze," *Studia Phaenomenologica x*, 2010, pp. 91-117.

［5］Piché Claude, "Hermann Lotze et la genèse de la philosophie des valeurs," *Paris, Les Études Philosophiques*, Vol. 4, 1997, pp. 1-28.

后 记

　　本书是在笔者于 2023 年 6 月提交给北京师范大学哲学学院的博士学位论文基础上修改而成，整体结构没有大的变化，论点论据依旧。这并不代表本书已经完全清楚地论述了所研究的问题，笔者也仅仅把本书视为接触价值哲学的勇敢尝试，遗留下的诸多可探究的问题将在以后努力逐一突破。

　　五年前，笔者在北京师范大学哲学学院跟随周凡老师学习时，第一次听闻"价值哲学"以及"洛采"。也许有一种"初生牛犊不怕虎"的胆量，我开始尝试翻译洛采 1879 年《形而上学》，其中遇到的最大障碍似乎不是语言问题，而是面对洛采思想时的无限无知，由此引发的一系列痛苦断断续续地持续到答辩前。在完成博士学位论文终稿前后，我才大致把握住洛采形而上学思想的架构脉络，也正是此时我才大致敢想什么是"价值哲学"，这毫不夸张。

　　在此之前，笔者从不认为哲学会有一股能量、冲动，甚至它往往会以一种后撤的姿态，与世俗世界渐行渐远。那四年的"价值哲学"研究经历改变了这种无知的思想，它正在慢慢纠正我的观念偏差，如果从教科书版的"哲学"含义来看，我宁愿说，哲学本身就是充满价值的，时刻提醒我们反诸自身、反诸他者、反诸人类，世界并非非此即彼的，而是一个有着善与良知的宇宙存在。

毕业半年多，我或许有了些许的学识增进。如果这一点属实，那这也是攻读博士学位期间周凡老师鞭策、鼓励的结果。我不会忘记周凡老师为我的博士学位论文付出的汗水，我也深知，本书离老师的要求和期望相差甚远。如今我将其重新修订，示于众人，既是为了感谢恩师，也是为了给攻读博士学位的时光画上完满的句号。更重要的是，笔者愿以绵薄之力为价值哲学研究，尤其是洛采价值思想研究作出一些贡献，毕竟 20 世纪 80 年代以来，价值哲学（包括洛采价值思想）研究仍是学界关注的重点。笔者不求拙作垂名竹帛，但求忠实于洛采思想。

拙作能够顺利出版，要特别感谢中山大学、北京师范大学、中国政法大学的各位老师、前辈给予的宝贵建议，感谢各位同门曾积极参与到洛采思想讨论中，更要感谢家人的默默支持。

行文至此，已是理智与情感的相互融通，进一步讲，理性的毕生追求终究抵不过善的伟大价值。

张艺媛

2024 年 2 月 19 日

图书在版编目(CIP)数据

洛采最后的沉思：价值的形而上学基础 / 张艺媛著.
北京：社会科学文献出版社，2025.1（2025.9重印）. --（中原智库
丛书）. -- ISBN 978-7-5228-4457-2

Ⅰ. B081.1

中国国家版本馆 CIP 数据核字第 2024Q5N209 号

中原智库丛书·青年系列
洛采最后的沉思：价值的形而上学基础

著　　者／张艺媛

出 版 人／冀祥德
组稿编辑／任文武
责任编辑／徐崇阳
文稿编辑／周浩杰
责任印制／岳　阳

出　　版／社会科学文献出版社·生态文明分社(010)59367143
　　　　　地址：北京市北三环中路甲 29 号院华龙大厦　邮编：100029
　　　　　网址：www.ssap.com.cn
发　　行／社会科学文献出版社（010）59367028
印　　装／唐山玺诚印务有限公司

规　　格／开本：787mm × 1092mm　1/16
　　　　　印张：17.75　字数：221 千字
版　　次／2025 年 1 月第 1 版　2025 年 9 月第 2 次印刷
书　　号／ISBN 978-7-5228-4457-2
定　　价／88.00 元

读者服务电话：4008918866